# LA LEYENDA NEGRA DE LA
## DE LA
# ARMADA ESPAÑOLA

Agustín R. Rodríguez González

# LA LEYENDA NEGRA DE LA ARMADA ESPAÑOLA

### MITOS, ERRORES Y MENTIRAS DESDE LA INVENCIBLE Y TRAFALGAR AL DESASTRE DEL 98

la esfera @ de los libros

Primera edición: febrero de 2025

© Agustín Ramón Rodríguez González, 2025
© La Esfera de los Libros, S.L., 2025
Avenida de San Luis, 25
28033 Madrid
Tel.: 91 443 50 00
*www.esferalibros.com*

ISBN: 978-84-1384-992-8
Depósito legal: M. 26.772-2024
Fotocomposición: J. A. Diseño Editorial, S.L.
Impresión y encuadernación: Huertas
Impreso en España-*Printed in Spain*

# ÍNDICE

## TERCERA PARTE
## LA GUERRA NAVAL DE 1898

# INTRODUCCIÓN

La tarea de reconstruir el pasado es tan sugestiva como llena de peligros, y de ellos no están libres ni siquiera los profesionales con larga trayectoria en dicho trabajo, pues «errar es humano» (como se dice tan a menudo que a veces se olvida por obvio) y tiene consecuencias muchas veces penosas para el rigor y la credibilidad exigibles. Por ello debemos detenernos en dichos peligros para recordarlos y evitar en lo posible su repetición.

El primer peligro que señalamos es el de los mitos históricos: hechos, personajes y situaciones que, pese a no estar probados, han adquirido —por diversas razones— visos de credibilidad y son aceptados generalmente como verdaderos, aunque disten mucho de serlo.

Si eso ocurre incluso con hechos de nuestro presente o de un pasado cercano, cabe imaginar lo que puede suceder al recrear un pasado muy lejano y hasta diferente en muchos sentidos de las realidades que conocemos: lo que hoy es razonable suponer, puede no serlo en unas circunstancias y épocas muy distintas.

También sucede que en una investigación histórica se cometen errores, a veces de bulto, tanto por no analizar con cuidado las fuentes documentales sobre ese pasado, como por desconocerlas, o incluso, no saberlas interpretar debidamente. Analizar en profundidad ese pasado, presumiblemente tan distinto del hoy, puede inducirnos a errores importantes tanto en la reconstrucción de los hechos como en su interpretación.

Baste como ejemplo recordar que, con frecuencia, en la guerra naval (y también en la terrestre) se han producido más bajas por enfermedad, sea por falta de higiene a bordo, mal estado o falta de los alimentos y agua disponibles o epidemias que por los propios combates, como tendremos ocasión de recordar en estas páginas.

Por último, se pueden dar auténticas mentiras producto tanto de mitos y errores como de pura propaganda, fruto de la posición ideológica del que escribe, las creencias o de las fidelidades nacionales propias de quien intenta reconstruir el pasado, tanto para explicar aciertos como para justificar errores. O lo que parece más tajante y definitivo: victorias y derrotas.

Finalmente, está el carácter mayoritario de cada pueblo: en unos, por razones muy diversas, predomina la actitud autolaudatoria, mientras que en otros lo esperable es la autocrítica. Ambas pueden equivocarse y suelen ser reflejo de la situación concreta en cada época de cada pueblo, de su pasado y del juicio que merezcan a otros pueblos,

Estas reflexiones previas pueden ser muy útiles para acercarnos de manera serena y reflexiva a una cuestión de relevancia mundial, como es la historia de la Armada española o, en general, las campañas navales de los marinos españoles durante siglos y en todos los océanos.

Ahora bien, tanto por la extensión temporal de siglos como por su complejidad en todos los órdenes, desde sus marcos políticos a los técnicos, que implicarían una obra de muchos volúmenes, nos hemos centrado en tres de los momentos históricos que han suscitado (y lo siguen haciendo) más interés y polémica: el conflicto naval angloespañol, desde el siglo XVI al primer tercio del XVII; la época del combate de Trafalgar (1789-1805); y la guerra de 1898, entre España y Estados Unidos.

Con este análisis de tres grandes momentos confiamos, si no dar una visión completa y definitiva de esas campañas navales, sí aportar nuevos hechos y reflexiones que enriquezcan y profundicen nuestro conocimiento sobre estas contiendas.

Llevamos casi cuarenta años embarcados en esa tarea, pero aún no la damos por concluida, ni por nuestra parte ni por los de quienes nos sigan en el futuro.

PRIMERA PARTE

# LA GUERRA CON INGLATERRA
## (1562-1630)

Tal vez lo que primero llame la atención al lector sea la cronología excesivamente amplia para lo habitual. Pero conviene recordar que la primera fecha, 1562, es la de la expedición armada de Hawkins (y Drake) al Nuevo Mundo, y que posteriormente hubo nuevas y hasta continuas agresiones, pese a lo cual la paz «oficial» entre ambos reinos se prolongó de hecho hasta 1585. La guerra declarada se extendió hasta el tratado de paz de 1604, pero por diversas razones que explicaremos Inglaterra volvió a la guerra en 1625, solo para cosechar una completa derrota y volver al acuerdo de 1604 en 1630.

Así, y salvo incidentes aislados, la duración del conflicto armado, oficial y extraoficialmente al principio, se prolongó por nada menos que sesenta y ocho años y, pese a lo normalmente divulgado, con resultados que dejaron sensiblemente la cuestión como al principio de la larga y dura lucha.

Pero, y por muchos motivos de toda índole, este conflicto ha sido examinado y contado bajo una perspectiva en la que los hechos han sido desvirtuados o hasta omitidos según conveniencia. Bajo un prisma muy sesgado, por cuestiones que van desde la política a la religión, etc., se han adelantado hechos que solo fueron realidad clara y tajante mucho después, en ocasiones hasta siglos... y ello desde la evolución política de los estados hasta la técnica naval y de los combates navales.

Aclararemos un punto que suele ser significativamente olvidado de la historia del reino inglés: por lo general, los autores de esa procedencia o incluso cultura, presentan a los súbditos de Isabel Tudor como verdaderos hombres de mar como oposición a sus enemigos, que son considerados unos «recién llegados» a esas cuestiones, y por tanto, muy inferiores a los isleños, auténticos «lobos de mar», muy superiores en todos los sentidos, y desde muy antiguo.

Tal vez acierten en algunos casos y épocas, pero desde luego yerran en el caso de los españoles.

Como es bien sabido, el origen de la actual Inglaterra fue el reino anglonormando, que, desde sus bases en la Normandía y otras regiones francesas, cruzó el Canal de la Mancha e invadió la antigua Britania romana, asegurando su dominio gracias a la victoria en la batalla de Hastings (1066).

Tras siglos de permanencia y por la vida y obra de la doncella de Orleans, Juana de Arco, los franceses reconquistaron el territorio y la Monarquía anglonormanda fue expulsada del continente.

Aquella fue una larga contienda, conocida como la de los Cien Años, que cambió el equilibrio de poderes en esa zona capital de la fachada oceánica del continente.

Con frecuencia se olvida que la victoria francesa fue facilitada por la Marina de Castilla, que cortó la comunicación por mar entre las dos porciones del reino anglonormando.

En efecto, el reino de Castilla apoyó a la Monarquía francesa, y lo hizo básicamente por vía naval, producto de una larga tradición de comercio y pesca de los puertos del Cantábrico. Allí se formó la Marina de Castilla, que bajo el mando de Ramón Bonifaz fue decisiva en 1248, con la toma de la Sevilla de los musulmanes, remontando el Guadalquivir desde el mar, destruyendo la flota enemiga y marcando un hito en la Reconquista, aunque perviviera dos siglos más el reino de Granada.

La victoria supuso un avance decisivo no solo por el territorio, población y riqueza ganados, sino por la posibilidad del control del Estrecho y por dificultar o hasta impedir el paso de nuevos contingentes desde el Magreb.

Años después, hacia 1296, se constituyó la «Hermandad de las Marismas», que englobaba los puertos desde las actuales Cantabria hasta Guipúzcoa. Y que gestionaba los intereses de esos puertos y sus relaciones con la Corona, pues proporcionaban tanto los hombres como los barcos a las armadas. De allí salieron los que, al mando de Pero Niño, Jofre Tenorio y tantos otros, se señalaron en aquella guerra.

Todo aquello nació mucho antes, con la pesca y el comercio, desde el Cantábrico hasta el Mar del Norte y el Báltico, relacionando entre sí dos zonas con productos tan distintos como obviamente complementarios. Un hermoso recuerdo de ese comercio es que incluso hoy, en los Países Bajos, los regalos navideños para los niños llegan en una nao cargada de preciosos detalles de un lejano y exótico país llamado España.

Posteriormente, la unión de reinos de Castilla y Aragón, con el matrimonio de Isabel y Fernando, sumó la Marina de Aragón, tan importante en la conquista de las Baleares y otras islas del Mediterráneo y en la misma península italiana.

Pero aquello supuso la ruptura de la alianza hispanofrancesa, pues la nueva gran potencia emergente chocó con Aragón por el control de la dividida Italia.

Y así, buques, marinos y soldados españoles colaboraron con los ingleses contra el nuevo y potente enemigo común, algo que parece haber quedado en el olvido.

Las cosas se complicaron posteriormente y Normandía siguió en manos francesas. Los ingleses no pudieron recuperarla, al no conseguir una victoria total y decisiva. Y los españoles por el creciente distanciamiento entre ambas monarquías, tras el poco duradero matrimonio de Enrique VIII de Inglaterra y Catalina de Aragón, hija de los Reyes Católicos y consiguiente conversión forzada por Enrique del reino al protestantismo.

# 1

## LAS DIFICULTADES INGLESAS

A la muerte de Enrique y tras el efímero reinado de Eduardo VI (el único hijo varón del rey) heredó la Corona María, hija de Catalina de Aragón, ferviente católica, con lo que se recrudecieron las luchas internas entre unos y otros. Por eso la historiografía anglicana la conoce por el apodo de *Bloody Mary* (Sanguinaria María), aunque ese apodo lo hubieran merecido muchos de los Tudor y con mayor motivo. Para añadir leña al fuego de la discordia, se casó con el joven príncipe Felipe de España, futuro Felipe II, pero la reina solo se mantuvo en el trono desde 1553 a su muerte en 1558. Felipe, al ser rey consorte, no la heredó.

La Corona recayó en Isabel Tudor, a falta de otro heredero posible, aunque fuera hija de la segunda esposa de Enrique VIII, Ana Bolena. Esta había sido detenida y ejecutada bajo la acusación de adulterio, incesto y traición y su hija excluida de la sucesión por Enrique, que aún se casó posteriormente con cuatro mujeres y ordenó la ejecución de otra de sus esposas, Catalina Howard, por las mismas razones.

Isabel, por una razón u otra en la que no entraremos, optó por la fe anglicana, lo que frustró la petición de mano de Felipe II, dispuesto a conseguir la unión entre ambos reinos. De modo que Inglaterra llevaba ya muchos años de crisis, primero, por la pérdida del reino originario de Normandía y, luego, por los vaivenes político-religiosos que engendraron divisiones internas, violencia y represión entre católicos y anglicanos. El entonces reino independiente de Escocia estaba, a su vez, sometido a serios disturbios internos. Aparte de los intentos ingleses de posesionarse de Irlanda, mayoritariamente católica.

La cuestión se complicó por culpa de María Estuardo, hija del rey James V Stuart (Jacobo Estuardo, rey de Escocia casado con María de Lorena), que, nacida en 1542, huyó a Inglaterra, pidiendo refugio a su prima Isabel I Tudor en 1567. Alegó ser la verdadera heredera de Inglaterra después de que el Papa excomulgara a Isabel por su conversión a la herejía. María acabó siendo encarcelada, juzgada y ejecutada por Isabel, en 1587. Esto supuso el enfrentamiento total con Felipe II de España, pese a la demostrada paciencia del «rey prudente», que confió durante muchos años en que, y pese a todos los problemas, Inglaterra y España volverían a su alianza.

Pero existieron otros factores, aparte de los dinásticos y religiosos, para que la alianza hispanoinglesa se quebrara.

## UNA GUERRA NO DECLARADA

Uno de los protagonistas de esa creciente hostilidad fue el famoso Francis Drake, nacido en aquellos convulsos años en Tavistock, ciudad del interior, en el seno de una modesta familia campesina. Su padre fue un pequeño propietario, que completaba sus escasos ingresos siendo arrendatario de tierras de la Iglesia. Enrique VIII decretó que esas propiedades pasaran a la Corona y las vendió seguidamente al mejor postor. Esto supuso la ruina de muchos pequeños agricultores. Así que Drake padre se dedicó al bandidaje, siendo condenado por varios atracos a mano armada en los que causó lesiones a los robados.

Aquello era un delito grave, pero de una manera u otra consiguió el indulto. Escapó del hogar, abandonando a su esposa y a sus tres hijos, se ordenó sacerdote católico, luego se hizo pastor anglicano, se casó y tuvo dos hijos más. Así eran esos convulsos tiempos en Inglaterra. Su familia quedó en la ruina, debiendo recurrir al apoyo de unos familiares, los Hawkins.

Muy poco se sabe de aquellos años de aprendizaje, salvo que Drake se formó en la dura escuela de la navegación en los buques de Hawkins. Decimos duros porque, a la ya severa escuela de la navegación en buques del siglo XVI, se unía la naturaleza del negocio de los llamados *merchants adventurers*, que unas veces se dedicaban al comercio más o menos honrado y otras al contrabando puro y duro. A veces servían como corsarios autorizados por la «patente» o permiso del rey y otras, como auténticos piratas, apresaban buques de cualquier nacionalidad, siempre que estuvieran poco armados y su carga mereciera la pena, y, en general, en todo asunto que proporcionara ingresos, incluida la trata de esclavos.

La piratería estaba muy mal considerada, pero el viejo Hawkins sabía por experiencia que la justicia nunca sería muy severa si se limitaba a saquear buques que no fueran ingleses, aunque pertenecieran a naciones aliadas o neutrales. Y que de llegar las cosas a ponerse feas por reclamaciones diplomáticas o judiciales, siempre cabía obtener la benevolencia o la «vista gorda» de los jueces, ya fuera por amistad, ya fuera por hallarse asociados en la empresa, ya por el simple soborno.

El problema fundamental para aquellos indeseables navegantes era que Inglaterra apenas producía mercancías que fueran de interés para el resto del mundo. Aquel pequeño, dividido y poco adelantado país no ofrecía ni productos naturales de gran aceptación (salvo posiblemente la lana en bruto, y esa sobraba en España), ni sus manufacturas, especialmente las textiles —que tenían entonces mayor demanda—, podían competir ni por calidad ni en precio con las continentales. En Inglaterra había una gran demanda de productos tradicionales, como el vino o el cuero españoles, por citar algunos ejemplos, y también para los nuevos como el azúcar, las especias, la seda y otros productos ultramarinos. La cuestión radicaba en que apenas había exportaciones para compensar aquellas importaciones de alto precio, y no era cuestión de pagar con la siempre escasa moneda, tan poco competitiva con la castellana o la portuguesa. Así que tuvieron que buscar otros medios para hacerse con esas riquezas.

Aunque hay muy pocos datos seguros sobre los primeros pasos en la vida de Drake, parece que ya veinteañero participó en una expedición de Hawkins hacia las posesiones portuguesas en África occidental, entonces conocida como Guinea. Por supuesto que los portugueses eran absolutamente reacios a que aparecieran por allí buques que no fueran de su nacionalidad. De hecho, María Tudor se lo prohibió expresamente a sus súbditos, pero el ansia de negocios y la falta de alternativas y de escrúpulos pudieron con todo.

Por otra parte, los Hawkins habían establecido amistad y contactos con varios comerciantes españoles de Canarias, donde incluso mantenían un agente estable en Tenerife y de donde sacaban buenos cargamentos de azúcar y otros productos para Inglaterra. Así como pilotos, cartografía y derroteros para moverse por aquellas desconocidas aguas para ellos. Hasta aquí era todo perfectamente legal, pues ese comercio con las islas «afortunadas» había sido reglado, en el Tratado de Medina del Campo de 1489, y por entonces España e Inglaterra eran amigas y recientes aliadas contra Francia. El problema fue cuando los Hawkins empezaron a utilizarlas como escala para sus incursiones más al sur contra los portugueses y, sorprendentemente, contra los mismos españoles.

Eso sí, durante la estancia en las islas Canarias eran amables y asistían a las misas y celebraciones católicas. Como las noticias corrían entonces lentamente y el océano es muy grande, el juego pudo mantenerse algún tiempo.

Hawkins vio, sin embargo, una posibilidad de negocio próspero: la trata de esclavos negros. En América había una notable demanda de mano de obra, capaz de trabajos duros en climas tropicales. Aunque variaran las opiniones sobre su moralidad, lo cierto es que muchos plantadores estaban dispuestos a pagar lo que fuera por jóvenes y robustos esclavos. La llave de ese comercio inicuo la tenían los portugueses, cuyos enclaves en la costa africana sirvieron para ese fin: proporcionar a sus propias colonias en Brasil, o para el que pagara convenientemente, la tan ansiada mano de obra.

Así que en octubre de 1562 zarpó una flotilla de buques de Plymouth, al mando de John Hawkins, con insignia en el Salomon, de 140 toneladas inglesas, el Swallow, de 30, y el Jonas, de 40, aparte de un cuarto de nombre desconocido. En alguno de ellos iba embarcado el joven Drake.

Tras una escala en Tenerife, donde se procuraron por sus contactos al piloto Juan Martínez, experto en las costas africanas y en la travesía del Atlántico hasta América y las aguas de allí, Hawkins costeó hasta Sierra Leona, donde atiborró sus buques de esclavos, capturó otros a los portugueses y con ellos un barco, que fue enviado a Inglaterra con las mercancías, y en el que volvía Drake a su patria. Hawkins llegó a la América hispana y vendió su carga en varios puertos de La Española, volviendo con grandes beneficios a Inglaterra.

Inmediatamente, los embajadores de España y de Portugal presentaron reclamaciones diplomáticas, pues tal comercio era absolutamente ilícito. No tanto por tratarse de la venta de seres humanos, sino por considerarse contrabando por lo que se refiere a la parte española y robo en la portuguesa.

Mientras el lento y complicado proceso tomaba forma, Hawkins vio el cielo abierto y repitió dos años después la expedición, pero mucho más importante. En ella figuraba Jesus of Lubeck, una gran urca de 700 toneladas comprada por Enrique VIII a la Hansa, unida al Salomon y al Swallow, ya citados, y al Tiger, de 50 toneladas, saliendo de Plymouth el 18 de octubre de 1564.

Pero no era solo el tamaño lo que diferenciaba esta expedición de la anterior: el Jesus of Lubeck era un gran buque, poderosamente armado y artillado con más de veinticuatro cañones, mucho mayor que la media de los buques que navegaban por entonces a América. Indudablemente, Hawkins creía que sus posibles «clientes», tal vez debieran ser convencidos, a la fuerza, para adquirir su mercancía. Tal vez lo creyera necesario de toparse con guardacostas o buques armados españoles. Otra cuestión era que tal buque no hubiera estado disponible de no ser por la aquiescencia de la reina, ahora ya Isabel I Tudor, que, como un desaprensivo empresario cualquiera, empezó a participar en aquellas expediciones supuestamente comerciales, pero que solo lo eran por el nombre. De hecho, parece bastante seguro que la reina y Hawkins mantuvieron una entrevista antes de la salida de la expedición.

Aún hoy muchos escritores anglosajones polemizan sobre el juicio moral que pueden merecer aquellas actividades, hablando de que la esclavitud era legal por doquier, y que, como hicieron entonces sus protagonistas, solo pretendían la libertad de comercio.

Siendo cierto lo primero, es bueno recordar que el mismísimo sacerdote Bartolomé de las Casas, tan defensor de los indígenas americanos, no dudó en proponer que se utilizaran negros africanos esclavos en los trabajos más penosos. Pero no es tan simple: una cosa es considerar más o menos admisible la esclavitud en ciertos casos y otra muy distinta convertirse en un tratante de esclavos.

En cuanto a la tan manida libertad de comercio, siendo posesiones españolas, la Corona tenía el perfecto derecho de imponer allí el régimen comercial que tuviera por conveniente y hacerlo respetar a unos y a otros, incluso por la fuerza, como cualquier otra ley. Tal vez sucedía que en Inglaterra no se perseguía el contrabando ni el comercio ilícito o que Cromwell no declaró la guerra a Holanda por motivos proteccionistas. Esta guerra marcó para los ingleses el comienzo de su ascenso como potencia comercial y naval, como es bien sabido y celebrado por los historiadores anglosajones.

Resulta altamente aleccionador que lo que para unos es imperdonable, para otros es un mérito: la España de los Austrias era de un proteccionismo repugnante, pero una política análoga por parte de Cromwell, impuesta de entrada por una cruel y larga guerra, es juzgada, sin embargo, como el culmen de sus dotes como gran estadista.

Como hemos apuntado ya, Hawkins no iba armado hasta los dientes solo para enfrentarse a las autoridades españolas y sus fuerzas armadas, sino para convencer a sus clientes de que las transacciones debían realizarse en beneficio mutuo. Muchos historiadores británicos, en particular, y anglosajones, en general, especulan sobre si los pobladores españoles, tan deseosos de comprar negros como de evitar el castigo de las leyes españolas contra el comercio ilegal, llegaron al acuerdo más o menos tácito de esperar un ataque más o menos violento, pero siempre limitado, tras lo cual se rendían y comerciaban con toda tranquilidad, pudiendo aducir a las reclamaciones de la justicia que ese comercio ilegal les había sido impuesto a la fuerza.

A las Indias llegaban pocas mercancías europeas para satisfacer su enorme demanda y el contrabando tenía a menudo la ventaja de ofrecer precios más baratos que los oficiales. La tentación de aprovecharse de la oportunidad en detrimento de la ley era fuerte para muchos colonos.

Otra variante para los expedicionarios era fondear cerca de una pequeña localidad costera. Sus habitantes, atemorizados, la abandonaban y se ocultaban en el interior. Entonces, los navegantes les proponían la operación: si los colonos se negaban, los comerciantes los amenazaban con saquear e incendiar la población. Lo hicieron a menudo, cumpliendo sus amenazas, como expeditivo método de aviso para el resto.

Tal vez existieron delincuentes que aliviaban así su muy elástica conciencia, pero tales conductas no podían merecer más que el rechazo y el castigo de la ley en cualquier país civilizado, tanto en el siglo XVI como en el XXI.

Con una moral a prueba de cualquier prueba, la expedición recaló en Tenerife, se proveyó allí de todo lo necesario, siguió hasta la entonces portuguesa Sierra Leona, atacó pueblos indígenas, robó a otros esclavistas y, con los buques llenos de esclavos, puso rumbo a América. Antes se aseguraron de los servicios de un piloto español apresado para garantizar la travesía y de uno francés hugonote, contratado al efecto. A ellos se añadió su jefe, el pirata Laudonniere, que compró el Swallow a cambio de cuatro cañones, armas y municiones. Como se ve, un auténtico dechado de honrados comerciantes.

Ante tal demostración de fuerza, pocos fueron los colonos que se resistieron al forzado comercio, regresando la expedición con el beneficio espectacular del 60 por ciento sobre el capital invertido. De nada sirvieron las protestas del embajador español en Londres, Diego Guzmán de Silva, incluso referidas a que se había apresado a varios españoles y que, al menos uno de ellos, Lope de Ugarte, había sido retenido y luego asesinado por malos tratos a bordo de uno de los buques ingleses.

En la expedición participó el joven Drake, con veintidós años, que por primera vez cruzaba el Atlántico y conocía el Nuevo Mundo. No cabe la menor duda de que observó todo detenidamente y que resultó a la postre ser un alumno aventajado.

A la vuelta a Inglaterra, las reclamaciones diplomáticas de España y Portugal fueron ya tan firmes que Isabel Tudor exigió a Hawkins el pago de una fianza de quinientas libras y el juramento de que no iría en adelante a las Indias. Todo era una auténtica farsa, pues el navegante inglés se limitó a encargar una nueva expedición a su pariente John Lowell, con cuatro barcos, para que hiciera exactamente lo mismo que él había hecho por dos veces, zarpando en noviembre de 1566. La propia reina Isabel Tudor, como participante, socia en la empresa y beneficiaria de ella, se dio por satisfecha con tan zafio arreglo.

Lowell, con Drake en uno de sus cuatro buques, llegó a las costas africanas, apresó cuatro buques portugueses cargados con oro, marfil y otras mercancías, a los que envió a Inglaterra, se proveyó de esclavos y partió hacia América, llegando al puerto de Coro. Como las autoridades españolas negaran el permiso para comerciar, simplemente secuestraron a dos funcionarios y a dos ciudadanos, lo que allanó el «libre intercambio». En Río del Hacha, se llegó a un combate antes de llegar al acuerdo.

La cosa no estaría tan pactada como suponen algunos, pues hubo muertos por ambas partes. Poco después, en La Española, Lowell se quitó la careta y se dedicó a robar y saquear con violencia, lo que disgustó profundamente a ese gran fariseo que fue Hawkins.

Al volver Drake a Plymouth de esta expedición, se encontró con que su padre había muerto el 26 de diciembre del año anterior. Se había vuelto a casar, había tenido dos hijos más y enviudado. Dejó lo poco que tenía al menor y a la enfermera que le cuidó en sus últimos días.

Hubo poco tiempo para esas cuestiones, pues Hawkins había preparado una nueva y mayor expedición, que ahora llegaba a los mil hombres embarcados y a los siguientes buques: dos de la Royal Navy, que eran el ya conocido Jesus of Lubeck, con su armamento reforzado de hasta treinta cañones, y el Minion, de 300 toneladas inglesas y parecido número de piezas, aunque de menor calibre. Y los pertenecientes a Hawkins o a su familia: William & John, de 150 toneladas, Swallow, de 100, Judith, de 50, y Angel, de 40, así como otro más pequeño, a remolque. Drake parece ser que embarcó en el buque mayor e insignia, zarpando todos de Plymouth el 2 de octubre de 1567.

Los planes eran los mismos que en ocasiones anteriores, consolidando así el inicio del conocido como comercio triangular, entre Inglaterra, África y América, que tantos beneficios iba a proporcionar a algunos. Por supuesto, que a mayor escala que nunca antes, y por supuesto que con muchas prevenciones, porque el cántaro había ido ya demasiado a la fuente con los pacientes españoles. La fuerza militar embarcada no dejaba de crecer, porque cada vez era más necesaria para ejercer el «libre comercio».

## DESASTRE EN VERACRUZ

La expedición de Hawkins puso rumbo al sur. Sufrieron un fuerte temporal que dispersó a los buques, haciendo que naufragara la pequeña pinaza y causando otros destrozos. Se reunieron en Canarias y, según costumbre, pusieron rumbo a Tenerife. Allí la estancia fue en extremo fría, porque los españoles estaban avisados de que algo malo se preparaba y alistaron a la milicia ciudadana, que formó con las armas listas mientras

duró la escala de los ingleses. La tensión a bordo afloró con una dispu-
ta que acabó en duelo entre dos oficiales del buque insignia. Hawkins
se interpuso y terminó a cuchilladas con uno de los implicados, Edward
Dudley, siendo ambos heridos. Un airado Hawkins empuñó un arcabuz
y apuntó a su contrincante, amenazándole con matarle ahí mismo, sobre la cubierta del buque insignia. Otros intercedieron y la cosa no pasó a más.

Al salir, los buques ingleses saludaron con salvas a las baterías del
puerto, pero uno de los cañones estaba efectivamente cargado y la bala
destruyó una casa de la ciudad.

Tras una breve escala en la Gomera, donde le esperaban tres de sus
dispersos buques y un ambiente mucho más grato (allí los españoles no
estaban al tanto de nada), por fin dieron vela hacia las costas africanas, el
4 de noviembre.

No tardaron en encontrarse en cabo Blanco con tres carabelas portuguesas, al parecer abandonadas por sus tripulaciones tras un ataque de
corsarios franceses. Hawkins se quedó con la mejor de ellas y vendió las
otras dos al gobernador portugués de la zona. Poco después toparon con
seis buques franceses, probablemente dos de ellos los corsarios mencionados, a los que añadió a su flota por la fuerza. Aunque uno de los buques consiguió escapar días después, el otro, mandado por un tal Paul
Blondel, se sumó de buen grado a la expedición.

Una vez desembarcaron en el continente africano, los ingleses atacaron un gran poblado indígena. Capturaron pocos esclavos y veinticinco
expedicionarios resultaron heridos por flechas envenenadas, que mataron
a ocho. Viendo que no era tan fácil conseguirlos, Hawkins acordó, ya en
Guinea, con dos jefes tribales, apoyarles en la guerra interna a cambio de
los prisioneros. Tras varias batallas que costaron a los ingleses unos sesenta hombres en total, se hicieron con cerca de quinientos esclavos y pusieron rumbo a América.

Tras una travesía sin mayores incidentes, dieron fondo en la isla Dominica para hacer la necesaria aguada y vendieron algunos esclavos sin
problemas. Entre otras cosas porque allí solo había cincuenta habitantes
españoles y el poblado había sido arrasado unos meses antes por piratas
franceses. Los españoles cambiaron carne y otros víveres por paños de
Devon.

El 17 de abril de 1568 llegaron a Borburata, ya visitada anteriormente por los ingleses y centro de una pesquería de perlas. El recibimiento fue muy distinto, negándose los españoles a cualquier trato, aunque los ingleses insistieron en este y varios puntos más.

Entonces Hawkins envió a Drake, al mando de la Judith, con el Angel a Río del Hacha, pero allí los colonos estaban aún más apercibidos (recordaban la visita de Lowell el año anterior) y un centenar de hombres recibieron a los ingleses con disparos de cañón y de arcabuz, obligando a Drake a retroceder mientras devolvía el fuego. En su primer mando independiente, Drake se quedó bloqueando el puerto, a la espera de la llegada del grueso con Hawkins, lo que sucedió el 10 de junio. Hawkins intentó convencer al gobernador con sus habituales pretextos, pero este se negó en redondo, por lo que el inglés desembarcó con doscientos hombres que tomaron la población y quemaron algunas viviendas. Después se produjo el intercambio. Algo muy parecido sucedió en Santa Marta sobre el 10 de julio. También lo intentó en Cartagena de Indias, pero allí la cosa fue más seria, pues los españoles se sirvieron muy hábilmente de sus dos únicos cañones para rechazar los intentos ingleses de penetrar en el puerto. Tras ser bloqueado durante ocho días, Hawkins dio por fin la orden de desistir.

Una nueva tormenta sacudió a la expedición inglesa, averiando al Jesus of Lubeck y separando al William & John, que decidió volver por su cuenta a Inglaterra. Con el resto, Hawkins apresó un mercante español y en el interrogatorio al piloto descubrió que la esperada flota de España llegaría a Veracruz en próximas fechas, por lo que decidió poner rumbo con sus siete buques restantes (incluyendo el corsario francés agregado y una de las presas portuguesas) hacia el puerto mejicano.

Llegó allí el 15 de septiembre. Fue saludado por los españoles, que creyeron que se trataba de la esperada flota. Mandaron un bote con algunos oficiales para recibirlos, pero no tardaron en ser apresados por los ingleses. A los sorprendidos españoles, Hawkins les dijo que llegaba de arribada forzosa, que necesitaba reparar los buques y dejar descansar las tripulaciones y que, como garantía, se apoderaba de la isla fortificada que cerraba el puerto, entonces conocida como Isla Gallega y, más tarde, como San Juan de Ulúa.

No es sencillo aclarar cuáles eran los propósitos de Hawkins, y más en un hombre con tantos recovecos. Pero combatir, llegar a un puerto, secuestrar a los funcionarios que le recibieron y ocupar la fortificación que lo defendía no parecía un intento amistoso de comerciar. Algunos historiadores británicos alegan todavía en la actualidad que las intenciones fueron pacíficas y honorables, omitiendo incluso los enfrentamientos anteriores.

Indudablemente, si una escuadra española hubiera hecho algo parecido en un puerto inglés, aquello les merecería un juicio bastante más duro y habrían considerado completamente justo y adecuado que la Royal Navy hubiera puesto tajantemente fin a esa situación.

El 17 de septiembre llegó la flota española, al mando de su capitán general, Francisco Luján, y conduciendo al nuevo virrey de la Nueva España, Martín Enríquez de Almansa. Eran trece buques. Solo el insignia, la capitana, era de guerra, siendo los demás, incluso la almiranta o buque del segundo jefe, simples mercantes armados atiborrados hasta las bordas de carga, lo que dificultaba mucho su entrada en combate.

El muy sorprendido Enríquez determinó, antes que nada, desembarcar a los pasajeros civiles y aprestarse para la lucha, fondeando lo más lejos posible de los buques ingleses y de la isla fortificada, mientras cambiaba mensajes con tierra y con Hawkins para informarse de lo ocurrido.

La situación era insostenible. Habían permitido que buques armados extranjeros tomaran posesión así de un puerto y de su fortificación. Habían intercambiado amenazas y posibles acuerdos con Hawkins, que insistió en someter a la ciudad a su merced. La junta de jefes decidió atacar a los ingleses.

El ataque tuvo lugar a las nueve de la mañana del día 23 de septiembre. Pese a que se quiso hacer por sorpresa, los ingleses estaban perfectamente alerta e incluso dispararon sus cañones primero, al parecer, por un fallo de coordinación entre los españoles.

El intercambio de fuego fue favorable a los ingleses al principio, que consiguieron hundir a la almiranta española, con pérdida de veinte muertos. El capitán Delgadillo, con un bote lleno de soldados atacó por sorpresa el castillo de la isla, mató o hizo huir a sus defensores y volvió los cañones contra los buques ingleses, con lo que los españoles cobraron de nuevo ánimos. Un brulote (buque incendiario) español prendió fuego al Jesus of Lubeck, su dotación se arrojó al agua y fue hecha prisionera. Mientras el Angel y el Swallow fueron hundidos por los españoles y varios más apresados, entre ellos, el corsario francés agregado.

Cuando cayó la noche y cesó el combate solo les quedaban a los ingleses el baqueteado Minion, que había combatido duramente con la capitana española, el Judith de Drake y una pequeña pinaza. El Minion estaba además sobrecargado con los supervivientes de los otros buques, incluido el propio Hawkins.

Juzgando la situación desesperada, Drake no tuvo el menor remilgo en abandonar a sus compañeros y volverse por su cuenta, en el Judith a Inglaterra. Aquello le pareció una verdadera traición a Hawkins, quien afirmó que «nos abandonó en medio de tanta desgracia».

La situación en el Minion era angustiosa, con casi trescientos hombres agotados abarrotando el buque, para los que no había agua ni provisiones. Tras un conato de motín, Hawkins decidió dejar a ciento catorce de ellos en la costa de Tampico, Florida, y volver con el resto. Los abandonados no tardaron en ser atacados por los indígenas. Casi suspiraron de alivio cuando los setenta y ocho supervivientes fueron apresados, ya en las últimas, por un destacamento español.

La travesía fue literalmente horrenda, pues se perdió la pinaza. Los hombres comieron cuero cocido y bebieron agua de mar hasta que Hawkins divisó tierra cerca de Vigo, el 31 de diciembre. Pidió alimentos y agua, y los pescadores, desconociendo las circunstancias, se lo ofrecieron, muriendo algunos ingleses del hartazgo tras tantas privaciones. Ya fondeado en Vigo, y puesto en contacto con buques ingleses mercantes allí anclados, estos les proporcionaron comida y doce marineros, pues apenas ninguno de los supervivientes estaba en condiciones de hacer navegar el barco. Y aun con esta ayuda, le resultó imposible arribar a Plymouth, debiendo tomar tierra en Cornualles, en Mount Bay, adonde su hermano William le hizo llegar provisiones y nuevos marineros. Así de desastrosamente acabó la gran expedición de Hawkins.

El 28 de diciembre Drake fondeó en Plymouth. Había hecho una lenta y tortuosa travesía (era la primera vez que la hacía y no tenía pilotos españoles o portugueses más o menos forzados que le asesoraran), solicitando de nuevo por caridad ayuda en los puertos españoles, pero en mejor estado.

Hawkins se quejó amargamente de que la perfidia española le había llevado a la ruina, afirmando que no había ganancias de ninguna clase y, al menos, pérdidas por dos mil libras. No tardaron en comprobar que había escondido oro, plata y joyas por valor de otras 7.000, enviándolas a Londres en dos sucesivas recuas de mulas, con escolta armada bajo su control y el de su hermano William. Otra muestra de la catadura del personaje.

Isabel Tudor montó en cólera contra los españoles. Cuando cinco buques españoles que portaban las pagas de funcionarios y militares para Flandes tuvieron que atracar en puertos ingleses buscando evitar el asalto de los corsarios franceses, la reina ordenó incautar los tesoros como indemnización. De nuevo se sucedieron los informes y las reclamaciones diplomáticas de unos y otros, con lo que el resultado económico de la expedición resulta hoy muy difícil de evaluar.

En cuanto a Drake y Hawkins, perdieron su amistad. La distancia a partir de entonces fue evidente y la relación amistosa nunca se volvió a recuperar. Drake insistió en su carrera como pirata, negrero y comerciante, mientras que Hawkins tomó más altos vuelos, como a continuación veremos.

En cualquier caso, el primer mando de Drake no fue muy afortunado y su huida de Veracruz dejando a sus compañeros, familiares y socios en la estacada fue luego una constante recriminación en su carrera. Al parecer, y según distintos testimonios de diversa credibilidad pero muy reiterados posteriormente, tomó entonces la decisión de vengarse cumplidamente de los españoles.

Claro que mucho antes de Veracruz ya les había robado y disparado, así que no pudo ser esa la razón. Tal vez fuera otra muy distinta: ellos habían mostrado a todo el mundo (y a él mismo) que su temple no era el que pretendía el joven y ambicioso navegante.

Por último, los españoles tuvieron ocasión de lamentar que las comunicaciones del siglo XVI no fueran tan rápidas como las de siglos posteriores: de saber quiénes eran Hawkins y Drake y lo que habían hecho, se hubieran evitado muchos problemas, pérdidas y muertes, y hubieran dado el trato adecuado a esos aparentemente pacíficos marinos ingleses que mendigaban agua y comida en las costas gallegas.

## LA PLAGA DE LA PIRATERÍA

De aquel verdadero desastre, aquellos hombres sacaron una valiosa lección. El inmenso y riquísimo Imperio español estaba aún poco poblado por europeos, pues, debido a la baja demografía española, se controlaba mucho la emigración a tan prometedoras tierras, y especialmente de las mujeres, fundamentalmente para favorecer los matrimonios mixtos, cosa bastante inusual en otros europeos, pese a mitos como el de Pocahontas.

Además, las mujeres eran menos capaces de superar los partos, las lactancias y las condiciones de precaria salubridad de la época, lo que era otro buen argumento para restringir su paso a las Indias.

La escasa población implicaba la debilidad de la defensa de esos puntos. Incluyendo las fortificaciones, pero también la escasez de soldados regulares y de sus armas. Dependían de la ayuda de poco numerosas milicias improvisadas, sumariamente armadas y poco diestras. Y en las condiciones bioclimáticas del Caribe, con peligrosas enfermedades tropicales para los europeos no aclimatados y para las que entonces no se conocía tratamiento médico. Las poblaciones se vieron mermadas y con ellas, los defensores.

Pero incluso esa débil defensa era suficiente normalmente para enfrentar con éxito a los atacantes, vistos los casos ya señalados. Pero había muchos otros objetivos de interés aún más sumariamente defendidos, especialmente las localidades más pequeñas y aisladas.

También en lo que se refiere a la navegación. Una de estas incursiones no solía atacar grandes buques con valiosa carga, pues estaban bien defendidos, especialmente las Flotas, como también demostró el ataque a Veracruz. Pero cargas relativamente pequeñas podían ser transportadas entre las islas y los puertos continentales del Caribe en embarcaciones menores manejadas por pocos hombres, muchos de ellos indígenas, mestizos o hasta esclavos, dada la renuencia de los españoles a enrolarse para tan modesto, duro y peligroso oficio. Uno no hacía las Américas para trabajar en ello, sino en oficios más valorados y productivos. Esos pequeños y poco armados buques eran presa fácil. Otra cosa muy distinta eran los que iban y venían en flotas regulares, cruzando el Atlántico.

Además, una nave española pequeña, poco o nada armada y de manejo sencillo, podía cargar mercancías tan valiosas entonces como unas decenas de sacos de azúcar, de café o de perlas, por citar algunos productos. Apresar varias, y a muy poco coste, significaba una pequeña fortuna por sí misma. De modo que los épicos relatos de audaces corsarios apresando enormes galeones cargados de oro y plata, son más una fantasía de la novela y el cine que un reflejo de la realidad.

Y el mismo Drake, tras una época de su vida oscura debido a su fracaso en Veracruz y tras algún nuevo viaje a las Indias poco conocido, aprendió la lección. También le ayudó conversar con homólogos holandeses o franceses, especialmente los hugonotes (protestantes franceses), con mayor experiencia previa.

Así mejoraron sus dos expediciones siguientes, dirigidas a Centroamérica, saqueando pequeñas poblaciones y buques de cabotaje o incluso lanchas y buques fluviales. El coste en bajas propias fue alto, pese a la pequeña entidad de esas expediciones y la debilidad de la defensa, más aún por las enfermedades tropicales y las penurias de la alimentación. Sin embargo, los beneficios desproporcionadamente altos, según sabemos, le permitieron amasar una fortuna y ganar prestigio personal, especialmente influidos por una cuidada propaganda, que las presentó como formidables hazañas, cuyos ecos han llegado hasta nuestros días, justificándolas como cumplida respuesta a la tiranía española. Por lo visto, saquear a mano armada costas, pequeñas poblaciones y buques de cabotaje por parte de extranjeros con los que no se estaba en guerra, era algo perfectamente legal y justo.

Aquel ejemplo, ampliamente difundido, exagerado y celebrado en Inglaterra, llevó a otros muchos a imitarlo, y entre 1572 y 1577 se enviaron nada menos que once expediciones navales contra la América española, y lo que es más sorprendente, con apoyo y hasta financiación de Isabel Tudor, sin que fueran problema las buenas relaciones oficiales con España.

A pesar del cada vez más claro protestantismo de Isabel, Felipe II había observado con paciencia a su cuñada y presunta novia, enfrascado en problemas mucho más importantes que el destino de un pequeño, débil y no muy adelantado país que él conocía bien, como rey consorte de la reina María Tudor que había sido. Incluso había tomado con bastante paciencia la evidente intervención real inglesa en las expediciones de Hawkins que acabamos de relatar, y que otros monarcas habrían considerado, sin duda alguna, un *casus belli* o poco menos.

Y siguió mostrando una paciencia formidable en estos años. En 1568, y aprovechando que su prima, la católica reina de Escocia, María

Estuardo, había huido de sus mayoritariamente protestantes súbditos y pedido su protección, Isabel Tudor ordenó encarcelarla. Temía que ella fuera una muy peligrosa rival para la Corona de Inglaterra, y lo cierto es que el Papa y el mundo católico en general la preferían con mucho a la protestante Isabel, quien, por otra parte, no olvidemos que había sido declarada nacida de un adulterio por su padre y relegada de la sucesión real tras el proceso y ejecución de su madre, Ana Bolena.

El encarcelamiento de María Estuardo fue todo un aldabonazo, no solo en la Europa católica, sino en la misma Inglaterra, donde muchos todavía profesaban más o menos abiertamente la antigua religión o desconfiaban profundamente de la capacidad de Isabel para gobernar adecuadamente el país.

El Papa empezó entonces a presionar a Felipe II para que tomara cartas en el asunto y ayudara a deponer a la «Jezabel del norte» y susti-tuirla por la católica María Estuardo, pero el rey prudente y el duque de Alba, entonces gobernador de Flandes, declinaron la idea. María estaba estrechamente emparentada con la familia francesa de los Guisa y no querían una reina filofrancesa en Inglaterra. Francia ya había dado dema-siada guerra a España durante la primera mitad del siglo. Por su parte, el Papa excomulgó formalmente a Isabel Tudor, en febrero de 1570, por la bula *Regnans in Excelsis*, desligando por tanto a sus súbditos ingleses de cualquier obediencia hacia ella y, aún más, al considerar su reinado como tiránico, estaba implícita la obligación moral de destronarla.

En Inglaterra había suficientes descontentos con la reina como para que la idea no quedara en el vacío. Un gran noble inglés, el mayor posee-dor de tierras en el reino después de la Corona, el duque de Norfolk se dio por aludido. Había sido candidato a una boda con María, dentro de las tremendas y sinuosas intrigas que siempre envolvieron a la desgraciada reina, y se sentía minusvalorado y despreciado por Isabel. Por ello se puso en contacto con los condes norteños que intentaron la Rebelión del Norte, abiertamente católica, que fracasó, ahogada en sangre por Isabel.

Norfolk, aunque era protestante, pasó nueve meses encerrado en la Torre de Londres por su implicación en ella, pero tras pedir clemencia fue puesto en arresto domiciliario. Tomó entonces un papel protagonis-ta un próspero banquero florentino, Roberto Ridolfi, católico conven-cido y seguramente agente del Papa, quien tramó un complicado complot que implicaba el asesinato de Isabel y la subida al trono de María. Todo contando con la ayuda de España, que no llegó a concretarse de momento.

Entró entonces en escena nuestro ya conocido John Hawkins, quien se puso en contacto con el embajador español en Londres y se mostró arrepentido de sus piraterías, afirmando «haber visto la luz» y hallarse dispuesto a servir al rey de España. Todo era mentira, por supuesto. Su propósito era infiltrarse en la conspiración. Un correo de Ridolfi fue detenido con cartas comprometedoras, los conspiradores fueron detenidos, se les torturó para conseguir su confesión y finalmente Norfolk fue decapitado, mientras que el embajador español era expulsado de Londres. Curiosamente, Ridolfi, que no estaba entonces en Inglaterra, quedó a salvo y murió en Florencia como senador de la ciudad, en 1600.

El gran beneficiario de todo el turbio asunto fue John Hawkins, que obtuvo un escaño en el Parlamento ese mismo año, 1571, y fue nombrado tesorero de la Royal Navy, el 1 de enero de 1578. Posteriormente destacó por sus reformas en el diseño del casco y aparejo de los buques de la Royal Navy. Volveremos a encontrarnos con el personaje.

Pero como conclusión, Isabel Tudor quedó convencida de que el Vaticano y Madrid conspiraban constantemente contra su vida. Por lo tanto, y como respuesta, empezó a ayudar clandestina, aunque irregularmente, a los rebeldes holandeses contra Felipe II y se dispuso a apoyar cada vez más a los corsarios ingleses que hostigaban las posesiones españolas. Mucho más no se atrevía a hacer, con la evidente fragilidad de su situación en el interior de Inglaterra y la gran diferencia de potencia con España, así que prosiguió, si bien de forma cada vez más clara, con su guerra de baja intensidad contra su cuñado y antiguo pretendiente.

En cuanto a Felipe II, la enormidad de los problemas defensivos a los que tenía que hacer frente le impidieron tomar muy en serio una amenaza que para su enorme Monarquía era indudablemente menor. Las crisis se sucedían y se acumulaban, y hasta se superpusieron de manera agobiante.

En 1566 estalló la rebelión en Flandes y, aunque fue pronto controlada por la dura represión del duque de Alba, no tardaría en resurgir con mucha más fuerza. Ello obligó, entre otros enormes esfuerzos y gastos militares, a la proyectada expedición naval de Menéndez de Avilés, en 1574, frustrada por los enormes problemas logísticos y una brutal epidemia.

Ese mismo año de 1566, los turcos atacaron la isla de Malta, cedida por Carlos I de España a los Caballeros de la Orden homónima. Por un momento pareció que el Mediterráneo occidental, y con él las costas sureñas de Italia y España, estaban a merced del poderío naval otomano. Y todo ello hizo necesario el colosal esfuerzo de crear una enorme escuadra de galeras que afrontase ese peligro. Además, estalló entonces la cruel guerra de las Alpujarras, provocada por el levantamiento de los moriscos granadinos, en 1568.

La lucha con el Imperio otomano se prolongó muchos años, incluso tras la decisiva victoria de Lepanto, a lo largo de sucesivas campañas hasta las treguas con el sultán, en 1578, luego prorrogadas, pero que no resolvieron el problema de la piratería berberisca, entonces mucho más grave y peligrosa que la de los corsarios ingleses, especialmente por su conexión con la revuelta morisca.

A ello se añadió la muerte de Sebastián de Portugal, en el desastre de Alcazarquivir, en un utópico intento de conquista del actual Marruecos, dejando la Corona portuguesa sin sucesión clara y atrayendo la atención de Felipe II hasta 1583, al menos, pues era el heredero con más derecho, como hijo de una infanta portuguesa y viudo de otra, y antes de que la Corona lusa cayera en manos de alguien no deseado, a él le sobraban títulos para reclamarla.

Y sin olvidar las múltiples atenciones de un imperio que se prolongaba desde Filipinas a Trípoli, con las múltiples complicaciones europeas y con la atención que siempre reclamaba la inestable pero potencialmente muy peligrosa Francia, el principal enemigo europeo hasta 1559, siempre temible por su potencial y situación geográfica, fronteriza de la misma España, de Flandes y de Italia y dividida en una intermitente guerra civil entre católicos y protestantes.

Todo ello provocó la nueva declaración de suspensión de pagos de la Corona española, en 1575, ante la enormidad de los gastos de tantas y tan peligrosas guerras.

Muchos historiadores británicos tienden a presentar el conflicto entre Inglaterra y España del último tercio del siglo XVI como una lucha de titanes entre dos grandes naciones, ante lo cual todo lo demás era secundario. Ante lo expuesto, parece más bien que a Felipe II y a la inmensa Monarquía española de entonces aquello les pareció más bien un asunto muy serio, aunque indudablemente secundario por diversas razones, pero no tan importante que no pudiera esperar a tiempos más sosegados. Cabe imaginar lo que hubiera podido suceder, de no tener Felipe II que afrontar el peligro otomano desde 1566, por ejemplo.

Solo en una ocasión hasta 1585, al menos, y no por iniciativa suya, participó Felipe II en una agresión directa contra Isabel Tudor y su Gobierno, si bien de forma tan secundaria como débil: la creciente presión inglesa por conquistar totalmente Irlanda provocó la esperable respuesta de un pueblo tan distinto culturalmente del inglés, como aplastantemente católico. Uno de los rebeldes, James Fitzmauri, viajó a Roma para obtener el apoyo del Papa contra Isabel en una expedición militar. Esta se formó rápidamente con voluntarios irlandeses e italianos y partió de Civitavecchia, en el verano de 1579.

La pequeña expedición naufragó frente a las costas de Galicia y el Papa tuvo que pedir ayuda a Felipe II para rescatarla y para que la llevara a buen fin. Poco después zarpaba de nuevo, ya en buques españoles al mando de Juan Martínez de Recalde, con mil quinientos hombres, de los que cuatrocientos eran voluntarios españoles. Llevaban armas para otros cuatro mil, que esperaban se alzasen en cuanto tocaran tierra.

Los planes se vinieron abajo cuando, al desembarcar, comprobaron que les faltaban los apoyos prometidos. Así que Recalde decidió el regreso con buena parte de los expedicionarios, dejando solo a los más audaces y decididos, unos setecientos, de los que unos ochenta eran españoles. La pequeña fuerza se atrincheró en el Castillo del Oro, a la entrada del puerto de Limerick, donde no tardaron en ser asediados por tierra y por mar, y de verse en la necesidad de aceptar las condiciones que les ofrecieron. Se entregaron el 9 de noviembre de 1580.

Nunca debieron haberlo hecho, pues confiados los prisioneros al luego famoso navegante y corsario Walter Raleigh, este separó a una veintena de los principales jefes para obtener por ellos cuantiosos rescates. Ordenó matar al resto, que fueron ahorcados y degollados.

Esto fue lo único que hizo contra Isabel Tudor en el terreno militar Felipe II durante los largos años que separan esta fecha de la tercera expedición de Hawkins, de 1585, mientras que solo entre 1572 y 1577 se lanzaron contra la América española, con apoyo y hasta financiación real, once expediciones inglesas. Casi dos por año.

A las reclamaciones diplomáticas españolas ante tales agresiones siempre respondió Isabel con marrullerías, afirmando no saber qué hacían esos díscolos súbditos suyos o contraatacando cínicamente con reclamaciones como en el caso de la expedición derrotada en Veracruz.

Sin embargo, y pese a todo, las relaciones formales entre los dos países eran amistosas. Un gran número de buques mercantes y comerciantes ingleses fondeaban en puertos españoles para sus negocios, sin mayor problema que el evitar mostrarse abiertamente protestantes. Recordemos que la prohibición española se refería tan solo a comerciar directamente con las posesiones americanas.

Por otra parte, los españoles estaban interesados en cuidar los lazos comerciales, no por los productos ingleses en sí mismos, sino porque eran transportistas e intermediarios con los muy codiciados productos del Báltico, entre los que destacaban el trigo y los pinos de Riga usados para arboladuras de buques, y con los declinantes corsarios protestantes franceses y los ascendentes corsarios rebeldes holandeses (los temidos *gueux*) las aguas del Canal de la Mancha eran peligrosas para los buques mercantes españoles. Así que era preferible que fueran ingleses los que hicieran el trabajo, ya que, como protestantes, holandeses y hugonotes serían más remisos a atacarles. Por supuesto que también se contaba para ese papel con los buques de la Hansa alemana y hasta de los mismos holandeses, que por un buen negocio eran capaces de hacer creer que eran súbditos leales de Felipe II.

En cualquier caso, ni Felipe II ni sus súbditos tomaron demasiado en serio los «alfilerazos» ingleses. Se limitaron a defenderse si eran atacados y a reclamar después diplomáticamente o ante los tribunales. Lo peor fue que dieron una sensación de impunidad a los que a ello se dedicaban, e incluso a la misma reina, con lo que el problema se agravó en los años siguientes.

No solo por los beneficios que obtuvieran los corsarios o el trabajo para marineros, sino porque muchos de esos beneficios terminaban en las arcas de la Corona. Todo con la coartada de luchar contra el «demonio del sur» (Felipe II y el catolicismo) y en apoyo de la «reina virgen», Isabel Tudor.

Así que las expediciones siguieron pese a la creciente resistencia española.

Entre ellas, las de Drake, en dos ocasiones y durante los mismos años de Lepanto, entre 1571 y 1572, actuando en la zona de Panamá, y contra objetivos en tierra o contra pequeños buques costeros, cosechando una auténtica fortuna, pues la Hacienda Real inglesa le reclamó nada menos que doscientos cincuenta mil pesos de plata.

Poco después repitió el intento. Pero cuando ya desalentado empezaba a pensar en abandonar, tuvo la suerte de contactar con un pirata francés, Guillaume Le Têtu, quien le propuso atacar las recuas de mulas que transportaban por tierra un rico cargamento, al no existir entonces el canal que comunicaba los dos océanos.

La fuerza atacante se limitaba a quince ingleses, veinte franceses y una treintena de cimarrones (esclavos negros fugados a la selva). Tras un confuso combate, Drake logró apoderarse de una parte del tesoro, pero el grueso fue recuperado por los españoles. El jefe francés murió en la lucha.

Cuando la solitaria Pascoe de Drake, con 40 toneladas, llegó a Plymouth el 9 de agosto de 1573, había dejado atrás a las otras tres embarcaciones. También a la más pequeña Swan y a más de la mitad de los hombres que partieron con él, incluidos sus dos hermanos menores.

Así repartirían el botín entre menos, que estaba valorado en veinte mil libras (de la época) y que fue en su mayor parte para Drake, como jefe de la expedición y propietario de los buques.

## DE IRLANDA A LA VUELTA AL MUNDO

Drake dedicó buena parte de su dinero a comprar influencias y voluntades en la corte, porque quería ascender socialmente y participar en empresas oficiales. No como un simple pirata sin apoyo oficial y por cuenta propia, como había actuado en Panamá.

La ocasión no tardó en presentarse: Irlanda era reacia a la dominación inglesa, pese a todos los intentos. Un gran noble inglés, Walter Devereux, conde de Essex, decidió por su cuenta conquistar la parte norteña, hoy conocida como Úlster, que sigue perteneciendo al Reino Unido. Para ello hipotecó sus tierras a la reina por diez mil libras, con lo que formó una expedición de doscientos jinetes y cuatrocientos infantes, comprometiéndose la reina a aportar otros tantos hombres y darle como recompensa una gran propiedad en el condado de Antrim, así como cierta autoridad en el territorio. Incluso se abrió la posibilidad de que otros capitales privados participaran en la expedición.

Drake aprovechó la situación y tras negociar con Essex, decidió participar en la expedición con tres de sus buques, al parecer el Falcon, su pinaza auxiliar y una fragata española apresada, con altos salarios para sí y para sus hombres.

No era tanto el dinero lo que preocupaba a Drake, sino la obtención de una comisión real como jefe de su escuadrilla; esto le permitiría hacer méritos y le abriría puertas en la corte para sus futuros proyectos.

Aquello mostraba claramente su trayectoria y la de otros como él: no era un corsario que actuara con el reglamentario permiso real y solo contra los enemigos del Estado. Realmente era un pirata.

Essex siguió su política de expansión y enriquecimiento, ganándose la oposición hasta de un líder irlandés partidario de la reina: Brian McPhelim O'Neil, pero el conde resolvió la cuestión de manera tajante: invitó a sus seguidores a un banquete y luego ordenó su asesinato. Haciendo luego lo mismo con el propio Brian.

Essex decidió entonces apoderarse de la isla Rathlin, situada en la costa norte de Antrim, y en manos de escoceses, que la habían utilizado desde la Edad Media como enclave para sus relaciones con Irlanda. El noble escocés que gobernaba la isla, Sorley Boy McDonnell, incluso mandó allí a su mujer e hijos, considerando que, dadas las fortificaciones de la isla, estarían más a salvo.

La fuerza terrestre enviada por Essex desde Dublín, la única zona entonces realmente controlada por los ingleses en la isla, iba al mando de John Norris, que tras conferenciar con Drake y otros jefes, ordenó el ataque el 22 de julio. Tras una desesperada resistencia de cuatro días, el condestable del castillo se rindió, esperando que al menos respetaran su vida y la de su familia. Pero los ingleses mataron a todos los rendidos, incluso mujeres y niños, rastreando después la isla entera en busca de los que se hubieran escondido en cuevas y acantilados, la mayoría no combatientes. Se cree que murieron así asesinadas más de quinientas personas de toda edad y sexo.

Lograron un enorme botín, especialmente en ganado (tres mil ovejas, trescientas vacas y cien yeguas) aparte de bastante grano. Essex fracasó en derrotar al jefe escocés, Sorley Boy McDonnell, y en adueñarse de Antrim. Se desarrolló una intriga en la corte contra el desalmado conde y luego este falleció súbitamente, se dice que envenenado. Hay algunos motivos para sospechar que Drake se vio envuelto en la intriga, pues bastantes de los enemigos de Essex eran apoyos suyos en la corte.

Pero el botín era lo de menos entonces para Drake, lo decisivo fue que había conseguido conocer e interesar a personajes de la corte isabelina y, todo hay que decirlo, más por su participación en la conspiración contra Essex, que por sus muy discutibles méritos marineros o guerreros en Antrim.

Entonces surgió un proyecto en el mismo Consejo Privado de Isabel Tudor: el de una incursión en el Pacífico, hasta entonces conocido como «el lago español», mandada por el propio Drake.

El documento ha llegado muy fragmentado hasta nuestros días y en él aparece el plan general de la expedición, pero parece que los objetivos eran:

1.  Pasar al Pacífico por el Estrecho de Magallanes, hostilizar y asediar en todo lo posible la navegación española en esas aguas, así como las costas, y conseguir los mayores botines posibles. Se daba por descontado que las defensas españolas serían mínimas.
2.  Llegar a las islas de las especies, las Molucas, y tratar de establecer una ruta comercial de tan gran interés.
3.  Indagar sobre un posible paso al Atlántico por el norte del continente americano y, en general, hacer acto de presencia en aguas y tierras donde nunca habían estado más que los españoles, con el fin de futuras reivindicaciones coloniales o simplemente como medio propagandístico.

Este último no era el menor de los objetivos, contando con la personalidad de Drake, que no cabe duda de que era muy capaz de adornarse con plumas ajenas. Una de las cosas que más mortificaba a muchos protestantes de entonces era pensar que el buen Dios había creado un mundo tan maravilloso y espectacularmente grande solo al parecer para que fuera descubierto y explotado por los repugnantes papistas, fueran españoles o portugueses. No sería mala cosa que los protestantes, forzando más o menos las cosas, fueran los que en adelante descubrieran, exploraran y colonizaran, demostrando así de paso de qué lado realmente estaba Dios.

La expedición, como de costumbre, se financió como una empresa con participaciones de lo más diverso, desde la propia Isabel Tudor a Drake e incluso Hawkins, aportando cada socio no solo cantidades en metálico, sino armas, pertrechos, provisiones y los propios buques.

El buque insignia era el Pelican, construido por el propio Drake con la ayuda de una subvención real, armado con dieciocho piezas; un buque nuevo y muy bueno, el Elizabeth, de once piezas; el Marigold, de seis cañones; el Swan de cinco cañones y la pinaza Benedict, con un puñado de piezas ligeras. Las dotaciones sumaban unos ciento setenta hombres entre todos los buques.

Resulta muy significativo que los ingleses consideraran entonces y aún hoy una gran hazaña realizar algo que ya habían conseguido los españoles más de cincuenta años antes, con la expedición Magallanes-Elcano, que había zarpado de Sevilla nada menos que en 1519. Pero a la tan famosa expedición siguieron otras muchas, como las de Loaysa, Mendaña y especialmente la de Legazpi, de 1564, con la colonización de Filipinas, el descubrimiento del tornaviaje desde esas aguas a América por Urdaneta al año siguiente, que significó el establecimiento de la más larga línea regular marítima del mundo con el galeón de Manila o nao de Acapulco, y otros hechos semejantes que sería demasiado largo y prolijo mencionar siquiera.

Además de navegar por aguas ya trilladas, resultó que durante todo el viaje Drake utilizó mapas, cartas y derroteros españoles y portugueses, comprados o robados. Y secuestró a pilotos de ambas naciones para que le indicaran la ruta, mediante amenazas y hasta torturas. Esto es, por otra parte, lo que había aprendido de Hawkins, quien ya hemos visto que no conocía mejor ruta para ir a América que la misma de Colón, recalando en Canarias, y que recurría a los mismos métodos para sus viajes más comprometidos, como cruzar el Atlántico, cosa que los españoles hacían regularmente desde 1492.

Pese a ello se insiste todavía —en demasiadas ocasiones— en que el mérito de Drake fue dar la primera o tal vez la segunda vuelta al mundo.

Esta afirmación es muy discutible, por otra parte, como si los segundos intentos fueran cosa que se recordara especialmente, o se hubiera conseguido independientemente de los descubrimientos españoles, y no siguiéndolos tan exactamente como se ha indicado.

Si a esto unimos el estado de paz entre España e Inglaterra, pese a los reiterados incidentes, y la absoluta confianza y tranquilidad de los españoles, que hacían que, en el Pacífico, el Mar del Sur español, no se considerara indispensable que los buques fueran artillados con cañones, el lector podrá evaluar más correctamente el valor y significado de la supuesta gran gesta de Francis Drake.

Así que Drake no solo intentó robar riquezas, también se intentó apropiar de otros logros ajenos, que no lo olvidemos, era el fin principal de su expedición.

No haremos el juego a esa propaganda repitiendo los avatares de un viaje que no tuvo consecuencia práctica alguna, pese a todas sus mentiras sobre su supuesto descubrimiento del paso en el extremo sur del continente, del descubrimiento de California y de tantos otros, que para sorpresa de los investigadores serios siguen aún creídos en el mundo anglosajón y en su área de influencia cultural.

En resumen: la expedición zarpó de Plymouth el 15 de noviembre de 1577, pero sufrió un duro temporal que le hizo volver a puerto con serias averías. Zarpó definitivamente justo un mes después de Falmouth y, tras muchos avatares, la solitaria Pelican, rebautizada Golden Hind en honor a Isabel Tudor, dio fondo en Portsmouth, a fines de septiembre de 1580, solo cincuenta y ocho años justos (salvo por unos días) tras el regreso de la Victoria de Elcano.

Allí fue recibido en triunfo por Isabel Tudor, que le nombró caballero, le concedió un escudo de armas por su gesta, le designó alcalde de Plymouth y finalmente diputado en los Comunes por un distrito de Cornualles. Y todo pese a las protestas del embajador español en Londres, Bernardino de Mendoza, y pese a las reclamaciones privadas por comerciantes y navieros españoles, presentadas por el gran marino Pedro de Zubiaur, que terminó en la cárcel temporalmente por las demandas de los ingleses implicados.

# 2

# HACIA LA GUERRA ABIERTA
## (1580-1587)

Como era de temer, y tras tan largo período de hostilidades, la rivalidad angloespañola terminó provocando una guerra abierta entre los dos reinos. Antes de que se produjera, hubo un período de progresivo encarnizamiento, que mostró que el conflicto no se podía resolver por ninguna clase de acuerdo, al menos entre los dos protagonistas principales.

Y es de enfatizar que, pese a todas las leyendas negras sobre Felipe II y doradas para Isabel Tudor, la paciencia del monarca español merece destacarse, pues le acreditó como un rey verdaderamente prudente, muy al contrario de la actitud agresora durante decenios de la «reina virgen». También en lo referido a su actividad instigando o apoyando rebeliones contra España y cualquier oportunidad de debilitar esta Monarquía.

El rey de Portugal, el joven Sebastián I, ideó por esas fechas culminar la conquista de Marruecos, donde ya poseía Ceuta desde 1415 y posteriormente Tánger y otros puertos, fundando además Casablanca. Su tío Felipe II intentó disuadirle, pues una cosa era dominar fortificaciones costeras con el apoyo inmediato de la flota portuguesa, muy superior a la marroquí, y otra era el inmenso y desconocido interior. Pero el joven rey persistió en su plan y tras obtener alguna ayuda de su tío, se embarcó personalmente en la peligrosa aventura, que terminó en la desastrosa batalla de Alcazarquivir (1578), donde murió, así como buena parte de la nobleza portuguesa.

El joven rey aún no se había casado, no tuvo hijos y el único sucesor posible era el ya anciano cardenal Enrique, cuya vida no podía ser ya muy larga y que no podía tener hijos por su condición de sacerdote católico. Ante la falta de otros herederos, Felipe II reclamó para sí la Corona, pues era hijo de la princesa Isabel, hija a su vez de Manuel I de Portugal, que se había casado con su padre Carlos I.

Aquella era la única solución posible, dadas las leyes de la época, y fue mayoritariamente aceptada por la nobleza y la corte en general. Sin embargo, hubo una minoría opuesta, tal vez por la larga rivalidad ultramarina entre los dos países ibéricos, que habían competido largamente por su expansión oceánica. Recordemos que el Tratado de Tordesillas fue primero acordado para trazar los límites de estas potencias en cada zona de expansión en el Atlántico y, después, se reprodujo para el Pacífico.

Los opositores a la sucesión de Felipe II a la Corona portuguesa tenían su propio candidato: Antonio, prior de Crato, que adujo ser hijo bastardo del duque de Beja y de su amante judía, aunque aquellos eran méritos muy dudosos en un país católico como Portugal.

Pero ante el triunfo de la rebelión, Felipe recurrió a la fuerza, invadiendo Portugal con un ejército al mando del duque de Alba y una flota a cargo de Álvaro de Bazán. La combinación de la fuerza, la negociación y el buen trato pusieron rápidamente y con poca sangre fin a la rebelión y el español recibió la Corona en las Cortes reunidas en territorio portugués.

El exiliado Antonio de Crato viajó a Londres y a París a solicitar apoyo para su causa. Isabel Tudor le tranquilizó con buenas palabras, algo de ayuda y el recurso soterrado de los corsarios, negando comprometerse seriamente a más. En París recibió un claro apoyo de Enrique III de Valois y de su madre, Catalina de Médicis, sin llegar a la guerra contra Felipe, pero con la promesa de obtener en compensación nada menos que el Brasil portugués.

Y así, una poderosa escuadra francesa puso rumbo a las Azores o Terceiras, llevando consigo a Crato. La amenaza era gravísima, pues de lograr asentar allí su dominio podría no solo reavivar la rebelión portuguesa, sino conseguir una magnífica base para interceptar las flotas españolas entre Sevilla y La Habana, tanto a la ida como a la vuelta, y esto suponía un golpe durísimo para el dominio español en América.

Para conjurar ese peligro, el rey envió a la isla de San Miguel una escuadra reunida rápidamente al mando de Álvaro de Bazán. En principio eran treinta y seis buques de todas clases, pero tres de ellos no estuvieron listos por la premura de los preparativos y otros tuvieron que volver a puerto, averiados por la tempestad en la travesía o separados del resto. Quedó así la escuadra reducida a una veintena de buques. Aunque se esperaba el refuerzo de Recalde con otros veinte buques, Bazán no quiso esperarlo por la urgencia de las órdenes.

El 22 de julio se avistó a la francesa de Strozzi, con nada menos que sesenta y cuatro buques, de los que dos tercios eran de tamaño grande o mediano, aunque el promedio era algo inferior al de los españoles. La del mando de Bazán estaba compuesta de una enorme variedad de procedencias, pues aparte de españoles y portugueses, hubo italianos y flamencos. Y, aunque el galeón San Martín de Portugal era el buque más grande y poderoso de ambas escuadras, resulta indicativo que en los buques franceses embarcasen seis mil quinientos soldados, frente a los cuatro mil españoles.

Bazán formó su escuadra en hilera para aprovechar todo lo posible la andanada de costado de sus buques: la vanguardia, con el insignia o capitana San Martín y seis de los mejores buques; el centro, con el galeón San Mateo y las urcas, con el jefe de la infantería embarcada, Lope de Figueroa; y la retaguardia, con Miguel de Oquendo, quedando las pinazas y las urcas menos armadas o más lentas en segunda línea. Los franceses se dispusieron en varios grupos para hostigar a la formación española, esperando cualquier oportunidad para pasar a un ataque más serio.

Así formadas las dos escuadras lucharon los días siguientes con el aliento para los españoles de ver hundido uno de los buques franceses por el fuego español de artillería. Bazán respondió a la petición de socorro de la nao de su almirante o segundo jefe, Cristóbal de Eraso, y le dio remolque con su gran San Martín, pero una vez fuera del peligro, volvió con su escuadra sobre el centro enemigo.

La mañana del 25 de julio, el San Mateo salió de la formación y se dirigió hacia los franceses. Strozzi, viendo una oportunidad dorada de apuntarse el triunfo, atacó el centro español con un tercio de sus buques, buscando el abordaje. Otros tantos se cañonearían a distancia con el resto de la línea española y el resto, las pinazas, quedarían atrás para auxiliar a los buques principales de combate.

Los franceses atacaron al aparentemente aislado San Mateo haciendo un vigoroso fuego de todas sus armas e intentando el abordaje, mientras el galeón era apoyado por su propia escuadra y por la retaguardia de Oquendo.

Por su parte, Bazán, en vanguardia, viró hacia el centro de la lucha, seguido de su escuadra, soltando el remolque de la nao averiada.

Y tras duro combate, el resultado no dejó lugar a dudas: los franceses abandonaron la lucha y perdieron un total de diez buques, todos de gran o mediano tamaño. Dos fueron quemados, cuatro se hundieron y otros cuatro fueron apresados, pero en tan mal estado, que fueron echados a pique por los vencedores por no merecer la pena su reparación. Sus buques perdieron, entre muertos y heridos, no menos de dos mil hombres, entre ellos su jefe, Strozzi, y el conde de Vimioso, mano derecha de Crato.

Los españoles no perdieron ningún buque, aunque el San Mateo fue muy castigado, recibiendo más de quinientos cañonazos. Murieron doscientas veinticuatro personas y quinientas cincuenta y tres fueron heridas, menos de la mitad que sus enemigos. Juzgando la estación ya avanzada y ante el desgaste de su escuadra, Bazán decidió volver a su base y dejar la operación anfibia para recuperar las islas para la campaña del año siguiente, la cual se realizaría con total éxito.

Así quedó conjurado el gravísimo peligro de manera brillante por Bazán, que vio continuados sus éxitos del Mediterráneo, especialmente en Lepanto, y muy anteriormente en el Atlántico, también un 25 de julio, pero de 1543, cuando con solo dieciséis años, siendo segundo jefe de su padre don Álvaro de Bazán (conocido como «el Viejo» para distinguirlo de su hijo y homónimo), derrotó a otra escuadra francesa que saqueaba el litoral Cantábrico al mando de Jean de Clamorgan. Entonces los franceses eran unos veinticinco buques, mientras los españoles eran dieciséis, hundiendo o apresando al menos dieciséis sin perder ninguno por su parte.

Esos eran los «poco duchos» marinos españoles que pretenden mostrar muchos historiadores británicos, bien sea por creerse su propia propaganda, desconocer los hechos o tergiversarlos a propósito.

## UNA GUERRA «A LA ESPAÑOLA»

La batalla de las Terceras nos sirve, sobre todo, para desmentir tajantemente el mito propagado por escritores británicos o de su área de influencia (incluso muchos españoles o hispanos) sobre lo anticuado e ineficaz de las tácticas de combate españolas de la época, pretendiendo que se basaban en primitivos, enmarañados y finalmente poco resolutivos combates al abordaje.

Claro que lo afirman de esos que no dudan en calificar de «poco marineros», que (al parecer por pura buena suerte) habían descubierto, cartografiado y colonizado medio planeta, desde las Canarias a las costas de China, dado la primera vuelta al mundo y establecido la primera línea de comunicación regular entre el Extremo Oriente y Europa, con la única y más modesta excepción de los portugueses.

Y en ese proceso habían adquirido por necesidad, desde la Reconquista a la lucha contra otomanos y contra rivales europeos, una vasta experiencia propia, tanto en la guerra terrestre como en la naval, tanto en los tercios como en las armadas, como ya hemos indicado someramente. Esto es fácil de comprobar a poco que se estudien y analicen los hechos comprobados, y no se les pretenda ignorar o distorsionar de mil maneras.

Evidentemente la era de los grandes veleros oceánicos y de las armas de fuego había cambiado por completo la guerra naval.

Y, como ya hemos apuntado, las tácticas para el combate naval habían sufrido una auténtica revolución: ahora, en buques sin remos era más difícil maniobrar y mantener la formación deseada y se dependía como nunca antes de vientos y corrientes. También sucedía que con buques de remos, y bastante homogéneos en tamaño y diseño, se podían mantener formaciones y ejecutar maniobras incluso complicadas. Pero con los veleros no era tan fácil, entre otros motivos porque las escuadras de veleros ya no eran homogéneas, entre los grandes galeones encargados por el Estado y diseñados específicamente para la guerra, y toda una variedad de embarcaciones mercantes o incluso pesqueros, movilizados, con características y hasta orígenes muy distintos, según el astillero en que se construyeron o los propósitos de sus propietarios, sin mencionar el grado de adiestramiento de sus tripulaciones, aguas y vientos que les eran conocidos, etc.

Hasta la segunda mitad del siglo XVII, cuando se empezó a sistematizar su diseño y misión militar, las escuadras eran una mezcla de buques muy distintos y, por tanto, de difícil coordinación, tanto en tamaño y potencia de combate como de cualidades evolutivas. Aparte de que siendo movilizados solo cuando se necesitaban, tampoco recibían un adiestramiento previo conjunto. No bastaba con imponer una severa disciplina por el mando.

Incluso cuando se desarrollaron las señales de banderas, dar órdenes a una escuadra era muy complicado y defectuoso, como es bien sabido, y fue necesario el «Nelson Touch» para asegurar una suficiente coordinación entre los buques de una escuadra y eso sucedió dos siglos después de la época de la que hablamos.

Por tanto, las escuadras se formaban más o menos en hilera, con los buques menores o de transporte en retaguardia, se cañoneaban a distancia y solo pasaban al abordaje cuando observaban que uno o varios buques enemigos tenían problemas. Eso era lo que los españoles llamaban «guerra galana», vistosa por las descargas pero poco efectiva e insegura.

Además, persistían otros problemas, como el humo de las descargas, que dificultaba mucho el apreciar la situación del combate y dar las órdenes oportunas.

En cuanto a los abordajes no se seguía un sistema claro, con lo que la confusión era considerable y el resultado incierto, a no ser que se enfrentaran buques de muy distinta potencia.

Por lo demás, con la artillería de la época era muy difícil conseguir un fuego efectivo a alguna distancia, pues hasta comienzos del XIX no se crearon los primeros sistemas de puntería (por obra de un español, Churruca) y se disparaba literalmente a ojo. Todo quedaba en manos de la pericia práctica de cada artillero, lo que era muy problemático en piezas de baja velocidad inicial, de ánima lisa, muy variadas en tamaño y alcances en el mismo buque, disparando en plataformas en movimiento, con balances y cabezadas, y con difícil apreciación de las distancias sobre la superficie del mar.

También hay que tener en cuenta que, con las piezas y pólvoras disponibles, era muy improbable que a alguna distancia tuvieran potencia suficiente para dañar a un buque. Lo más que podían conseguir era causar algún daño en el velamen y los mástiles, que provocaran serios problemas en algún buque y facilitaran su abordaje, lo que solía degenerar en combates confusos y poco resolutivos típicos de la época.

En resumen, aquella era una «guerra galana», es decir, más vistosa que efectiva. Incluso ineludible como etapa preliminar del combate, dejaba su resolución al abordaje, por lo que era necesario organizarlo concienzudamente, porque en las atestadas cubiertas de los buques de entonces el resultado era tan incierto como costoso.

Los españoles aportaron la solución. Adelantaron el uso de las armas de fuego portátiles, arcabuces y mosquetes, con los que se habían impuesto tanto a la caballería pesada francesa, como a los piqueros suizos o a los arqueros ingleses y otomanos, que eran más rápidos en el tiro, pero mucho menos eficaces.

Con la muy problemática puntería en cañones y armas ligeras de la época, disparar a distancia era poco eficaz, aparte del escaso alcance seguro de dichas armas. Salvo algunos tiros preliminares de tanteo, el fuego se reservaba hasta que los buques estuvieran muy cerca o incluso en contacto, haciendo fuego primero con arcabuces y mosquetes, luego con los cañones, y nuevamente con las armas menores, es decir, alternando rociadas y andanadas a bocajarro, táctica ya consagrada en Lepanto y con resultados devastadores. Así se paliaba el problema de la lenta recarga de armas personales y las de gran calibre.

Además, y acostumbrados a una evidente lentitud en la recarga, los atacantes solían esperar a la descarga de los defensores poniéndose a cubierto agachando las cabezas tras las bordas y, antes de que se pudieran recargar las armas, incorporarse y saltar al abordaje y pasar la lucha cuerpo a cuerpo. Pero entonces hacían fuego los cañones (incluso los ligeros de borda) y nuevamente otra descarga de armas ligeras. Aquella serie alternada de descargas solía tener consecuencias devastadoras sobre el atacante, pero si no se lograba con la triple descarga, bien se podía repetir.

Tras aquella verdadera preparación por el fuego, se podía pasar al abordaje con claras garantías de éxito, tras haber rechazado sangrientamente el primer y mayor ataque del enemigo.

La defensa se reforzaba con las «empavesadas», defensas que se alzaban provisionalmente sobre las bordas justo antes del combate, con toda clase de obstáculos, y que brindaban mayor protección. Fue un sistema también exitoso en Lepanto.

Otra táctica complementaria fue enviar grupos escogidos de soldados, para amarrar ambos buques e impedir que el frustrado atacante optara por desasirse y evitar la derrota.

Justamente esas tácticas, empleadas por la formidable infantería española de entonces, fueron observadas por sus enemigos, incluidos los no pocos ingleses que fueron testigos del combate de San Miguel, en las Terceras, y que sirvieron de norma desde entonces a todos los enemigos de la Monarquía española. Había que evitar luchar de cerca y al abordaje, y hacer fuego a media o incluso a larga distancia (salvo que fuera un buque muy inferior en potencia y dotación) y solo pasar al abordaje cuando diera evidentes muestras de estar muy dañado. Con mucho cuidado para evitar que los demás buques españoles no pudieran rescatarlo, como le sucedió al San Mateo y dar lugar a la melé, donde se impondrían de nuevo las tácticas españolas.

Claro que la «guerra galana» podría llevar a combates tan largos como inefectivos, aparte de suponer un enorme consumo de municiones, y sobre todo nada decisivos, como sucedió a menudo en las batallas europeas de los siglos siguientes, salvo que uno de los bandos fuera muy inferior en número o cometiera un grave error.

Para conseguir hacer un daño serio, rápidamente y a bajo coste en combate, los holandeses crearon los «brulotes», buques incendiarios que se lanzaban contra la cerrada formación española, sembrando el caos en ella, y a menudo también combinados con sustancias incendiarias que, al salir despedidas por la explosión de cargas, comunicaban el fuego a los españoles, destruyendo no solo a los buques, sino su formación y orden de combate.

Aquella fue la verdadera «arma secreta» que utilizaron desde entonces todos los enemigos, siguiendo a los holandeses, los ingleses y luego los franceses, y con resultados decisivos. Por su parte, los españoles la utilizaron poco al considerarla un arma innoble (aunque hemos visto un precedente en Veracruz) y ser poco fiable.

Los que la utilizaron pretendieron que sus victorias se lograran por sus superiores dotes náuticas, tanto en navegación como en combate, como era de suponer y nos han acostumbrado a creer.

Y recuerde el lector de estas páginas estos datos y reflexiones, pues serán decisivos para entender y valorar lo que sucedió en la campaña de la Armada de Inglaterra, en 1588.

Otro hecho más liga la campaña de las Terceras y la de la llamada «Invencible», el de que el propio Álvaro de Bazán, una vez conseguido un éxito completo en las campañas portuguesas, escribió a Felipe II proponiéndole dirigirse contra Isabel I lo antes que se pudiera, porque era un peligroso enemigo. Pero el rey prudente consideró que los tiempos no estaban aún maduros y lo dejó para un futuro indeterminado, cometiendo así un grave error.

## LA RUPTURA

Toda la prudencia del rey fue inútil, además de contraproducente, porque Isabel continuó con su estrategia de acoso y saqueo. El primer intento de esta fase fue debido a la iniciativa de Walter Raleigh, nuevo favorito de la reina, que consiguió armar una escuadra de siete buques, al mando de su hermanastro Humphrey Gilbert, que había sido voluntario en Flandes apoyando a los rebeldes y que terminó siendo derrotado por una flota española.

Otra expedición de cinco buques se dirigió a Terranova, buscando el paso del Noroeste como alternativa al estrecho de Magallanes y mar de Hoces (por su verdadero descubridor, aunque Drake en su vuelta al mundo se arrogó el mérito), para pasar del Atlántico al Pacífico y buscó el paso del norte. Pero esta nueva tentativa acabó en desastre, castigados por el intenso frío y las enfermedades y tempestades, de modo que solo regresó uno de los cinco buques enviados.

Otra iniciativa frustrada fue la de crear una base desde la que atacar las flotas de Indias, preferiblemente en las costas de Florida, proyecto ya intentado por los hugonotes franceses y que fue aplastado por Menéndez de Avilés hacía ya tiempo. Ahora los ingleses se establecieron en la isla Roanoke, como base para la primera colonia inglesa en América, a la que pusieron el nombre de Virginia, en honor de Isabel Tudor, con ochocientos soldados y cien colonos. Pero el clima, las enfermedades y la resistencia indígena la hicieron pronto inviable.

La siguiente expedición se dirigió contra las pesquerías españolas, en Terranova, hundiendo o apresando decenas de pesqueros y apresando a unos seiscientos pescadores que acabaron sus días trabajando como esclavos en el arsenal de Portsmouth.

La tensión iba en aumento, con el descubrimiento de nuevos complots católicos en Inglaterra, entre ellos el de Throckmorton, lo que significó en enero de 1584 la expulsión del embajador español en Londres, pues las conspiraciones parecían implicar más o menos directamente tanto a la presa María Estuardo como a Felipe II.

Todavía hoy se discuten las razones concretas, pero lo cierto fue que, a fines de mayo de 1585, Felipe II ordenó el embargo de todos los buques ingleses (y holandeses y alemanes) que se hallaran en puertos españoles, pues pese a todos los incidentes y agresiones inglesas en los mares, las relaciones comerciales continuaban.

Tradicionalmente se ha afirmado que la medida fue para amenazar a Isabel Tudor con las consecuencias si continuaba con su apoyo a las actividades corsarias. Otra explicación es que ya se estaba planeando una gran expedición contra Inglaterra y se deseaba contar con buenos y fuertes barcos para ella, y por fin, como medio de acabar con un comercio ilegal con los rebeldes holandeses, realizado en buena parte por flamencos que se decían católicos y leales a Felipe II, y por alemanes e ingleses que actuaban por cuenta de los rebeldes.

Cuando los primeros buques ingleses que habían escapado de una u otra forma del embargo llegaron a Inglaterra, comprensiblemente se quejaron del hecho. El impacto de la sorprendente noticia fue grande. Según comunicaron, los principales puertos ingleses tuvieron enormes pérdidas: Londres las evaluó en treinta y nueve mil libras, mientras que Ipswich y Bristol, en veintinueve mil cada uno. Otros seis puertos registraron pérdidas menores.

Pero aún más que lo material, la importancia del embargo tuvo consecuencias en los ánimos de todos. Isabel y su Gobierno lo tomaron como una injustificada agresión de Felipe II y se sintieron legitimados para conceder centenares de patentes de corso, las llamadas *letters of reprisal*, como venganza y compensación de aquella medida. Por otra parte, muchos armadores ingleses, hasta entonces dispuestos a mantener relaciones comerciales pacíficas con España, se vieron así empujados a la confrontación directa.

La medida tuvo así efectos muy distintos a los que Felipe II preveía. Lejos de amilanar a Isabel y a su Gobierno, los reafirmó en el camino hacia la confrontación; lejos de controlar el comercio indeseado, empujó a los navieros ingleses al corso; y, por otra parte, el evidente espíritu legalista de la medida terminó por provocar que muchos de los buques embargados fueran devueltos a sus propietarios, con toda seguridad, la inmensa mayoría, en cuanto se pudo discernir que su comercio no era por cuenta de los rebeldes.

La muy hipócrita corte inglesa pudo utilizar, propagandísticamente, la medida de Felipe II como justificación de la brutal e inmerecida acción de un tirano contra unos pacíficos mercaderes. Que ellos llevaran veinte años apoyando, financiando y recompensando acciones corsarias contra los buques y poblaciones españoles era, por lo visto, algo completamente distinto y dentro de la más estricta legalidad y de las cordiales relaciones.

La situación en Flandes evolucionaba a favor de los españoles, estando Farnesio muy cerca de tomar Amberes, tras un épico asedio. Por otra parte, un asesino a sueldo había matado a Guillermo de Orange, uno de los líderes rebeldes holandeses. En Inglaterra se veía muy próxima la victoria española en Flandes y se juzgó que el siguiente objetivo de Felipe II sería la Inglaterra de Isabel Tudor.

Ya sabemos que la reina había concedido anteriormente ayuda a los rebeldes, pero ahora, y tras una larga negociación, se llegó a todo un tratado de alianza, firmado en el palacio real inglés de Nonsuch, el 20 de agosto de 1585.

Por este tratado, Inglaterra se comprometía a enviar a Flandes mil soldados de caballería y más de seis mil de infantería, como ayuda en la lucha contra los españoles. Además, debía pagar anualmente ciento veintiséis mil libras para el sostenimiento de la guerra, lo que suponía un cuarto del gasto total. El general inglés Robert Dudley, conde de Leicester, sería un gobernador general y presidiría un Consejo de Estado formado por ingleses y holandeses, que coordinaría el esfuerzo bélico. A cambio, y como garantía de que devolverían la ayuda monetaria y los gastos de las tropas, los holandeses cedían las plazas de Flesinga, Brill y Ostende.

El tratado llegó tarde para salvar Amberes, que cayó ante Farnesio el 17 de agosto, tres días antes de su firma. Por otra parte, las tropas inglesas ni eran muy profesionales ni modernas (aún seguían utilizando los grandes arcos, como hemos visto que hacían los hombres de Drake), y Leicester fue un mal jefe. Pero, indudablemente, el apoyo de Isabel tuvo un considerable efecto moral en la resistencia holandesa.

Aquel fue todo un punto de no retorno, pues hasta entonces Isabel podía más o menos afirmar con todo descaro que no sabía nada de la actividad de sus corsarios, pero ahora su implicación estaba clara: apoyaba con un tratado formal de alianza a los rebeldes contra Felipe II.

Por si faltaban causas para la guerra, una gran expedición al mando de Drake se dirigió contra las posesiones españolas.

## LA GRAN EXPEDICIÓN DE 1585 CONTRA EL CARIBE

Aparte de las expediciones corsarias reseñadas brevemente, la corte de Isabel Tudor elaboró una sucesión de planes para una empresa más grande y ambiciosa. Se pensó en ir a las Molucas y establecer allí una base comercial, si bien por la ruta de Buena Esperanza, y con el acuerdo de Antonio de Crato. También se idearon planes para apoderarse de alguna de las Terceras, atacar las flotas españolas del oro, las posesiones del Caribe, etc. Ninguno llegó a realizarse, y ya sabemos que Crato se dirigió a Francia, con los resultados que conocemos.

Por último, en el verano e invierno de 1584 se decidió que la nueva expedición iría a las Molucas, con Drake como jefe. Al final, variaron por completo los planes y, reforzando la expedición, se decidió lanzar la flota contra el Caribe.

De nuevo, se planteó como una empresa mixta, interviniendo la reina junto a inversores privados. Isabel Tudor puso unas diez mil libras, y dos de los buques de la Royal Navy. El Elizabeth Bonaventure, un galeón reformado por Hawkins que tenía 600 toneladas inglesas y cuarenta y siete piezas, y el Aid, más pequeño, con treinta piezas, pero todavía un buque formidable para la época. Drake personalmente aportaba otras siete mil libras y varios de los barcos de su propiedad y el conde de Leicester otras tres mil libras, figurando entre otros inversores William Hawkins y Raleigh, aportando también buques. En total, se reunieron veinticuatro buques grandes y medianos y ocho pinazas, con casi dos mil hombres entre marineros y soldados. Era la mayor flota que se había enviado hasta entonces contra la América española. Drake era el jefe naval y para jefe de la fuerza de desembarco se eligió a un tal Christopher Carleill.

La reina dudó hasta el final sobre la conveniencia y fines de la expedición, y temiendo otro retraso, que se unía a la ya muy lenta preparación de la expedición, Drake forzó las cosas y zarpó de Plymouth el 14 de septiembre de 1585. Puso rumbo al sur y pronto llegó a las costas gallegas, apresando un buque español cargado de pescado en salazón y luego uno francés cargado de sal. Fondeó cerca de Bayona, en la desembocadura de la ría de Vigo, entonces una pequeña población, el 27 del mismo mes (las fechas son del calendario inglés y deben sumarse diez días para que coincidan con el católico, que es el universal actualmente).

Era habitual en las expediciones inglesas de la época que los buques llevaran muchas menos provisiones de las que estaban previstas y por las que se había pagado. Así que Drake intentó adquirir las restantes amenazando con saquear la población. Ante tal amenaza de una poderosa escuadra, el gobernador no pudo más que ceder, si bien los desembarcados no tardaron en saquear una ermita de los alrededores. Al final, y tras varios incidentes, la población huyó a los montes con lo que pudo llevarse. Los ingleses saquearon lo que pudieron, incluyendo otro barco cargado con salazones de pescado.

Con todo ello perdió un tiempo precioso y ya no pudo interceptar las flotas de Indias, pues la de Nueva España llegó el 22 de septiembre a Sanlúcar de Barrameda y en octubre la de Tierra Firme, sin ser hostigadas.

Drake puso rumbo a Canarias, dando vista a Lanzarote el 24 de octubre. Se pensó que en la pequeña y poco poblada isla de La Palma las cosas serían más fáciles, pero la población estaba alerta y recibió a la flota inglesa con un nutrido fuego de cañón en cuanto se puso a tiro, alcanzando por dos veces el propio buque de Drake, que se libró por muy poco de ser herido en las piernas. Se intentó un desembarco, pero la primera lancha fue hundida por el fuego de tierra, con la muerte de seis ingleses, con lo que se decidió la retirada. Hubo un nuevo intento en la isla del Hierro, pero solo consiguieron reponer la aguada en un paraje desierto. Por ello dejaron las Canarias tras apresar un pesquero francés y algún pescado.

El nuevo objetivo eran las islas portuguesas de Cabo Verde, desembarcando la noche del 17 de noviembre seiscientos ingleses en la de Santiago, pronto reforzados con hasta mil hombres, repartidos en distintas columnas. Claro que la capital solo tenía unos setecientos habitantes, que habían huido al interior en cuanto vieron a los atacantes, juzgando imposible la defensa. Por fin, los atacantes hallaron gran cantidad de víveres y una carabela nueva, que incorporaron a la escuadra.

Insistió entonces Drake en tomar juramento a sus hombres, para asegurar su obediencia absoluta, pero aquello provocó que el corsario destituyera a varios de sus cargos y ahorcara a dos de los marineros, uno por supuesto motín y otro por sodomía.

Asentada así su autoridad, emprendió una marcha por tierra, quemando la localidad de Santo Domingo, luego el mismo Santiago y por último Praya. La epidemia mortal que la isla estaba sufriendo se contagió a los invasores matando a casi trescientos hombres y dejó debilitados a muchos otros.

Tras cruzar el Atlántico, con pequeñas escalas en Dominica y San Cristóbal, para hacer aguada y dar algún descanso a los enfermos, por fin Drake y su escuadra tuvieron a la vista el 10 de enero de 1586 la ciudad de Santo Domingo, capital de la isla de La Española.

La ciudad, que había sido la primera capital española en América, estaba ya en franca decadencia, pues el interés hacía mucho que se había desplazado hacia Méjico y el Perú. Por ello no tenía murallas propiamente dichas, salvo una estacada incompleta de troncos, ni pudo preparar para la lucha más que unos ciento cincuenta milicianos armados, que, atacados por tierra por los cerca de mil desembarcados y hostigados desde el frente del mar por los cañones de la escuadra, se desbandaron por completo tras una breve escaramuza.

El saqueo y la destrucción duraron varios días y Drake pidió un rescate de un millón de ducados por no destruir completamente la ciudad. Las negociaciones se prolongaron por tres semanas, aduciendo los españoles que no podían pagar tan astronómica cantidad. Al final, recogiendo desde algunos objetos de culto de la catedral salvados del saqueo y hasta las joyas y anillos de las mujeres, se consiguieron reunir veinticinco mil ducados, con lo que Drake tuvo que darse por satisfecho. Por destruir, los corsarios hasta quemaron el archivo histórico y bibliotecas de la ciudad, con una pérdida cultural lamentable.

De nuevo los hombres se desmandaron, teniendo Drake que encarcelar a unos treinta o cuarenta y ahorcar a otro, mientras reprendía severamente a oficiales que se habían retado en duelo. En el puerto tomó dos mercantes de 400 y 200 toneladas, que incorporó a su escuadra a cambio de dos de las suyas ya inútiles, aparte de tres embarcaciones más pequeñas, que también agregó a su fuerza.

Es posible que la resistencia hubiera podido ser algo mayor, pero el gobernador español no era un hombre de armas, sino de letras, que huyó desde el primer momento. Al menos, la noticia del ataque se propagó por todo el Caribe español.

El siguiente objetivo de Drake fue la plaza de Cartagena de Indias, puerto de origen y destino de las flotas de Tierra Firme, más poblada que Santo Domingo, pero no mucho mejor defendida.

Todavía no había fortificaciones que defendieran los accesos a la bahía por Boca Chica y Boca Grande y solo el fuerte del Boquerón custodiaba la entrada al puerto, al fondo de la bahía.

El 19 de febrero a mediodía la escuadra de Drake entró sin oposición en la bahía por Boca Grande, decidiéndose un ataque en dos puntas: una con los buques y pinazas a cargo de Frobisher para forzar la entrada por Boquerón, y, otra, al mando de Carleill, con unos mil hombres por tierra, que atacaría el istmo que llevaba a la ciudad. La operación sería nocturna.

Los hombres de Carleill llegaron poco antes del alba a la línea defensiva española, asentada en un muro incompleto de mampostería, trincheras y barriles llenos de arena. Parece ser que también los españoles habían sembrado la playa con estacas afiladas. Las dos galeras del puerto y una pequeña embarcación mixta de vela y remo apoyaban con sus fuegos el flanco interior de la defensa española, compuesta por trescientos hombres armados con arcabuces, cien piqueros y doscientos indios con arcos y flechas, aparte de algunos negros. Al principio las descargas de los defensores frenaron un tanto el ataque inglés, pero pronto se desalentaron al comprobar que sus picas eran mucho más cortas que las enemigas. Alguien gritó (no se sabe si uno de los defensores o fue un ardid de algún inglés que hablaba español): «Retirar caballeros, que somos perdidos». Poco más necesitó la milicia ciudadana de tan multicolor mezcla racial para desbandarse y huir hacia la ciudad, presa del pánico. Todavía hubo algún combate callejero, pero los hombres de Carleill tomaron la ciudad esa misma mañana, el combate había durado poco más de una hora.

Pedro Vique, jefe de las dos galeras, ordenó su retirada, pero una de ellas voló accidentalmente o por efecto del fuego enemigo. Los galeotes supervivientes aprovecharon para huir, así que a la otra no le quedó más remedio que encallar y poner a salvo a su dotación, tras lo cual se incendió el buque.

Mientras, Frobisher era rechazado por el fuerte del Boquerón, debiendo retroceder sus buques y pinazas con tropas de desembarco, con numerosas bajas. Un airado Drake tomó personalmente el mando y ordenó un nuevo ataque, solo para verse rechazado de nuevo. Desembarcó algo más allá, lejos del fuego español y emplazó en tierra un cañón pesado con el que batir el obstinado fuerte. Pero viendo que la ciudad ya había caído, los defensores españoles evacuaron su posición aquella noche. De nuevo, los españoles se defendieron mal, salvo en este último punto y no utilizaron sus limitados recursos como hubiera sido de esperar. Incluso defendiendo la ciudad casa por casa, pues mucha más capacidad operativa no podía esperarse de una tan improvisada y abigarrada milicia ciudadana, hubieran opuesto más resistencia y causado más daño a los invasores.

Tras el saqueo, Drake negoció con el gobernador de la ciudad, Pedro Fernández de Bustos, que tan mal la había defendido pese a recibir avisos con mucha anticipación, y con el obispo, pidiendo un rescate para no destruir por completo la población. Se recogieron ciento siete mil ducados, cantidad que vino a redondear la obtenida por el saqueo, no muy provechoso pues al ser avisados con anticipación, muchos habitantes la habían abandonado con sus enseres.

De nuevo parece que Drake se mostró muy poco escrupuloso con el botín, mereciendo que Frobisher, cuya enemistad rayana en el odio hacia el corsario de Devon comenzó por entonces, le calificara de «semejante granuja desvergonzado». Y tanto oficiales como marineros tuvieron motivos de queja a ese respecto. Por otro lado, la larga estancia deterioró nuevamente la disciplina, por lo que Drake se vio forzado a tomar muy severas medidas. También se resintió la salud de los expedicionarios, por el clima, las aguas y los alimentos desacostumbrados.

Al parecer, se planteó la cuestión de conservar la plaza, pero entre bajas en combate y por enfermedad, apenas quedaban unos setecientos hombres útiles, por lo que finalmente se desechó la idea. Así que Drake aprovechó para carenar sus buques y aprovisionarlos lo mejor que se pudo, dando a la vela el 10 de abril.

Apenas dos días después, y ante la consternación de los habitantes de la castigada ciudad, la expedición volvía al puerto, pues uno de los buques apresados e incorporados en Santo Domingo, el mayor, hacía tanta agua que hubo que descargarlo de todo y desecharlo. Se sucedieron otras dos semanas de estancia en Cartagena, en detrimento de la disciplina y de la moral, hecho notado por los propios españoles.

El 24 de abril Drake dejó definitivamente la ciudad, pensando en dirigirse a La Habana, pero encontró la ciudad alerta y preocupado por la epidemia y la falta de agua, consideró que ya había hecho lo posible. Sin saberlo, le había ayudado no poco la incursión de unos piratas franceses, los Richart, padre e hijo, que atacaron infructuosamente Bayamo y Santiago de Cuba, siendo rechazados con duras pérdidas y apresamiento del mayor de los piratas citados.

Tras varios intentos de hacer aguada, que le costaron algunos hombres, puso por fin rumbo al norte, alcanzando la población de San Agustín, en la costa noratlántica de Florida, que encontró abandonada por sus habitantes, a la que quemó tras saquear lo poco que pudo encontrar. Entre los méritos del corsario figuró el de destruir la más antigua ciudad fundada en el actual territorio de Estados Unidos, bien que afortunadamente, la población no tardó en renacer. Lo mismo intentó hacer con la cercana Santa Elena, pero los vientos se lo impidieron, derivando más al norte.

No tardó en llegar a la precaria colonia inglesa en la isla de Roanoke, cuyo gobernador, Ralph Lane, pidió auxilio a Drake en los términos más dramáticos. La situación no hizo sino empeorar con un tremendo huracán que castigó a la ya muy probada colonia y a la escuadra allí fondeada con poco abrigo. Algunos buques se perdieron, entre ellos el Francis de Drake, por lo que, dándolo todo por perdido, los colonos supervivientes se embarcaron en los buques restantes abandonando definitivamente el intento colonizador ideado por Walter Raleigh.

A primeros de agosto de 1586, la muy disminuida expedición atracaba en Plymouth. Si el daño causado era grande, especialmente el moral, dada la escasa defensa de los españoles en Santo Domingo y Cartagena, los beneficios no eran muy grandes, es más, según las cuentas de Drake, se había perdido un 25 por ciento del capital invertido en la expedición. No había dinero y solicitó a lord Burghley, del Consejo Privado de la reina, un adelanto para poder pagar a soldados y marineros. En vez de las seis libras prometidas, apenas se les pagaron a cada uno entre dos y dos y media, sin que les tocara parte alguna en el botín, lo que provocó airadas protestas, refrenadas por la amenaza de duros castigos. Además, habían muerto setecientos cincuenta hombres, por combate o enfermedad, de los mil novecientos veinticinco iniciales, no dándose nada a sus viudas y herederos.

A muchos les pareció claro que Drake se había reservado la parte principal del botín para sí y para su grupo de amigos o para la reina y personajes de la corte, de quienes esperaba favores, declarando haber tenido enormes gastos y solicitando una gran indemnización, que obtuvo en su mayor parte tras un poco serio examen. Incluso Frobisher y otros jefes pleitearon largos años para obtener algo, sin aparentes resultados.

En cualquier caso, la gran expedición, la primera de ese tamaño que mandó Drake, mostró claramente las capacidades y carencias del corsario: hábil en conseguir la sorpresa y audaz al elegir los objetivos, pero mal estratega, elemental táctico y un jefe autoritario, distante y muy severo con sus subordinados, que se dejaba aconsejar poco, confiando solo en un puñado de leales y desconfiando hasta el odio de los demás, incapaz de planear y llevar a cabo con grandes campañas, desde el aspecto logístico, por más que la casi increíblemente desmañada defensa de los españoles le hubieran puesto en bandeja dos éxitos sucesivos inesperados y de tal calibre que mermaron bastante el prestigio militar de los españoles.

## EL ATAQUE A CÁDIZ

En cualquier caso, el ataque de Drake al Caribe hizo que la guerra fuera ya inminente, y Felipe II, que hasta entonces había postergado una decisión, comenzó a estudiar planes concretos para enviar una gran expedición contra Isabel Tudor, bien fuera para deponerla como reina, bien para imponerla unas condiciones mínimas. Tolerancia para los católicos ingleses, cese de la ayuda a los rebeldes holandeses, cese del corso contra los puertos y barcos españoles y pago de una indemnización.

Con evidente aparato, parece seguro que Felipe II lo usó como última medida de presión antes de desencadenar las hostilidades, los complejos y costosos preparativos logísticos de la gran expedición empezaron a tomar forma en los principales puertos ibéricos.

Pero en Inglaterra las cosas no variaron. Muy al contrario, y apoyándose en un nuevo complot contra Isabel, urdido presuntamente por los católicos, apoyado por el antiguo embajador en Londres, Mendoza, ahora situado en París, y aceptado al menos por la prisionera reina de Escocia, María Estuardo, se juzgó suficiente para encausar a la desdichada reina y ejecutarla por decapitación, el 18 de febrero de 1587.

Sin entrar en el análisis del complot de Babington ni en la muerte de María Estuardo, bueno es recordar que por doquier se vio aquello como la prueba irrefutable del odioso carácter de Isabel Tudor y de su régimen. Por otra parte, y ya que la reina inglesa no tenía hijos ni podía tenerlos ya por su edad, se había suprimido a la única posible heredera a la Corona inglesa, y también, como es obvio, a la persona que Felipe II hubiera querido sentar en el trono inglés.

Aún hubo más cuando, el 11 de abril de 1587, de nuevo Drake fue enviado con una poderosa escuadra a atacar las costas, posesiones y buques del rey de España.

Su expedición estaba compuesta por cuatro grandes galeones de la Royal Navy. De nuevo, el Elizabeth Bonaventure era el buque insignia, con sus 550 toneladas inglesas y cuarenta y siete cañones; seguido del Golden Lion, de igual tonelaje y parecido artillado; el Rainbow, de 500 toneladas y treinta y seis piezas; y del Dreadnought, de 400 toneladas. Aparte iban dos menores, el Spy y el Cygnet, de 50 y 25 toneladas, respectivamente. Los navieros y comerciantes de Londres aportaron tres grandes mercantes armados: Merchant Royal, de 400 toneladas; el Susan, de 350; y el Edward Bonaventure, de 300; además de otros tres de entre 200 y 150 toneladas. Drake, Hawkins y el propio lord almirante Howard, aportaban otros de ese tamaño e inferiores, con el total de dieciséis buques grandes y medianos y unas ocho pinazas o embarcaciones ligeras; veinticuatro buques, en total.

Era la más grande y potente expedición que Isabel Tudor hubiera enviado nunca contra los españoles. Y, por supuesto, la más poderosa escuadra que hasta entonces había mandado Drake. Por eso el famoso mensaje de última hora, que no llegó a manos de Drake ordenándole: «Os abstendréis de entrar por la fuerza en ninguno de los citados puertos del rey, de mostrar violencia hacia las poblaciones o los barcos que estén fondeados en los puertos o de realizar cualquier acto hostil en tierra». Era una prueba más de la doblez de la reina y de sus ministros y colaboradores. Entre otras cosas porque en absoluto se le prohibía atacar barcos o flotas.

La gran escuadra de Drake puso rumbo al sur, sin planes concretos. A la altura de Lisboa apresó a unos marineros de una pequeña embarcación, que le informaron de que en Cádiz había muchos buques españoles y de otros países fondeados, con carga para la expedición, y que las defensas eran desdeñables. Rápidamente, Drake ideó descargar su golpe sobre la desprevenida ciudad.

El 19 de abril dieron vista a Cádiz, ajena a lo que se le venía encima, y entonces Drake comunicó a sus subordinados que iba a atacar los barcos del puerto, sin más dilación. Al divisar la poderosa escuadra, en la confiada Cádiz creyeron que se trataba de una escuadra de Juan Martínez de Recalde que se esperaba para esos días. Pronto observaron que la escuadra era mucho más numerosa y potente.

Dos de las galeras de vigilancia, de la escuadrilla de ocho al mando de Pedro de Acuña, fueron enviadas a investigar a los recién llegados, que no arbolaban pabellón alguno, recibiendo por toda contestación sendas andanadas de sus cañones. Las dos galeras no podían enfrentar semejante avalancha, así que con algunas bajas y averías retrocedieron hacia el puerto, buscando el apoyo de sus compañeras, que tampoco pudieron hacer gran cosa contra los potentes galeones ingleses, refugiándose en las partes de menor calado de la bahía, donde sus atacantes no podían llegar.

Estaban entonces fondeados en el puerto numerosos buques de todas las nacionalidades, pero como no había muelles (ni eran muy frecuentes en ninguna parte en el siglo XVI) estaban al ancla en sus calados, comunicándose por tierra con lanchas. Solo uno, al parecer veneciano o genovés, estaba listo para dar la vela y con la dotación completa. En el resto, no había más que unos pocos hombres de custodia, estando los demás en tierra.

El solitario mercante intentó hacer frente a los buques y botes de abordaje ingleses, hasta que fue literalmente aplastado. En el resto, los pocos hombres a bordo no pudieron hacer más que intentar huir a tierra o rendirse a los asaltantes, que pudieron asaltarlos impunemente.

Cabe imaginar el pánico en la desprevenida y poco defendida ciudad, cogida completamente por sorpresa. Apenas tenía una guarnición de dos o trescientos hombres, y tal vez el doble de vecinos estaba encuadrado en compañías de milicias, pero cogidos por sorpresa, pocos estuvieron listos para entrar inmediatamente en combate. Tampoco Cádiz tenía por entonces unas fortificaciones dignas de tal nombre, salvo una serie de fuertes más o menos grandes y modernos y algunas murallas. Los cañones eran pocos y por lo general de escaso calibre y potencia. Así que bastante tuvieron los asombrados defensores de Cádiz con armarse y organizarse, y disponerse en las murallas, temiendo un desembarco que nunca se produjo.

Drake y sus hombres, salvo por la resistencia aislada del buque italiano y aunque vigilantes porque las galeras de Pedro de Acuña estaban listas para aprovechar cualquier ocasión, no tuvieron demasiado problema en apresar o incendiar los buques fondeados a bastante distancia de la costa, y fuera del alcance de arcabuces y mosquetes desde tierra.

Tanto se ha fantaseado sobre lo conseguido en este tan audaz ataque, que conviene que fijemos los hechos. Según una relación oficial enviada al propio Felipe II, el corsario inglés quemó o echó a fondo dieciocho buques de todas las clases, apresando otros seis.

El detalle es el siguiente:

- Tres urcas flamencas cargadas con bizcocho (pan cocido dos veces, alimento básico de las dotaciones de entonces), una fue quemada y las otras dos apresadas, junto con sus tripulaciones flamencas.
- Otras dos urcas, cargadas con trigo y de S. M., que fueron quemadas.
- Un navío portugués, con trigo y de S. M.: quemado.

- Una nave levantina de 600 toneladas, con carga para Italia, hundida. Con toda seguridad la única que pudo defenderse, ya mencionada.
- Una nao vizcaína nueva, con carga de hierros y mercaderías: quemada.
- Un galeón nuevo, todavía sin pertrechos, artillería ni dotación, recién construido por encargo de Álvaro de Bazán: quemado.
- Cuatro naos de la flota de Nueva España, pero vacías: quemadas.
- Cinco urcas, cuatro vacías y una cargada de sal: todas quemadas.
- Una nao portuguesa pequeña con vino y otras mercancías para Brasil: quemada.
- Tres naos pequeñas, con vino, pasas, melazas y otras mercancías: quemadas.
- Una nao francesa cargada con vino y cochinilla: apresada.
- Otra nao francesa pequeña: hundida.

Hacían veinticuatro buques de todas clases, evaluados en total en una suma de 172.100 ducados, de los que solo 17.426 pertenecían al rey. Según se atribuye al propio Felipe II: «La pérdida no ha sido muy grande, pero la audacia del intento es ciertamente inmensa».

Como se ve, el botín capturado consistía básicamente en provisiones de bizcocho y vino, que fueron alegremente recibidas para completar las siempre escasas de las expediciones inglesas.

Otras embarcaciones consiguieron acogerse a tierra, bajo el amparo de las baterías o se refugiaron en Puerto Real o en La Carraca, al amparo de los canales y de las galeras. Entre ellas, nada menos que veinticuatro de las naos seleccionadas para la próxima flota a Indias, que eran un conjunto superior al que destruyó Drake, según puede comprobar el lector de la anterior lista. Pero no era el corsario hombre al que le gustaran los combates duros, prefería actuar rápidamente y por sorpresa, con escasa o nula resistencia. Cuando esta se endurecía, Drake siempre pensaba que la prudencia era la mejor parte del valor.

Al caer la noche, un par de galeras se tomaron una pequeña venganza al atacar una pinaza inglesa que había quedado aislada. Si bien las galeras eran demasiado frágiles para enfrentarse a un gran galeón o mercante armado y solo iban armadas con cinco cañones, de los que únicamente el central o de crujía era de entidad, eran ideales para cazar pequeños corsarios, cuyas cubiertas podían barrer con el fuego de cañones y mosquetes. Al poco tiempo, apresaron la pinaza, donde solo quedaban vivos cinco hombres heridos. Al día siguiente Drake quemó el galeón de Bazán, que en construcción e indefenso, había sido conducido junto a la costa.

El duque de Medina Sidonia, señor de aquellos lugares y responsable de su defensa, había movilizado las milicias de los pueblos y ciudades colindantes, desde Jerez, la propia Medina Sidonia, Chiclana, etc., con lo que pronto cientos y luego miles de hombres, a pie y a caballo, aseguraron Cádiz y toda la bahía. Si alguna vez Drake pensó en un desembarco, este era ya imposible.

Los milicianos hicieron más, emplazando dos grandes culebrinas de bronce en El Puntal, con las cuales empezaron a bombardear a los buques ingleses, especialmente el buque del segundo de Drake, el Golden Lion, secundados por las galeras. Luego, ya de noche, lanzaron botes incendiarios, sin éxito.

A todo esto, Borough, aunque satisfecho del éxito, estaba muy descontento con Drake, pues todo se había hecho sin orden ni plan alguno, exponiéndose a un desastre. Así se lo dijo a su jefe, y este era de los que no olvidaba jamás.

A medianoche se levantó el viento y la escuadra inglesa salió de Cádiz, seguida a distancia por las ocho galeras de Acuña, acompañadas de una nao y una pequeña fragata, mixta de remos y vela; pero siendo una escuadra muy inferior a la inglesa, no forzó el combate. Hubo, al parecer, un intercambio de prisioneros.

El tan audaz como afortunado *raid*, prácticamente incruento como vemos, había tenido lugar los días 29 y 30 de abril. Hasta el 9 de mayo Drake persiguió a la pequeña agrupación de Recalde de siete naos y cinco pinazas, pensando aplastarla con sus veintitrés embarcaciones. El marino vizcaíno no se dejó sorprender y se puso a salvo en Lisboa.

Frustrado por aquello, decidió desembarcar en la localidad portuguesa de Lagos, el día 14. La antigua fortaleza estaba alerta y las patrullas de hombres a caballo seguían a la columna inglesa, que, tras un alarde y un cambio de fuego a larga distancia, se reembarcó sin más, anotando bastantes bajas por el fuego de los cañones españoles, tras una caminata estéril de 8 millas.

Al día siguiente desembarcó en la localidad más pequeña de Sagres, abandonada por sus habitantes. Fue rápidamente saqueada y quemada. Había un pequeño castillo, el que fuera morada del infante portugués Enrique el Navegante, donde se acumulaban las cartas, mapas, derroteros, libros y documentación de las primeras expediciones ultramarinas portuguesas. El viejo castillo apenas tenía una guarnición de cien hombres y solo tres cañones y cinco esmeriles por toda artillería. Drake ordenó atacarlo, cayendo tras ser quemada y cañoneada su puerta, y tras sufrir numerosas bajas su reducida guarnición. Ordenó quemarlo con todos sus archivos.

Supone Mattingly que Drake no sabía o no le importaba lo más mínimo el hecho de que el lugar tuviera dicha importancia histórica y que bien merecía la pena el haber sido preservado, dada su prácticamente nula importancia militar o estratégica. Pero nos parece muy probable que fuera plenamente consciente de lo que hacía. Intentar borrar ese ominoso pasado en el que los odiados papistas ibéricos habían descubierto las rutas oceánicas.

Reembarcando de nuevo, Drake ordenó a su escuadra remontar hasta Lisboa. Bazán no tenía listas más que las siete galeras del puerto y las dispuso en la entrada, con el apoyo de las baterías, para impedir el paso a los atacantes, con lo que Drake dio media vuelta y volvió a Sagres.

Allí recogió madera, agua y unas pocas provisiones, mientras sus barcos apresaban no menos de una treintena de pequeñas embarcaciones, entre pesqueros y de cabotaje, a las que mandó quemar, ordenando incluso que se hiciera lo mismo con las redes de los pescadores.

Pero aquel episodio banal y bastante inhumano, que condenaba a muchos pobres pescadores sin culpa alguna a la miseria, se convirtió después por obra del propio Drake y de sus admiradores posteriores en una inteligentísima y eficaz medida logística, que poco menos que dio el triunfo sobre la Armada, en 1588, pues muchas llevaban material para hacer toneles y barriles para llevar comida y bebida en los buques de la Armada en preparación, con consecuencias decisivas para la expedición española a Inglaterra. Otra falacia, porque Drake y sus barcos solo estuvieron diez días de mayo en Sagres. Los acopios habían empezado mucho antes y siguieron casi un año después. Resulta muy poco creíble que, en un período de casi dos años, una parte sustancial de tales elementos para hacer barriles fuera a pasar delante de las narices de Drake en apenas diez días y cuando el peligro era mayor.

A todo esto, y tras las nuevas quejas de su vicealmirante tras el frustrado amago sobre Lagos, Drake decidió destituirlo y encerrarlo bajo vigilancia en su propio camarote. Cabe imaginar la moral de las dotaciones, con una epidemia a bordo y el escaso botín.

Por ello, y aprovechando un temporal, la mayor parte de los buques desertó y se dirigió por su cuenta a Inglaterra, incluyendo el propio Golden Lion, que dio fondo en Dover, el 5 de junio. A Drake apenas le quedaron nueve buques. El resto, más de la mitad de su escuadra, le había abandonado. Comprensiblemente montó en cólera, convocó un tribunal a bordo y acusó a Borough y a los suyos de deserción, condenándole a muerte en cuanto fuera apresado.

Cuando más negras se ponían las cosas en las Azores, con la epidemia a bordo cada vez más extendida y con falta de víveres, topó con una gran y aislada nao portuguesa de la India, la San Felipe, que, tras su larga navegación desde el Índico, regresaba a la patria con la dotación agotada pero llena hasta las bordas de riquísimas mercancías.

Aunque las naos de la India eran por entonces de los buques más grandes que navegaban por los mares, eran en esencia grandes mercantes y desde luego no podían resistir a tres grandes galeones y tres grandes mercantes armados. Tras duro cañoneo, a su capitán no le quedó otro remedio que rendirse, dejando Drake que se pusiera a salvo la tripulación en los botes y remolcando a la presa hasta Plymouth, donde fondeó a primeros de julio.

El valor de la carga de la nao portuguesa triplicaba al menos el del destruido o apresado en Cádiz, así que Isabel Tudor y su Gobierno decidieron hacer la vista gorda sobre lo que había pasado, especialmente cuando Borough empezó a recordar la nada gallarda conducta de Drake en otras ocasiones, como en Veracruz. El botín se repartió entre toda la expedición, incluso entre los que la habían abandonado, si bien con las irregularidades habituales y los costosos regalos de Drake a la reina y su Gobierno.

No estaban ciertamente los tiempos para que Isabel Tudor permitiera un escándalo al que siguiera un polémico juicio, como consecuencia del cual el escándalo fuera mayor aún y tuviera finalmente que prescindir de los servicios de algunos de sus marinos. Ya sabía que muy pronto iba a necesitarlos a todos.

Así que el botín, realmente inesperado y producto de un golpe de suerte, consiguió ocultar los aspectos más negativos de la expedición, tras el fulgurante ataque en Cádiz, ensombrecida por el fracaso ante Lagos, las casi inútiles destrucciones en Sagres, la epidemia y la insubordinación.

Fue tal vez la mayor hazaña de Drake, pero mostró también espectacularmente sus debilidades: así se podrían destruir bienes y poblaciones, como en la anterior expedición al Caribe, y conseguir ahora un rico botín, aunque te abandonara la mitad de tu escuadra, pero es muy dudoso que se pudieran ganar guerras.

El problema era que la guerra era ya un hecho.

# 3

# LA ARMADA DE INGLATERRA
## (1588)

Después de más de veinte años de continuas agresiones inglesas injustificadas, al menos desde Veracruz, la guerra entre Isabel I y Felipe II fue un hecho. Pese a toda la propaganda difundida durante siglos hasta hoy sobre los propósitos imperialistas, y de imponer por la fuerza creencias religiosas, atribuidos al rey prudente, resulta muy difícil encontrar en la historia situaciones semejantes.

Además de las cuestiones puramente militares, estaban las dificultades políticas. Isabel, por su edad, no podía engendrar un heredero y resultaba difícil creer que renunciara a su política por sí misma y ya se había encargado de suprimir a la única alternativa posible. Y abundan los hechos que demuestran que su apoyo en Inglaterra no era tan fuerte y unánime como después ha pretendido la leyenda de su reinado. Dos pruebas recientes fueron que, ante la ejecución de María Estuardo, los jefes de dos guarniciones inglesas en Flandes, el coronel escocés Semple y el inglés William Stanely, entregaron a los españoles las plazas de Lyra y Deventer, aparte de que otros marinos y militares se habían exiliado a posesiones españolas.

## LOS PLANES ESPAÑOLES

Recordemos que, tras su triunfo en las Terceras, el propio Álvaro de Bazán había propuesto al rey acabar con la pesadilla inglesa por medio de una flota de invasión.

El gran marino propuso una gran flota de invasión compuesta por veinte galeones, ciento cincuenta naos armadas, cuarenta urcas de transporte, trescientos veinte buques ligeros, seis galeazas y cuarenta galeras, muy aptas para desembarcos anfibios e incluso remontando ríos. Y casi cien mil hombres entre marineros, remeros y soldados. Tales cifras eran enormes para la época, pero Bazán consideraba que eran las necesarias para una conquista segura y prefirió no pedir menos, pues la realidad ya impondría una rebaja.

Por su parte, Alejandro Farnesio, jefe en el Flandes español, propuso un plan muy diferente: con treinta mil de sus mejores veteranos cruzaría el Canal en barcazas y unidades ligeras, por sorpresa y desde los puertos disponibles: Dunquerque, Gravelinas y Nieuport, para desembarcar tras una travesía de diez o doce horas entre Dover y Margate. Claro que ocultar al enemigo la concentración de hombres y de pequeñas embarcaciones iba a resultar muy difícil. También existía el problema de desguarnecer parcialmente un enclave estratégico, entre los territorios rebeldes y la convulsa Francia, lo que podría tener malas consecuencias.

Uno de los secretarios de Felipe II, Juan de Zúñiga, propuso un plan mixto: Bazán tendría el mando de una gran armada, aunque mucho menor de la propuesta, y haría una finta hacia la revuelta Irlanda, con lo que distraería la atención de Inglaterra y luego pondría rápidamente rumbo al Canal, contactaría con Farnesio y trasbordaría su ejército, escoltándolo de posibles ataques de las escuadras de holandeses e ingleses. Y ese fue el plan finalmente aceptado por el rey, suprimiendo el ataque de diversión a Irlanda por convertir en demasiado compleja la operación, y ordenó a los dos jefes preparar sus fuerzas respectivas de mar y de tierra. Pero Farnesio, aunque obedeció las órdenes del rey, se mostró francamente escéptico sobre la viabilidad del plan.

En cuanto a Bazán tuvo que organizar la Armada en el puerto de Lisboa, mejor defendido que Cádiz o los puertos gallegos, tarea complicada por tener que reunir y organizar allí a buques de procedencias diversas, desde el Mar del Norte a los puertos italianos, los hombres, armas, pertrechos y provisiones de todas clases.

Aparte de la complejidad y lentitud de la tarea, vino a producirse una consecuencia inevitable durante siglos: al reunirse hombres procedentes de lugares tan distintos, y convivir en alojamientos atestados, fue inevitable la aparición de un brote de epidemia por la primitiva medicina e higiene de la época, en este caso de tifus, que se extendió rápidamente y acabó con la vida de Bazán, el 8 de febrero de 1588, privando así a la Armada del mejor jefe posible, que había reclamado insistentemente mejores médicos y medios para combatirla, pero sin conseguirlos.

Pero lo peor vino después: para reemplazarle Felipe II designó a Alonso Pérez de Guzmán el Bueno, duque de Medina Sidonia, sin experiencia en el mando de una gran flota, como él mismo hizo notar al rey, intentando renunciar a ese mando. Pero el rey siguió firme en su decisión. Era habitual entonces nombrar jefe supremo al disponible de más alto rango social, cuya autoridad no pudiera ser discutida por los jefes intermedios, de mucha mayor experiencia, pero de linaje más modesto, para asegurar así el principio de un jefe indiscutible. Algo muy parecido hizo Isabel Tudor al designar como jefe supremo a Howard en la inglesa.

Felipe II quiso compensar esa elección con un ayudante que paliara las carencias de Medina Sidonia, nombrando como su asesor principal a Diego Flores de Valdés, un personaje de lo más discutible, pese a su mando anterior en la flota de Indias, alguien encumbrado muy por encima de sus méritos. El rey pensó que se trataba simplemente de escoltar la expedición de Farnesio a través del Canal de la Mancha, algo aparentemente muy parecido a mandar una flota de Indias. Los hechos no tardarían en demostrar su gran equivocación: hacía falta un hombre que, como Bazán en sus dos campañas de las Terceras (y en otras muchas), tuviera iniciativa para afrontar situaciones inesperadas y decisión para imponerse a circunstancias adversas y complejas. Y para ello, ni Medina Sidonia ni Flores de Valdés estaban capacitados en modo alguno, como demostró palmariamente la campaña. Ambos se limitaron a cumplir las órdenes del rey de manera pasiva. Es cierto que había otros mandos como Miguel de Oquendo o Recalde, por ejemplo, que hubieran podido aconsejar una acción más decidida y original, pero su inferior graduación y estatus social se lo impidió o dificultó.

Era el caso que la unión planeada entre la Armada de Medina Sidonia y el ejército de Farnesio, base de todo el plan, podría resultar poco menos que imposible. Según anotaba Cabrera de Córdoba, los galeones españoles calaban entre veinticinco y treinta pies con sus cascos. En las bases españolas en Flandes, especialmente Dunquerque, no hallarían ese calado para acercarse a la costa en muchas millas a la redonda, con lo que el trasbordo resultaría imposible, más con las flotas inglesa y holandesa en estado de alerta, muy conocedoras y habituadas a esas aguas. De hecho, hoy mismo las aguas del Canal de la Mancha son muy peligrosas, especialmente para los veleros, por las corrientes marinas, grandes mareas, vientos fuertes y cambiantes y profusión de bancos de arena, que también cambian de posición por la acción de los elementos. Aunque era ruta tradicional para los navegantes españoles, se encontraban con el peligro de los corsarios protestantes franceses, después de los holandeses y, por último, de los ingleses. Esas aguas no eran seguras para los navegantes españoles, sobre todo cuando se trataba de galeones y de mercantes armados, grandes buques ideados para las travesías oceánicas, cuyas tripulaciones estaban poco duchas para esa navegación por aguas problemáticas por las razones expuestas.

## LAS ESCUADRAS ENFRENTADAS

Pese a no haber completado los preparativos, las órdenes del rey fueron tajantes: no se podía retrasar la salida y esta se efectuó el 30 de mayo de 1588, desde Lisboa.

La Gran Armada constaba de veintiún galeones, buques del rey, especialmente diseñados y construidos para la guerra, nueve pertenecientes a la Corona de Portugal y doce a la de España, aunque con notorias diferencias en tamaño y poder militar, cada una en escuadras separadas, formando el grupo más potente de toda la flota.

En segundo lugar, estaban las cuatro escuadras de Guipúzcoa, Vizcaya, Andalucía y Levante (estas últimas de procedencia no solo española sino italiana) con un total de cuarenta y un naos también de tamaños y potencia diversas. Muchas de ellas movilizadas para la ocasión y hasta embargadas a sus propietarios de otros países.

En tercero, otra escuadra, la de las urcas, veintitrés buques de transporte, pesados y lentos, poco útiles en combate salvo para su autodefensa, contra enemigos medianos o pequeños, y con la misión de transporte de materiales, pertrechos y víveres, y de procedencia aún más diversa, pero normalmente alemana o flamenca.

Cuatro galeazas y cuatro galeras, buques poco adecuados para las aguas en que debían operar, pero idóneos para realizar un desembarco anfibio y apoyarlo con su artillería por su escaso calado y maniobrabilidad.

Treinta y cinco zabras, pataches y pinazas en total, parte agregadas por parejas a las escuadras como mensajeras y exploradoras, y el resto formando escuadra aparte.

En total, unos ciento veintiséis buques de todas clases, aunque hay algunas discrepancias menores según la fuente consultada, de los que solo unos setenta eran propiamente de combate, siendo el resto transportes y buques ligeros.

Las dotaciones sumaban unos 19.295 soldados, 8.050 marineros y 2.088 remeros forzados en las galeazas y galeras. Los soldados eran de los tercios de Nápoles, Sicilia, Galeones, Flandes y de Mejías. Aparte de treinta y dos compañías sueltas, varias de portugueses y caballeros voluntarios, criados y asistentes.

Su artillería tenía 2.431 piezas, de ellas 1.497 eran de bronce y 934 de hierro. Cabe destacar que, en la época, eran muy preferibles las de bronce, pese a ser seis veces más caras que las de hierro, pues el bronce tenía la ventaja de ser más elástico y no se agrietaba o hasta reventaba tras varios disparos con una gran carga, y era más resistente a la corrosión marina que el hierro. Por ello, el hierro se reservaba normalmente para piezas ligeras, hasta que en épocas posteriores se mejoró la fundición.

La munición superaba las cincuenta balas por pieza y más de cinco mil quintales de magnífica pólvora de arcabuz excelentemente granulada. Mucho mejor que la pólvora basta de sus enemigos.

Y finalmente, conviene recordar que varios de estos buques, sus cañones y hombres nunca llegaron a las aguas del Canal de la Mancha por diversas causas.

En cuanto a la flotilla de Farnesio se componía de centenares de pequeños lanchones y gabarras, útiles solo para el transporte, aparte de un reducido número de unidades ligeras. Por ello era imprescindible la escolta de la Armada de Medina Sidonia, pues estaba expuesta en caso contrario a un desastre total de topar con ingleses y holandeses.

En cuanto a la inglesa, estaba dividida en cuatro escuadras, las de Howard como jefe supremo y las mandadas por Drake, Hawkins y Frobisher, que sumaban:

- Dieciséis galeones de la Royal Navy y tres pinazas.
- Setenta y dos naos de particulares movilizadas.
- Cincuenta y dos pinazas y ligeras de particulares.

Aparte, y vigilando la flotilla de Farnesio en la costa flamenca, estaba la mandada por Henry Seymour, que se unió al grueso en el último combate, compuesta de:

- Ocho galeones y tres ligeras.
- Doce mercantes movilizados.
- Doce ligeras.

El total, no menos de ciento setenta y cinco buques, era francamente superior en número al español, pese a todas las leyendas y mitos, tanto en galeones reales como en mercantes movilizados, con la ventaja añadida de poder recibir refuerzos y suministros de cualquier tipo desde sus inmediatas costas. Y por ello mismo hay dificultades para conocer el número de hombres que formaban sus dotaciones.

Tampoco sabemos el total de cañones que montaban, pues entonces no estaban permanentemente adscritos a cada buque. Se repartían los disponibles según las disposiciones del mando y las necesidades y recursos del momento. Con frecuencia las cifras que se dan son las de cualquier buque, pero en fechas y ocasiones distintas, por lo que no es seguro que llevaran ese número en el verano de 1588. En cualquier caso, eran de los mismos tipos que los españoles: culebrinas, cañones pesados de gran alcance, pero que disparaban balas de escaso calibre para alcanzar esa gran distancia; los cañones, igualmente grandes (dentro de una gran variedad) de menor alcance y con balas más grandes; y las piezas ligeras, de pequeño peso y calibre, a veces hasta de retrocarga para facilitar la rapidez de tiro, pero con proyectiles inútiles salvo a corta distancia y contra personal o bien contra las partes más ligeras y menos resistentes del casco y aparejo.

Lo que sí se sabe es que la pólvora no era ni abundante ni de gran calidad. No había sino poco más de veinte balas por pieza, menos de la mitad de las que dispusieron las españolas, según las constantes quejas de Drake y otros mandos a Howard, lo que pone seriamente en cuestión la pretendida superioridad artillera inglesa sobre sus enemigos.

Esa supuesta superioridad inglesa se basa en tres aspectos: que tenían mayor número de culebrinas que sus enemigos, que sus artilleros eran más diestros y que lograban disparar tres veces más rápido que los españoles. Así lo han pregonado insistentemente en sus trabajos los historiadores británicos.

Pero las culebrinas, disparando a gran distancia, causaban daños menores, porque sus pequeños proyectiles llegaban al blanco con poca energía. Así lo prueba la historia de los combates navales, hasta comienzos del siglo XIX, entre veleros de casco de madera y piezas de ánima lisa. Incluso en Trafalgar, los ingleses buscaron el enfrentamiento a bocajarro, con los navíos luchando desde muy cerca, porque disparar a gran distancia no era más que malgastar munición sin conseguir apenas resultados. Llama la atención que la misma táctica fuera muy anticuada cuando la emplearon los españoles, en 1588, y tan letal cuando la usaron los ingleses, en 1805.

En cuanto a la puntería, ni en 1588 ni en 1805 había sistemas para asegurarla. Era otra de las limitaciones de su uso, dependiendo de la pericia y buen ojo de cada artillero, lo que era otra buena razón para desaconsejar su uso a una distancia lejana. Pese a la supuesta destreza inglesa, y justamente por su escasez de municiones ante una batalla decisiva en 1588, resulta improbable que se hubiera gastado mucha para entrenarlos debidamente. Y tampoco tenían gran experiencia en combates previos, como hemos visto en estas páginas, en los que adquirirla.

Algo semejante ocurría con la velocidad de tiro: si con poco más de veintiuna balas por pieza los artilleros ingleses podían hacer tres tiros por cada uno de los españoles, estos contarían con ganar indefectiblemente el combate, pues los ingleses consumirían sus municiones cuando los españoles aún dispondrían de casi todas las suyas.

Estos hechos se ocultan tras eruditas disquisiciones sobre la superioridad inglesa al adoptar cureñas de cuatro ruedas, mientras que las españolas seguían con las antiguas de dos ruedas, aunque de menor tamaño que las terrestres y con las cureñas más acortadas para facilitar su manejo a bordo.

En cualquier caso, pretender comparar la artillería naval inglesa de 1588 con la de los *dreadnoughts*, de comienzos del siglo XX, como han hecho algunos autores, es literalmente descabellado.

Y a los hechos constatados de la campaña de la Armada nos remitimos.

Por último, cabe referirnos a una creencia falsa pero popularmente muy extendida en Inglaterra y en países bajo su influjo: la de que en los buques de Isabel solo iban marinos, igualmente aptos para la navegación y para el combate, mientras que en los españoles no sucedía lo mismo, por su mentalidad terrestre y anticuada.

Tal aserto es completamente falso, pues hay numerosos documentos donde se señala la infantería inglesa embarcada y lo que es peor, a menudo sin experiencia marinera previa alguna, dado el carácter insular del reino y la falta de posesiones inglesas por entonces en ultramar. Por el contrario, en España lo normal era que los reclutas embarcaran en Cartagena o en otro puerto del Mediterráneo con rumbo a Italia, que fue durante años el principal escenario de combate, junto con el Mediterráneo contra otomanos y berberiscos, o pasar por el camino español a Flandes, otro crítico escenario de luchas. Pero, en cualquier caso, estaban disponibles para servir por tierra y por mar, según las necesidades de cada momento, y ello desde el principio.

Tal vez por ello, la Infantería de Marina de la Armada tiene antigüedad desde 1537, mientras que los Royal Marines no nacieron hasta el 28 de octubre de 1664, más de cien años después y como *admiral's regiment*. En el mismo combate de Trafalgar lucharon juntos en los buques británicos los marines y los soldados del Army.

Debió de ser otra mala influencia, como el luchar borda contra borda.


## EL DISEÑO DE LOS BUQUES

Otra falsedad repetida hasta la saciedad desde hace siglos es la supuesta superioridad del diseño naval inglés frente al atraso y obsolescencia del español, con buques más rápidos y maniobrables aparte de más potentes.

No cabe la menor duda de que los combates navales de la primera mitad del siglo XVI habían mostrado la inadecuación de los grandes veleros artillados para afrontar los nuevos retos. Las grandes carracas, naos y urcas mostraron sus insuficiencias para la navegación y el combate. Un buen ejemplo podría ser el enorme Henry-Grace-a-Dieu, más conocido como Great Harry por sus dimensiones, que por sí solo (y por su vida operativa hasta su desgraciado final) mostró esas carencias durante las luchas entre franceses e ingleses en esa época.

Fruto de ello fue la revisión del modelo por personas como Hawkins en Inglaterra en busca de buques de perfil más alargado, reduciendo la manga y los grandes castillos a proa y popa, así como mejorando su aparejo, lo que les hizo mucho más veloces, ágiles y maniobreros.

Pero en las fuentes inglesas suelen ignorar que las mismas necesidades se notaron en España, comenzando una completa revisión del diseño, iniciada por Menéndez de Avilés con el proyecto de los «doce apóstoles», los galeones que llevaban esos nombres, construidos como escoltas de las flotas de Indias. La tarea fue continuada y completada por los Bazanes (padre e hijo) ante su evidente necesidad.

Muy sintomático fue que los nuevos buques, tan distintos en su diseño y características, recibieran el nombre de galeones, con el que han pasado a la historia, marcando un hito en la evolución del buque.

Por entonces era usual llamar en castellano a las galeras, galeas. De ahí viene el aumentativo galeón para los grandes veleros, enfatizando sus líneas de casco más alargadas que en carracas y naos, y la reducción de superestructuras, haciéndoles más rápidos y manejables. Esto era vitalmente necesario, pues los españoles se enfrentaban a multitud de enemigos en las rutas oceánicas.

De hecho, la experimentación fue tan intensa como tenaz, incluso buscando sistemas mixtos, intentando conciliar en el mismo buque cañones y remos, para tener una propulsión eficaz cuando el viento caía o no era favorable. Y de allí nació toda una familia de nuevos buques, desde las galeazas a las galizabras (por las zabras, pesqueros de altura) y tantos otros. Hasta desembocar, como veremos, en las primeras fragatas, hasta entonces, simplemente unas galeras pequeñas.

Si tanto galeón como fragata son términos que pasaron a otros idiomas, debió ser porque eran buques que aportaban grandes mejoras en todos los órdenes, pese a su origen español...

El progreso en el diseño siguió avanzando con el tiempo y con sucesivas mejoras de todos los países interesados en ellas. Hasta llegar a los navíos de la segunda mitad del XVII y del XVIII, que originalmente en castellano designaban a naos pequeñas. Y aunque perduró el nombre de fragatas para las unidades ligeras, el galeón pasó a significar un buque lento y pesado, cuando originalmente eran todo lo contrario.

Por último, cabe recordar que toda esa experimentación y cambios se realizaron en la época, y en cada país implicado, en los buques encargados para formar parte de las flotas del rey y, solo tardía y parcialmente, en los mercantes movilizados en caso de guerra, que formaban la mayoría de las flotas. Aún se estaba lejos de crear flotas de buques homogéneos que pudieran maniobrar ordenada y coordinadamente, cuestión vital para entender las tácticas en los combates navales. Y este es un factor que conviene que el lector tenga presente, pues es básico para comprender los hechos que narramos, situándolos debidamente en sus coordenadas históricas y técnicas.

## LA CAMPAÑA

Tras una larga y compleja preparación, y ante las órdenes perentorias de Felipe II, la Armada se hizo al mar el 30 de mayo de ese año, encontrando vientos adversos del noroeste que dificultaron su navegación, al obligar a ceñir, remontando la costa portuguesa, algo complicado para las naos levantinas y especialmente para las urcas.

El lento y duro avance se vio complicado, además, por la persistencia de la epidemia lisboeta que mató a Bazán, complicada por víveres mal envasados para su correcta conservación. Así que fue obligado tomar puerto el 19 de junio, en La Coruña, pero entonces descargó un violento temporal que dispersó la Armada.

Un desalentado Medina Sidonia rogó a Felipe II abandonar la expedición, pero el rey insistió en sus órdenes. Tras reemplazar los víveres averiados, se hizo nuevamente a la mar el 22 de julio, aunque dejando en puerto a dos de las urcas, por su mal estado. También los buques que no entraron en el puerto apresaron dos pinazas inglesas, con información sobre el enemigo, y dos de las ligeras españolas fueron enviadas a Flandes para informar a Farnesio de que la Armada ya estaba en camino.

Tras unos días de plácida navegación, de nuevo estalló un temporal, el 26 de julio, a consecuencia del cual la nao Santa Ana, de treinta cañones y capitana de Vizcaya, tuvo que refugiarse en el puerto francés de El Havre, sin poder reincorporarse a la Armada. También sufrieron las cuatro galeras, que tuvieron que refugiarse en puertos asturianos y franceses y enviar en su ayuda a un patache, por lo que hubo que renunciar a estos buques en la expedición. En resumen: se perdió un importante buque armado y las galeras, que se suponía serían de gran ayuda en operaciones anfibias,

Pero la Armada reagrupada estaba ya en aguas del cabo Lizard, en la costa inglesa.

En la flota de Howard reinaba igualmente el caos en los preparativos y las dudas sobre cuál era el mejor plan para enfrentarse a la española. Drake propugnaba un ataque preventivo desde marzo, pero se plantearon otras opciones, se envió la flota de Seymour a vigilar la costa española de Flandes, temiendo un cruce por sorpresa de la flotilla de Farnesio, etc.

Finalmente, se dio orden de salida el 9 de junio, rumbo a Lisboa, donde estaba todavía la Armada. Un duro temporal les hizo volver a puerto agotados y maltrechos tras soportar siete días de lucha contra los elementos. Tras someras y urgentes reparaciones, volvieron a hacerse a la mar el 29 de junio, pero se encontraron con otro nuevo temporal, que les obligó a regresar. Y los problemas para reunir víveres y municiones eran aún más graves que los de sus enemigos...

Estando fondeados en Plymouth, les llegó la terrible noticia de que la Armada estaba a la vista. Después de tantos preparativos y de sufrir dos temporales inútilmente, el temible enemigo les sorprendía en puerto.

Aquel hecho no dejaba precisamente en buen lugar a los presuntamente expertos navegantes, por lo que se elaboró con posterioridad una leyenda en la que los jefes ingleses estaban jugando una partida de bolos cuando recibieron el aviso de la llegada del enemigo. Ante la consternación general, fue muy oportuna la contestación de Drake, afirmando que había tiempo de sobra para terminar la partida y luego dar buena cuenta de los españoles, frase que ha pasado a la posteridad, pero con toda seguridad apócrifa, y que solo ha servido para eximir de responsabilidad a los mandos ingleses, mostrando su serenidad.

Era, sin duda, un gravísimo error, pero aún fue mayor el de Medina Sidonia al no saber aprovechar debidamente esa oportunidad, realmente dorada. Pero para ello hubiera sido necesario que el jefe español hubiera tenido algo de lo que carecía: el genio, la creatividad y la decisión de otros almirantes de la época, desde los Bazanes a los Oquendos y tantos otros. Y actuando según lo hizo siempre, sin desviarse un centímetro de sus instrucciones, se limitó a pasar de largo porque sus órdenes no preveían (ni podían prever) ese caso.

Bien podría haber bloqueado los canales de salida del puerto hundiendo en ellos algún casco de buque, de alguna presa del enemigo o incluso sacrificando para ello alguna de sus poco útiles urcas, utilizar buques incendiarios, simular una retirada para sorprender a los ingleses saliendo lenta y trabajosamente del puerto (remolcados o incluso «a la toa») a una parte de la escuadra enemiga, etc. Pero se contentó con no hacer nada, dejando paso libre al enemigo, y todo para cumplir con una misión que, de entrada, tenía una planificación defectuosa y era de más que dudoso éxito.

## LOS COMBATES DEL CANAL

Tras aquel sorprendente encuentro (por pacífico) entre las dos poderosas flotas, siguió una serie de escaramuzas en los días siguientes. Estos combates han merecido una atención desmesurada, especialmente por parte de los escritores británicos, que suelen mostrarlos como una prueba irrefutable de la superioridad inglesa en todos los órdenes, lo que es claramente una manipulación de los hechos constatados.

En primer lugar, analizamos las formaciones de ambas escuadras.

La de Medina Sidonia, navegando en cabeza y seguida por la de Howard, con la ventaja inglesa en aquellas aguas de estar a barlovento, lo que podía ser una ventaja decisiva si era aprovechada.

Medina Sidonia ordenó su flota en una formación defensiva, con los buques agrupados en una figura que recordaba a una media luna, con las dos puntas hacia atrás, que era la formación defensiva clásica de las flotas de Indias, que mostró durante siglos su efectividad. Los galeones y naos mayores formaban la retaguardia, frente al enemigo, y por delante figuraban los buques menos aptos para el combate: pinazas y urcas, naos menores, etc. Ningún enemigo en su sano juicio la atacaría por detrás, pues ello conduciría a la melé de buques luchando a corta distancia y al abordaje, en la que eran especialistas los españoles. La otra opción era atacar a distancia uno u otro de los cuernos, procurando desarbolar a alguno de los hispanos.

Pero ese hostigamiento no conseguía gran cosa: el buque averiado podría refugiarse en el centro de la formación española, donde recibiría ayuda de sus compañeros, que navegarían más lentamente para acogerlo, y a los atacantes solo les quedaría alejarse para evitar la temida melé, con lo que no lograrían nada.

Esta táctica suele ser desautorizada por los escritores británicos o los influidos por sus juicios, aduciendo que estaba calcada de la típica de las galeras, con lo que enfatizan su inadecuación a los veleros y su obsolescencia.

Olvidan, sin embargo, que la cuestión era completamente diferente: por mucho que recordara la formación de una flota de galeras, como en Lepanto, olvidan el hecho de que estas embarcaciones mediterráneas combatían de proa, donde tenían emplazados sus cañones y los soldados para el abordaje, mientras que naos y galeones lo hacían de costado, y por el mismo motivo.

La formación española era, por tanto, de marcha, no de combate. Y si el enemigo se acercaba a distancia de combate y abordaje, maniobraban fácilmente para combatir de costado.

Frente a ello, los ingleses no idearon otra respuesta más que hostigar a gran distancia al enemigo con sus culebrinas, buscando que su fuego causara averías importantes, para luego acorralarlo y rendirlo.

Para ello pretenden que navegaron en línea de fila, con los buques, uno detrás de otros. Ya hemos indicado que, con la heterogeneidad de los buques de la época, esto era imposible, aparte de que faltaba la maniobra de conjunto previa y precisa y se carecían de las señales de banderas, muy posteriores. Aquella táctica era cosa del futuro, y tampoco era algo decisivo, salvo que el enemigo cometiera graves errores.

La hilera resultante, que no la línea de combate, producía repetidamente grupos o aglomeraciones de los buques, según fueran estos más ligeros, menos veleros o peor tripulados.

Así, se asistió en los siguientes días a una serie de combates entre las dos flotas que no decidieron nada, con sucesivos hostigamientos ingleses a larga distancia y algún contraataque español que no fue muy lejos. El resultado era de esperar: un enorme consumo de municiones para no conseguir nada de relieve. De estos enfrentamientos se deriva la famosa cuestión de la superior velocidad de tiro inglesa, de hasta tres veces la de sus enemigos. Pero ya sabemos que los españoles se reservaban el tiro para distancias muy cortas.Y con las municiones disponibles en cada bando, aquello no podía llevar a un triunfo inglés...

Sin embargo, un par de incidentes inesperados reforzaron la moral de la flota de Howard, aunque no fueron en absoluto fruto de sus presuntamente superiores dotes marineras, tácticas o artillería, sino fruto del azar.

Sucedió después del primer combate, poco más que una escaramuza de tanteo, y cuando ya el fuego hacía largo rato que ya había cesado.

El primer buque implicado fue la Nuestra Señora del Rosario, una gran nao con cuarenta y seis cañones, mandada por Pedro de Valdés, que chocó con una compañera y perdió el bauprés. Al atardecer, el impacto hizo caer su palo de trinquete y este desgarró la vela del palo mayor, quedando el buque a la deriva y dando grandes balances durante la noche, al iniciarse una tempestad. Era un buque importante, la capitana de la escuadra andaluza, es decir, el buque insignia de esa agrupación.

Poco después se produjo una explosión seguida de un incendio en la San Salvador, de la escuadra de Guipúzcoa, otra poderosa nao, aunque algo menor, con veintiséis cañones. Medina Sidonia lanzó la alarma general con un cañonazo para que las demás acudieran en su auxilio, pero nada pudo hacerse, salvo evacuar a los supervivientes y abandonar el casco inútil.

La historia de la Rosario fue muy distinta: se intentó ayudarla, pero tras muchos esfuerzos baldíos (eran averías que solo se podrían reparar en puerto), el mencionado consejero nombrado por el rey, Diego Flores, convenció a Medina Sidonia de que la abandonara a su suerte, pues estaba comprometiendo a toda la flota y a su importante misión, y el inexperto jefe tuvo la debilidad de hacerle caso. La flota dejó atrás al sentenciado buque con un general y evidente malestar, pues todos recordaban la conducta de Bazán en las Terceras, remolcando con su propio buque a otro averiado, y soltando el remolque únicamente para el contraataque y la victoria. Además, estaba mandado por Pedro de Valdés, jefe de gran prestigio y al frente de la escuadra de Andalucía. Se envió una pinaza para rescatarlo a él y a su estado mayor, pero el marino se negó en redondo a abandonar su buque y a sus hombres, quedando a la deriva en la noche.

Entonces Drake, enviado en descubierta por Howard, en su Revenge, y acompañado por el mercante armado Roebuk, lo encontró. El abrumado Valdés y su desmoralizada tripulación se rindieron sin luchar, con lo que el inglés se anotó un tanto formidable sin gran mérito por su parte.

Así continuaron en los días siguientes las escaramuzas, con cañoneos mutuos a larga distancia, y poco resolutivos. Hay algunos detalles de las bajas y daños sufridos por los españoles, pero suelen faltar o ser anecdóticos en los ingleses, aunque parece probado que la pinaza Plaisir resultó hundida y muerto su capitán, Cock, y que se produjo un incendio en el galeón Swallow, al mando del hijo de Hawkins, Richard.

Pero, en resumen y pese a tantos combates (más bien escaramuzas), la cuestión seguía sin decidirse, en parte por la obsesión de Medina Sidonia con el plan trazado, al que debía subordinarse todo, pero también porque Howard y sus subordinados no supieron hallar la forma de evitarlo, pese a su supuesta gran experiencia y pese a sus tan desmañados como repetidos intentos.

## EL COMBATE DE GRAVELINAS

Y así, finalmente, la Armada llegó a su objetivo.

Medina Sidonia, juzgando poco recomendable para su flota los puertos españoles de Dunquerque y otros, decidió recalar en el francés de Calais, desde donde poder establecer comunicación con Farnesio para coordinar el paso del Canal y el desembarco en Inglaterra, escoltando a su ejército embarcado en pequeñas embarcaciones, y el general, aunque con serias reservas, ordenó embarcar a sus dieciocho mil soldados.

El 6 de agosto, la Armada fondeó al ancla en la amplia rada, pues entrar en el puerto mismo estaba descartado, obviamente, y esperó la reunión.

Aquello disparó las alarmas en la flota de Howard, quien ordenó que se incorporase la escuadra de Seymour, que vigilaba la costa flamenca, ante la inminente batalla decisiva.

Para que el ataque fuera exitoso, pensaron lanzar sobre la flota española los buques incendiarios (brulotes), que sembrarían el caos y acabarían con varios buques posibilitando la victoria. Pidieron a los puertos ingleses que enviaran buques viejos, pero la urgencia era evidente y, finalmente, se decidió utilizar ocho buques de la escuadra inglesa, desembarcando sus dotaciones y convirtiéndolos en buques incendiarios, como habían utilizado previamente con éxito los holandeses. No hubo tiempo ni preparación para hacerlos además explosivos, con lo que sus efectos hubieran sido mucho mayores, pues la deflagración sería letal, incluso aunque no llegaran a chocar con sus objetivos, incendiándolos. Pero faltó la pólvora necesaria y la debida preparación de los artefactos, por ello se limitaron a dejar montados sus cañones, cargados, para que las llamas del incendio provocaran su disparo, sembrando el pánico y la confusión entre los españoles.

El ataque, que tuvo lugar en la noche del 7 al 8 de agosto, era tan de esperar que Medina Sidonia ordenó a los botes de la Armada estar listos para abordar y desviar los brulotes, sin que causaran daño alguno. Así sucedió con los dos primeros, pero en los siguientes dio tiempo a que las llamas dispararan los cañones. Aquel imprevisto sorprendió a las tripulaciones de los botes, que no acertaron a desviarlos. Se consumieron igualmente sin causar daño.

Medina Sidonia dio la orden de levar anclas inmediatamente y salir de la rada, para hacer frente a la flota enemiga que atacaba aprovechando el desorden causado por el ataque de los brulotes. Y ahora, vista la escasa efectividad anterior del fuego inglés, se acercaban para abrir fuego a tiro de mosquete (unos 100 metros), o de la mitad, si era de arcabuz, con lo que el estruendo fue pronto formidable.

Para entonces, con la incorporación de la escuadra de Seymour y de algunos otros buques recién movilizados, la flota inglesa contaba con más de doscientos buques de todas clases, mientras que la española superaba en poco la mitad de esa cifra. Así, además de tener la ventaja del barlovento, los ingleses tenían la del número y la dificultad de los españoles para rehacer en esas condiciones su formación defensiva.

Entonces Howard cometió un grave error: divisó que la capitana de las galeazas españolas, la San Lorenzo, al mando de Hugo de Moncada, jefe de dicha agrupación, chocó contra otro buque español, quedando desaparejada. Para colmo de males, su timón quedó atrapado por un cable de las anclas que, vista la urgencia, muchos buques no habían levado, sino simplemente cortado.

El jefe supremo Howard la consideró presa segura y la escuadra bajo su mando directo, atacó la solitaria galeaza. Abrumada ante unos cuarenta buques de todas clases y a fuerza de remos, encalló bajo los castillos que defendían la entrada al puerto para evitar ser apresada. Como los buques ingleses eran de mayor calado que la galeaza, aquello les obligó a echar sus botes al agua para intentar el abordaje. Los españoles se defendieron bien con armas y piezas ligeras, hasta que el propio Moncada resultó muerto de un tiro, con lo que la dotación, abrumada, se dio por vencida y huyó a tierra, abandonando el buque. Los ingleses quisieron tomar el buque encallado, pero las baterías francesas abrieron fuego, considerando que la galeaza estaba en sus aguas, por lo que les pertenecía, y los ingleses tuvieron que renunciar a la presa.

Y allí quedó el casco de la San Lorenzo, pudriéndose con el tiempo, mientras españoles y franceses pleitearon años sobre a quién pertenecía legalmente y el valor de su rescate.

Pero aquel incidente mantuvo alejada del combate durante horas a la escuadra de Howard, cuando su intervención hubiera podido ser decisiva en el combate general.

Los pilotos flamencos (y al menos uno inglés católico) de la Armada habían informado a Medina Sidonia de algunas características poco favorables de Calais como fondeadero: al salir, y con los vientos dominantes, iban a dejar a un lado una serie de peligrosos bancos de arena, donde podrían encallar los buques si la navegación no era cuidadosa. Por otro lado, una vez alejados de ese peligro, vientos y corrientes del Canal les harían derivar forzosamente hacia el norte, alejándolos del paso de Calais, con lo que la unión con Farnesio se haría imposible. El jefe español había informado a los capitanes de la Armada, pero este hecho condenaba el plan. El uso de los brulotes y el subsiguiente ataque inglés hicieron imprescindible aquella salida.

Pero venciendo todas esas dificultades, con formidable pericia y disciplina, la Armada salió de aquella verdadera trampa y fue rehaciendo su formación defensiva. Medina Sidonia a bordo del San Martín y luego Recalde, con su San Juan, y el resto de los galeones y grandes buques mercantes, con las urcas en retaguardia y las pinazas informando o auxiliando a los demás.

De esta manera, se generalizó el combate, luchando a corta distancia y con efectos mucho más serios que en los choques anteriores, aunque los relatos de ambas partes son incompletos y las bajas y daños respectivos poco seguros. El Revenge de Drake, uno de los primeros en lanzarse a la lucha, no tardó en retirarse del fuego, con el palo mayor muy dañado.

El confuso combate duró entre seis y siete horas, hasta que, agotadas las municiones, la flota de Howard se retiró.

Todo el éxito que se pudieron apuntar los luego tan encomiados artilleros y cañones ingleses fue el de acosar a una nao de Vizcaya, la María Juan, que, desarbolada por un choque con una compañera, derivó sin poderlo evitar hacia un banco de arena donde encalló y finalmente se hundió, salvándose únicamente el primer bote con los náufragos.

De forma más sensible, los galeones de Portugal San Felipe y San Mateo, que habían luchado desde el principio contra toda la flota inglesa para dar tiempo a rehacer la formación de la Armada, quedaron tan averiados que tuvieron que encallar para evitar su naufragio más al norte, donde fueron atacados y tomados por los holandeses.

A esos dos buques, a la galeaza y a la nao vasca se redujeron las pérdidas en combate en una lucha de entre seis y ocho horas en la que la Armada contaba con la mitad de los efectivos que sus enemigos, y en una situación muy difícil. Para lograr aquel resultado, francamente mediocre para las circunstancias en que se consiguió sin olvidar que los ingleses habían tenido que sacrificar nada menos que ocho de sus buques para conseguirlo, y que no lograron hacer una sola presa del enemigo.

Pese a tantas hipérboles como posteriormente se han prodigado, no parece un gran resultado para aquellos supuestos grandes marinos llenos de experiencia y de ardor combativo, luchando en aguas tan cercanas a las suyas y en defensa de su propia tierra.

En palabras del propio Howard, refiriéndose a sus enemigos: «Su flota está compuesta de barcos espaciosos y de mucha potencia. Su flota es maravillosamente grande y fuerte, pero poco a poco la vamos desplumando». Para terminar pidiendo más pólvora y munición, pues apenas les quedaban a bordo.

Pero ya no hubo nuevos combates.


## TRAGEDIAS EN IRLANDA Y EN INGLATERRA

Obligada por vientos y corrientes, la Armada no pudo sino derivar los siguientes días, en paralelo con la costa este de Inglaterra, hacia el norte. La de Howard siguió sus aguas, pero sin tomar ninguna iniciativa. Es más, en tres ocasiones Medina Sidonia ordenó a la Armada frenar su navegación y presentar el costado al enemigo, incitándole al combate. Pese a su triunfo supuestamente decisivo, los buques ingleses rehuyeron el combate en las tres ocasiones.

Según declararon posteriormente, ello se debió a la falta casi absoluta de municiones, lo que era bien cierto, pero navegaban junto a sus costas y podrían haberlas repuesto. Por otra parte, si habían causado tales bajas y daños a los españoles como pretenden hacernos creer, y sufrido por su parte bajas y daños solo anecdóticos, no se explica que no se atrevieran a rematar la tarea de aniquilarla, fuera con más brulotes o incluso al abordaje de los muy castigados buques españoles. Algo esconden de la verdad si finalmente optaron por la táctica del puente de plata.

Y las sospechas se acrecientan cuando se observa que la flota inglesa, al llegar a la frontera con Escocia, abandonó el seguimiento, que no persecución, y volvió a sus puertos. Eso sí, incluso en ellos siguieron movilizados, temiendo que en cualquier momento los españoles podrían volver y rematar su misión.

Pero vientos y corrientes se impusieron y a la Armada no le quedó otra opción sino contornear por el norte la gran isla. Y luego virar y poner rumbo al sur y a los puertos españoles contorneando Irlanda.

Pero aún en aguas escocesas, el gran San Juan de Sicilia, de la escuadra de Levante, formada por naos de procedencia italiana, bien de Venecia o de Ragusa, y embargadas para le expedición o bien de las posesiones españolas de Nápoles y Sicilia, tuvo que tomar puerto para efectuar reparaciones urgentes. En el curso de las obras, la nao voló, hay quien dice que accidentalmente, hay quien afirma que por un complot de ingleses o de escoceses, con la pérdida total del buque.

Lo peor, sin embargo, ocurrió en las propias costas de Irlanda. Para entonces los buques llevaban navegando desde su salida de Lisboa, donde ya se había propagado la epidemia que mató a Álvaro de Bazán, y en medio de la dura navegación, combates y temporales, la situación no había mejorado precisamente, ni por la higiene ni por la salubridad a bordo ni por las provisiones que tuvieron que ser severamente racionadas, incluso el agua, algo escasa de entrada, pero además calculadas para una travesía mucho más corta.

Aquello forzó a muchos buques a intentar procurarse esos elementos vitales tocando en tierra, pero las costas irlandesas del oeste eran poco conocidas por los españoles, muy escarpadas y peligrosas y batidas por los temporales otoñales.

El resultado era de esperar en esas condiciones, con dotaciones agotadas, enfermas y faltas de lo más indispensable: toda una serie de naufragios en las costas irlandesas. Entre ellas se contaron una nao encuadrada en la Armada de Castilla, la San Juan Bautista, la galeaza Girona y una de cada una de las de Vizcaya, Guipúzcoa y Andalucía.

Pero con mucho la escuadra más castigada fue la levantina, buques mediterráneos poco adecuados para esas aguas y cuyas tripulaciones no estaban adaptadas a aquellas aguas y clima, perdiéndose nada menos que siete buques. Seguida de la de las urcas, con otros cinco buques, más la Barca de Hamburgo que optó finalmente por entrar en un puerto inglés.

Aquello no fue lo peor, porque muchos de los náufragos consiguieron llegar a tierra en diversos lugares, extenuados, heridos o enfermos. Entonces, William Fitzwilliams, el jefe militar inglés en una Irlanda ya ocupada en buena medida ordenó la matanza sistemática de los náufragos, aduciendo que no tenía soldados suficientes para controlar a la rebelde población irlandesa y para vigilar a tan numerosos como peligrosos prisioneros. Así lo hicieron brutalmente y por cualquier método, aparte de despojarles previamente hasta de sus ropas.

Cuadros como el de la playa de Streedagh, con más de mil doscientos cadáveres en sus arenas, conmueven aún hoy. No fue el único, pero sí el más ensangrentado. Como comparación, en las casi ocho horas del combate de Gravelinas las bajas oficiales de los españoles fueron de unos seiscientos muertos y unos ochocientos heridos graves. Hechos como estos se califican por sí solos, cualesquiera que sean las razones aducidas para justificarlos, y es uno de los peores capítulos recogidos por la historia de la humanidad.

Hubo irlandeses que ocultaron a los pobres náufragos y que les facilitaron en lo posible la fuga, dando lugar a curiosas historias. Todavía hoy se recuerdan en conmovedoras conmemoraciones hispanoirlandesas de aquellas matanzas. Hubo españoles que se salvaron, gracias a la posibilidad de obtener un cuantioso rescate. Pero fueron especialmente crueles con los ingleses prisioneros, que iban en la Armada, ejecutándolos después de torturarlos.

Aquella tragedia tuvo un contrapunto inesperado, pues la flota inglesa siguió movilizada en diversos puertos de la isla, temiendo que la Armada pudiera regresar a Inglaterra y culminar su misión. Así de satisfechos y seguros estaban de su pregonado aplastante y completo triunfo.

Pero lo cierto es que ni soldados ni marineros recibieron las pagas prometidas y ni siquiera se atendió a su alimentación, y mucho menos a su alojamiento, salubridad e higiene. Por ello, el descontento era inevitable, con motines, altercados y finalmente la deserción, cada vez más tumultuosa, hasta que las ejecuciones sumarias en la horca de muchos frenaron el problema, agravando de nuevo el hambre y la epidemia.

Por todo ello, incluso hay historiadores británicos de nuestra época que afirman: «Quizás solo la mitad de los hombres que lucharon por Inglaterra en 1588, vivieron para celebrar las Navidades siguientes».

Y para entonces el ministro Burghley encontró una sensible ventaja en aquella mortandad, por el ahorro que suponía para las arcas de la Corona no tener que abonar esas pagas. Todo ello, por supuesto, en medio de las fiestas y celebraciones oficiales de la corte por la victoria. Aunque no faltaran los críticos con el mando de Howard y de Drake, el ambiente general de victoria hizo que se olvidaran cuestiones que debieron quedar muy presentes.

Pese a que su mando había dejado que desear, Felipe II fue comprensivo con Medina Sidonia, al fin y al cabo había reconocido él mismo su falta de cualidades para tan alta responsabilidad y solo lo aceptó por obediencia al rey, sin dejar en todo momento de señalar las enormes dificultades para llevar a cabo su misión y aducir que era mejor abandonarla y replantearla por completo.

El juicio del rey y de otros mandos fue muy distinto con Diego Flores de Valdés, al que se hizo responsable de todo, especialmente por el abandono del Rosario, mandado por Pedro de Valdés, curiosamente primo suyo, con el que tenía una vieja rivalidad. También por su repetidamente errónea e inflexible asesoría al mando. Juzgado severamente por su conducta, el tribunal lo condenó a prisión en un castillo de Burgos, muriendo después en la oscuridad.

Otros jefes como Recalde y Miguel de Oquendo, ambos de gran valía, fallecieron en el regreso o poco después.

Pero la guerra entre España e Inglaterra no había hecho más que empezar, al menos, oficialmente.

# 4

# LA GUERRA
# (1589-1603)

En general, y salvo por aportaciones concretas, aisladas, muy recientes y normalmente debidas a historiadores españoles, aquella guerra ha sido narrada por los historiadores británicos. Para ellos, la contienda terminó en 1588, con un claro y rotundo triunfo de Isabel I sobre Felipe II, cuando lo cierto es que se prolongó durante quince años más y con campañas y resultados que distan mucho de ofrecer un resultado como el habitual y celebrado triunfo épico de los marinos ingleses sobre los tan atrasados y poco marineros españoles.

La verdad de los hechos es muy distinta a la del pretendido triunfo, que no es más que una leyenda patriótica, ampliamente difundida y aceptada, pero con grandes dosis de falsedades, mitos y ocultación de los hechos históricos.

## LA CONTRAARMADA DE 1589

Lo cierto es que, pese a los enormes gastos y las terribles pérdidas humanas de la campaña de 1588, el ambiente de la corte de Isabel Tudor rayaba en la euforia, y pronto se planeó un gran contragolpe para derrotar por completo a Felipe II.

Para ello se contaba con colaboradores importantes: Antonio de Crato, que aún pretendía la Corona portuguesa, ofreciendo una elevada financiación para costear la expedición, asegurando la alianza con Inglaterra, incluyendo tropas de Isabel para asegurar su independencia, y prometiendo libertad de comercio para los ingleses en sus posesiones. También nada menos que el jerife de Marruecos, que ofreció ciento cincuenta mil libras para financiar la expedición contra su tradicional enemigo, poniendo a disposición sus puertos, víveres y tropas si la expedición inglesa se dirigía a la zona del Estrecho. Por supuesto, los Países Bajos, los ya comprometidos aliados, con la petición de que permitieran a parte de los soldados ingleses que defendían su territorio, participar en la expedición. Las negociaciones con marroquíes y holandesas fueron tortuosas, poco sinceras por ambas partes y finalmente improductivas. En cuanto a Crato, carecía del apoyo en Portugal que decía tener.

Para ser jefe de la expedición, la reina escogió a Drake, pues Howard le había defraudado un tanto, pese al tan cacareado triunfo anterior. Para jefe de la importante fuerza de desembarco, a John Norris, conocido suyo desde la masacre de la isla de Rathlin en Irlanda, como ya hemos dicho.

Los objetivos de la expedición eran muy ambiciosos, con el siguiente orden de ejecución:

1.  Destruir los buques de la Armada, en reparaciones en los puertos del Cantábrico, aún en obras, desde Guipúzcoa a Galicia. Destruyendo además los astilleros, puertos y las mismas poblaciones. Y justamente eran donde se construían los mejores veleros oceánicos españoles, por lo que su pérdida sería gravísima.

2.  Una vez logrado ese objetivo, que se estimaba fácil por su mal estado y escasa defensa, tomar Lisboa y situar a Crato en el trono de Portugal, por supuesto, cobrándole el favor.

3.  Tras esos objetivos fundamentales, la flota se dirigiría a las Azores, conquistaría alguna de las islas para servir de base contra las flotas de Indias en el futuro, y finalmente apoderarse de alguna de esas flotas con sus enormes tesoros, para financiar la expedición y que aún sobrara para el futuro.

Era un plan ciertamente ambicioso y complejo. Conseguir los objetivos sería un golpe formidable, incluso aunque solo uno o dos de ellos se alcanzara, y aunque fuera solo parcialmente. El principal problema era movilizar los buques, pues los gastos del año anterior habían dejado en mal estado la Hacienda de Isabel.

Es de destacar que el año anterior se habían podido movilizar nada menos que veinticinco buques de la Royal Navy, aparte de las pinazas. Ahora solo lograron alistar trece, pese a que supuestamente apenas habían sufrido el fuego enemigo y que habían navegado poco y en sus aguas o muy cerca de ellas. Aparte de que faltaban muchos de los más grandes y potentes.

Hubo, por tanto, que movilizar buques mercantes, llegando a acuerdos con sus propietarios y armadores, dificultados por la carencia de dinero del reino.

Pero aun así se reunieron más de cien naves de todas clases, embarcando en ellas veintitrés mil trescientos setenta y cinco hombres, de los que cinco mil eran marineros y el resto soldados, necesarios para las operaciones en tierra, según informaron Drake y Norris. Los soldados formaban catorce regimientos, entre ellos tres mil veteranos de Flandes, así como unos mil caballeros embarcados como aventureros, sin paga, pero en busca de fama y botín.

A ellos se unieron diez buques armados de los holandeses y una veintena de urcas, con los correspondientes marineros y casi mil soldados en diez compañías.

El total sumó unos ciento cuarenta buques, más que los de la armada del año anterior, aunque su tonelaje medio era inferior, y unos veintisiete mil marineros y soldados. Cifra ligeramente menor que la de los españoles.

Por cierto, pese a lo esgrimido sobre la Invencible, según las cifras expuestas los ingleses llevaban una menor proporción de marineros que los españoles del año anterior. Tal vez fuera por las bajas de la epidemia o tal vez por el rechazo de los marineros a enrolarse. En ambos casos, ahí queda demostrado lo falso de atribuir a la superior marinería una ventaja.

Aparte de los holandeses, los ingleses estaban divididos en cinco escuadrones mandados por Drake, Norris, Thomas Fenner (segundo de Drake), Roger Williams (segundo de Norris) y Edwar Norris (hermano de Norris).

Aún pudieron ser más, pues Drake ordenó a una veintena de urcas holandesas surtas en Dover y otros puertos, que se le unieran, pero que desertaron en cuanto pudieron, no tomando parte en la expedición.

Pero aun descontando estos últimos, el total era muy semejante al de la Armada de 1588, lo que pone de manifiesto las exageraciones que se han prodigado desde hace siglos para sobredimensionar la derrota española. Pese al esfuerzo realizado, no fue la totalidad de los buques disponibles. Sin contar con los holandeses, consta que quedó vigilando el Canal Martin Frobisher con tres galeones reales y cuatro pinazas; la de George Beeston para vigilar las costas danesas y holandesas; y finalmente, la de George Clifford, conde de Cumberland, con otro galeón y seis mercantes o corsarios, vigilando las Azores.

Teniendo en cuenta las pérdidas españolas del año anterior, que no habían podido reponerse, y las imprescindibles y largas reparaciones de los buques que habían logrado regresar, lo que llama la atención en esta campaña es que los atacantes eran muy superiores a los atacados, por contraste. Pero sobre esa cuestión, como sobre la expedición entera, los historiadores británicos o bajo su influjo, suelen guardar absoluto silencio.

## EL ATAQUE A LA CORUÑA

Con algún retraso debido al mal tiempo, la flota se hizo a la mar el 28 de abril, rumbo al sur, notándose al poco la escasez de víveres, fuera por error o, más probablemente, por fraude de los suministradores.

La siguiente sorpresa es que, pese a que el plan de Isabel Tudor lo fijaba como objetivo prioritario y del mayor interés, la expedición no se dirigió hacia los puertos españoles del Cantábrico, donde reparaban los buques españoles de la expedición del año anterior. Se comentó que en La Coruña se preparaba una nueva Armada, y que allí se acumulaban cargueros con provisiones.

Lo cierto fue que Drake y Norris estaban de acuerdo en dirigirse al puerto gallego, pues tenían noticias de que allí había recalado una gran nao portuguesa de la India, atiborrada de valiosos productos de ultramar. El hecho era cierto, pero la nao ya se había dirigido a Lisboa, su destino final. También se pensó que en los puertos asturianos, cántabros y vascos habría buenas defensas. En cualquier caso, el golfo de Vizcaya presenta una navegación complicada, encajonado entre la costa española y francesa.

El 4 de mayo la flota avistó La Coruña, por entonces una pequeña población, gobernada por Juan Pacheco y Osorio, marqués de Cerralbo, que apenas contaba con trescientos soldados de guarnición y unos dos mil milicianos voluntarios, pobladores de todas clases y con pocas armas y escaso adiestramiento para la lucha.

La ciudad tenía dos núcleos: la parte alta o vieja, con viejas murallas medievales y el barrio de la Pescadería, en la playa y con pocas defensas. En el puerto estaba fondeado y reparando el galeón San Juan, veterano de la Invencible, el San Bernardo y el mercante San Bartolomé, también en reparación, así como dos de las galeras separadas al comienzo de la expedición, por no poder afrontar unas aguas demasiado duras para sus pequeños y frágiles cascos. El San Juan y las dos galeras intentaron impedir la entrada de la flota inglesa, pero sin éxito por su apabullante inferioridad.

Desembarcados los soldados y tras corta pero dura lucha, los ingleses tomaron la Pescadería, refugiándose los defensores en la parte alta de la ciudad, tras zabordar los tres veleros del puerto. Tal vez los ingleses hubieran podido tomar la ciudad entera, pero descubrieron los almacenes de las provisiones, entre las que se encontraba abundante vino (normal como ración en los buques españoles, pero todo un lujo entre los ingleses) y ello les hizo perder la oportunidad.

Tras varios días de bombardeos y tiroteos, y tras instigar a la rendición, Norris decidió dar el asalto el domingo 14, una vez hizo reventar unas minas que destruyeron las viejas murallas. La lucha en las brechas fue tremenda y los defensores lograron rechazarlo, gracias al valor y al ejemplo, entre tantos otros, de una mujer, María Pita, que, al ver caer muerto a su marido en la lucha, recogió su rodela (escudo) y espada, uniéndose a la lucha y matando al abanderado inglés, que intentaba clavar su bandera en la muralla, fracasando finalmente el asalto.

Se imponía una pausa en la lucha, pero ese tiempo fue aprovechado por el conde de Andrade, que reunió a toda prisa (y desde otras poblaciones) a tres o cuatro mil milicianos. Aunque no consiguieron derrotar a los invasores, les hicieron desistir de su empeño. Tras incendiar la Pescadería, se hicieron a la vela el día 18.

Aunque habían infligido un serio daño a la ciudad, no lograron el éxito deseado, pagando además un alto precio contra un enemigo muy inferior, en número y en experiencia.

Al final, solo los tres buques zabordados al principio por los españoles fueron las pérdidas de importancia, compensadas por los tres que fueron desechados igualmente por los atacantes tras su partida. Pero lo peor, y como era de esperar, aparte de las pérdidas en combate, fue que en la flota comenzó a extenderse la epidemia.

## PENICHE Y LISBOA

La flota fondeó el 25 de mayo frente a la localidad de Peniche, a 65 kilómetros de Lisboa. Y en la reunión de los mandos se decidió desembarcar allí, y que luego la columna de Norris emprendiera la marcha sobre Lisboa, llamando a la rebelión a los portugueses en apoyo de Antonio de Crato. La flota con Drake atacaría Lisboa, formándose así una tenaza, por tierra y por mar, que aseguraría la victoria.

El día siguiente, a medio día, desembarcó la primera oleada inglesa, en treinta y dos botes, pero fueron rechazados por unos setecientos defensores, la mayoría portugueses y un pequeño grupo de soldados españoles, con dos pequeños cañones de campaña, perdiendo los atacantes ochenta muertos y catorce de las lanchas. Pero los ingleses insistieron con nuevas oleadas de desembarco, y el apoyo de los cañones de la flota, logrando abrirse camino hacia el interior. El hecho decisivo fue que el castillo de Peniche, mandado por un portugués partidario de Crato, se entregó sin combatir. Aquello permitió al pretendiente establecer su corte en la pequeña localidad, junto con dos de sus hijos, aunque no logró nuevas adhesiones, lo que le valió el burlón apodo de «rey de Peniche».

Tras completar el desembarco, Norris y sus hombres se pusieron en marcha hacia Lisboa, pero la distancia era larga e, incomprensiblemente, solo llevaban cuatro caballos, poca pólvora y ningún tren de artillería, indispensable para batir las fortificaciones, por lo que habían utilizado minas en La Coruña. La falta de animales de transporte complicó aún más el llevar consigo provisiones y pertrechos de todas clases, debido a los apuros financieros de Isabel Tudor.

A estos problemas se unió la falta de simpatía de los pueblos por donde pasaron y en sus cercanías, huyendo los pobladores cuando comenzaron los inevitables saqueos de los hambrientos y enfermos soldados, con lo que ahondaron el rechazo de los portugueses hacia los que veían como invasores, no como libertadores.

La defensa de la capital portuguesa se redujo a unos siete mil hombres, la mayoría milicianos recién movilizados, mandados por Pedro Antonio de Acevedo, conde de Fuentes, quien aconsejado por sus superiores (el mismo Felipe II, y el virrey, archiduque Alberto, sobrino del monarca) optó por la prudencia, dudando de la lealtad de los defensores. Así que, aparte de guarnecer castillos y fortificaciones, envió tropas a caballo (nobles o sus más fieles servidores) para hostigar al enemigo e impedirle que se aprovisionase en los pueblos cercanos.

Pero la principal fuerza de la defensa fueron sorprendentemente las galeras, en este caso las de Portugal: doce buques al mando de Alonso de Bazán, hermano menor del gran don Álvaro. Pese a su inferioridad artillera frente a los grandes veleros, eran buques excelentes para operar en las aguas confinadas de la bahía, llenas de bancos de arena y con escaso calado, salvo en los estrechos canales de entrada y salida. Lo que también las hacía idóneas para las operaciones anfibias o para acercarse a las orillas y hostigar con su fuego a las tropas en tierra.

Incluso utilizaron tretas como amagar desembarcos nocturnos: al divisar que las galeras se acercaban, los ingleses daban la alarma y encendían las mechas de sus mosquetes y arcabuces, preparando sus armas para el disparo. Pero esos destellos delataron las formaciones inglesas en la oscuridad, con lo que ofrecieron un buen blanco para los cañones de las galeras, con terribles efectos. Así, gracias al hostigamiento de las galeras desde el mar y desde tierra, de las partidas a caballo, y viendo a Lisboa firme en su resistencia, los hombres de Norris empezaron a flaquear.

A todo esto, Drake y su flota estaban en Cascaes, cuyo castillo se rindió sin combatir, unas versiones afirman que fue por mensajes falsos de que la capital se había rendido. Otras, que se había dejado comprar por Crato. El jefe inglés tenía a bordo de sus buques, al menos, otros tres mil quinientos soldados del ejército de desembarco, que hubieran sido bien empleados en apoyar al apurado Norris.

Al final, tras muchas dudas, Drake proyectó su desembarco el día 7 para atacar la capital, pero, según afirmó, tuvo que anular la orden cuando observó que las tropas de tierra abandonaban sus posiciones y se retiraban. Se calcula que, entre la epidemia y las bajas de la contienda, los ingleses apenas tenían listos a cuatro mil quinientos hombres.

La expedición fracasó y tuvieron que reembarcar a los soldados, tarea que terminó hacia el 16 de junio, fijándose dar la vela al día siguiente. Mientras tanto, Drake ordenó apresar a los buques neutrales que se dirigían al puerto, ya fueran franceses, flamencos o nórdicos, muy numerosos por su importancia, tanto como por escala como por destino. En Portugal habían fallado las cosechas de la temporada y el hambre amenazaba.

Por otra parte, se recibieron mensajes de Marruecos de que la prometida ayuda no podría llegar, por tener el reino serios problemas internos. Tampoco cabía esperar ayuda de Inglaterra.

## GALERAS CONTRA GALEONES

Mientras tanto, una serie de refuerzos había llegado a la amenazada capital, navegando en lanchones por el Tajo, lo que alentó a los defensores.

Pero hubo un refuerzo aún más decisivo: las diecisiete galeras del reino de Castilla, al mando de Martín de Padilla, que se reunieron con las once de Bazán, ambas en principio destinadas a luchar contra la piratería berberisca. Teóricamente no eran un gran peligro para la flota inglesa, de grandes veleros bien artillados, pero supieron utilizar magistralmente su capacidad y navegar cerca de la costa, con escasos calados, independencia del viento y la agilidad.

Según el informe del propio Padilla, no tardaron en rescatar a un buque francés y otro holandés. Apresaron a los soldados ingleses que los custodiaban, para poco después arrebatar al enemigo tres urcas grandes, un patache y una lancha, quemando poco después otra urca. En total hicieron ciento treinta prisioneros, aunque otros seiscientos estaban enfermos a bordo. Los buques apresados fueron quemados o echados a pique a cañonazos por las galeras, y ello pese al contraataque de los buques insignia de Drake y Norris, apoyados por algunos otros. El total de bajas en las galeras fue de dos muertos y diez heridos, pese a que el combate se prolongó desde el alba a las dos de la tarde.

El enfrentamiento siguió hasta la caída de la noche, rescatando otros dos mercantes franceses y uno flamenco. Según la carta del sargento mayor de la expedición, Ralph Lane, a Lord Walsingham, ministro de la reina: «Solo la intervención divina había salvado a la flota del ataque de las galeras». Aparte de las urcas apresadas, anotó la pérdida de un buque de Plymouth, el Williams, al mando de William Hawkins, y posteriormente de uno o dos más.

En cuanto a Peniche, la guarnición inglesa del rendido castillo cayó prisionera, excepto un puñado de hombres al mando del capitán Burton, que lograron escapar en un pequeño buque.

Drake se dirigió con el resto de su flota a las Azores, siguiendo el plan alternativo fijado por Isabel y su Gobierno, pero un temporal le hizo abandonar el empeño. El capitán Fossey, que consiguió superarlo, llegó a Porto Santo, solo para verse rechazado en su débil intento.

El resto de la flota volvió a puertos ingleses, pero un frustrado Drake con veinticinco buques de todas clases buscó una compensación a tanto desastre tomando y saqueando Vigo, por entonces una pequeña población de unos setecientos habitantes, de todas las edades y de ambos sexos, que simplemente huyeron al campo con lo que pudieron llevarse. Una improvisada milicia local atacó a los invasores y les hizo reembarcarse.

En Lisboa, las galeras de Martín de Padilla, al ver la partida de la flota inglesa, creyeron, según los interrogatorios a los prisioneros, que iba a Cádiz, y por ello fueron allí. En cuanto a las mandadas por Bazán persiguieron a las dispersas de Drake, apresándoles otros tres buques. A la persecución se unieron las zabras (buques ligeros, pesqueros de altura armados) de Diego de Aramburu, que les hizo dos presas más llegando a las costas inglesas.

## DESCRÉDITO DE DRAKE

El balance de la frustrada intentona inglesa de 1589 es difícil de cuantificar, tanto en buques como en hombres, por la escasez u ocultación sistemática de las fuentes inglesas. Un ejemplo puede servir para dar una idea de lo demoledoras que fueron: solo en el galeón real Dreadnought, insignia de Fenner, de los doscientos cincuenta hombres que formaban su dotación consta que solo regresaron ciento cincuenta, y de ellos, únicamente dieciocho podían atender a la navegación. Si esto sucedía en un gran buque insignia de la Royal Navy, cabe imaginar la situación en barcos privados y más modestos.

Para colmo de males, el botín fue prácticamente inexistente, pues se calcula que el gasto total fueron doscientas mil libras esterlinas y lo conseguido apenas una décima parte. Ello provocó que los sueldos prometidos a cada hombre, de entre dos y tres libras, quedaron reducidos a apenas cinco chelines a cada superviviente, con exclusión de viudas y familiares. Aquello causó nuevamente serios motines, siendo ejecutados al menos siete de los cabecillas de la rebelión al grito: «¡La horca es el premio que nos dan por ir a la guerra!». Se repitió el hambre del año anterior, con sus secuelas de robos y las muertes de enfermos y heridos. Eran dos años consecutivos en los que se veían las mismas escenas dantescas.

En cuanto a los buques neutrales apresados por orden de Drake, las reclamaciones diplomáticas consiguieron la devolución de la mayoría de ellos, aunque su carga había sido saqueada por las desesperadas dotaciones, y también por sus mandos.

Las pérdidas españolas fueron escasas: apenas los tres buques de La Coruña y unos pocos hombres, generalmente milicianos movilizados o paisanos, que defendían sus casas y posesiones.

Aparte de ellos, casi todo el daño causado por los combates procedió de veintiocho galeras, entre las de Padilla y las de Bazán, esos buques anticuados e inferiores según recalcan los tratadistas ingleses, pero que fueron un arma temible en las aguas en torno a Lisboa. ¿Dónde había quedado la superioridad artillera y táctica de los veleros ingleses?

La frustración ante la derrota y el escándalo en la sociedad inglesa fueron enormes. La ira se centró en la responsabilidad del jefe supremo: Francis Drake, quien mostró sus enormes limitaciones, así como las de Norris, aunque este tuvo alguna mayor capacidad en su misión terrestre.

Ese 27 de julio el Consejo Privado de Isabel Tudor ordenó a ambos que comparecieran en Londres para responder de su conducta y el 23 de octubre se les hicieron los siguientes cargos:

1. No atacar, según lo planeado, los puertos españoles del Cantábrico y destruir allí los buques en reparación y los astilleros.
2. Que tampoco lo hicieron después del fracaso en La Coruña.
3. Que acometieron el ataque a Lisboa sin un plan coherente.
4. La práctica inacción de Drake ante Lisboa.

Las declaraciones de los jefes subordinados confirmaron los hechos, especialmente en lo referente a Drake.

El enojo de la reina fue evidente, lo que de paso le recordó que el papel de Drake en la campaña del año anterior fue, pese a los mitos y propaganda, bastante irrelevante. La reina no podía reconocer públicamente su gran error al confiar en el dudoso personaje, por lo que se limitó a privarle de su mando y le envió a que se ocupara de las defensas costeras del sur de Inglaterra, especialmente en Devon y Cornualles.

Y en ese relativo ostracismo pasó Drake los siguientes seis años, no cosechando sino una nueva derrota, si bien poco importante, muy significativa.


## UN DESEMBARCO ESPAÑOL EN INGLATERRA

Un nuevo frente de lucha se abrió por la guerra civil en Francia, donde a su protestante rey Enrique IV se oponía la mayoría católica del país. Por supuesto, ingleses y españoles enviaron ayuda en barcos, hombres y armas al partido que apoyaban cada uno, pero no trataremos esa cuestión por apartarse de nuestro objetivo principal.

Como consecuencia, los españoles dispusieron de algunos buenos puertos de apoyo en la costa de la Bretaña francesa, mucho más cerca de las islas británicas, y carencia decisiva que hubiera podido facilitar enormemente y hasta asegurar el éxito de la Armada de 1588.

Las cosas habían cambiado y, aunque la fuerza naval disponible era muy pequeña, se decidió dar un golpe de mano sobre la costa inglesa, para demostrar a todos que donde las dan, las toman.

Así, partió del puerto francés de Blavet Carlos Amézola,[*] al mando de cuatro galeras: Capitana, Patrona, Bazana y Peregrina, que aparte de los marineros, llevaban cuatrocientos hombres de desembarco.

Zarparon el 22 de julio y tras proveerse de víveres por la fuerza en Penmarch y otros puertos dominados por los protestantes franceses (así de precaria era su situación), cruzaron el mar apresando algún pesquero británico para obtener información, aparte de las que proporcionaba un capitán inglés católico embarcado en la expedición, Richard Burby. En la mañana del 2 de agosto llegaban a la costa más occidental de Cornualles, en la bahía de Mounts, entre los cabos Lizard y Land's End.

Allí desembarcaron, tomaron e incendiaron el pueblo de Mousehole, mientras la Peregrina quedaba en mar abierto, vigilando la aproximación de buques enemigos.

La alarma de los ingleses fue tremenda. El Lord Lieutnam de Cornwall, Francis Godolphin, reunió a toda prisa los caballeros y milicias para la defensa ante lo que parecía una invasión en toda regla. Además, se mandaron urgentes avisos a la cercana base de Plymouth, donde Drake y Hawkins preparaban una gran expedición contra el Caribe español.

Pero los españoles les chasquearon, reembarcando su tropa en las galeras y dirigiéndose por mar hacia otros puntos, mientras las milicias no sabían dónde acudir y corrían por montes y veredas para llegar antes al punto amenazado.

Con dicha ventaja, los españoles se apoderaron, saquearon e incendiaron los pueblos de Newlyn, Saint Paul y Church Town, para terminar tomando Penzance, la plaza principal de la zona, su castillo (embarcando en las galeras su artillería) y quemando los tres mercantes fondeados en su puerto.

Godolphin y sus hombres (hasta cuatro mil, según fuentes inglesas) intentaron presentar resistencia en tierra firme, pero la firmeza de los cuatrocientos desembarcados y el fuego de apoyo de los cañones de las ga-

---

[*] Otras fuentes mencionan Amézquita o Amésquita en vez de Amézola. En cualquier caso, queda claro el origen del apellido.

leras aproximadas a tierra (tenían cinco cada una y solo el central era de gran calibre), sembraron el terror entre los inexpertos ingleses, que se desbandaron completamente.

Al final, el 5 de agosto, cumplida su misión, Amézola ordenó celebrar una misa católica en Penzance, sus hombres se juraron que volverían y levantarían allí una abadía. Soltó a los numerosos prisioneros en agudo contraste con el trato dado a los náufragos de la Invencible en Irlanda por los ingleses (rematándolos y robándolos en las propias playas) y ordenó volver a su base.

Demasiado tarde llegó de Plymouth una flotilla de buques, al mando de Nicholas Clifford, que no pudo hacer nada salvo constatar la completa derrota.

Aquello había sido demasiado fácil. Amézola quiso agrandar sus logros atacando un convoy holandés de más de cuarenta barcos, escoltados por cuatro de guerra, hundiendo dos buques y averiando otros dos. Le costó veinte muertos y bastantes heridos (muchas más bajas que en su desembarco), y así puso rumbo definitivamente a Blavet.

En Inglaterra hubo una oleada de pánico y los esfuerzos por fortalecer sus defensas costeras fueron grandes en lo sucesivo. Por aquellos años, las galeras y pequeñas fragatas españolas sembraron el caos en las costas inglesas, apresando muchos pesqueros y pequeños mercantes. La expedición no se repitió, al menos en los mismos términos, pero hubo otros desembarcos, aunque en momentos y lugares muy diferentes.

En cualquier caso, cabe la reflexión de que si los hechos que hemos relatado los hubieran protagonizado otros enemigos de Inglaterra, como franceses o alemanes, la gesta de que un batallón desembarque en las costas inglesas y tome unas cuantas localidades ante la inoperancia de la defensa y que se retire con total tranquilidad, no hubiera permanecido casi desconocida.

Pero tampoco esta fue la última y mayor derrota de Drake, según tendremos ocasión de comprobar.

## UNA GUERRA DE DESGASTE (1589-1594)

Analizada la campaña principal, debemos volver atrás en el tiempo de nuestro relato, para atender a otros frentes de lucha secundarios.

Recordará el lector que, mientras la flota de Drake cosechaba un desastre, otras agrupaciones tenían misiones distintas.

El conde de Cumberland, George Clifford, fue designado para el mando de otra expedición, la tercera que emprendía contra las Azores. Su buque insignia era el gran galeón real Victory, acompañado de corsarios particulares que se fueron incrementando durante el viaje, hasta llegar a la docena. Su segundo en el mando era William Monson.

Los buques dieron la vela el 6 de septiembre, fecha tardía por la estación, pero al llegar a las Azores y en la costa de Fayal apresaron unos siete barcos, de los que solo uno era de algún valor. Siguieron algunos intentos de desembarco, sin gran éxito, pues los portugueses se defendieron. En total, los corsarios tuvieron unos ochenta muertos y bastantes heridos.

Pasaba el tiempo sin lograr ninguna presa de interés. Pronto aparecieron las inevitables epidemias, por lo que se decidió volver a Inglaterra el 29 de octubre, cuando solo se podía dar tres cucharadas de agua al día a cada hombre.

Para colmo de males, durante el regreso se hundió la más valiosa presa con su dotación inglesa, incluyendo a su capitán, Líster.

Cuando el resto fondeó en Falmouth, el 30 de diciembre, la mitad de las dotaciones habían muerto de hambre, sed y de enfermedades. Pero Cumberland se embolsó seis mil ochocientas libras.

En cuanto a Martin Frobisher, con insignia en el Golden Lion y otros, debía vigilar las costas del Canal de la Mancha. Ante su inutilidad, se le envió a cabo de San Vicente, esperando las flotas de Indias. Solo logró apresar dos pequeños buques costeros y al divisar una escuadra española de siete buques, se retiró.

Mientras Drake perdía el tiempo en La Coruña y Lisboa, los buques españoles del Cantábrico pudieron alistarse, entre los reparados y los de nueva construcción, y dar la vela hacia Ferrol. Eran nada menos que sesenta, entre galeones y mercantes armados, junto a dieciséis zabras y pinazas. En el puerto gallego culminaron sus preparativos, constituyendo una amenaza para los puertos ingleses, cuando llegaron allí los rumores de lo que se preparaba y en ausencia de la flota de Drake.

La amenaza real se redujo al intento de Juan Escalante, que salió por entonces de Santander con el propósito de atacar las costas inglesas con cuatro buques ligeros. Descubierto por los guardacostas enemigos tuvo que renunciar a su intento, pero al menos sembró de nuevo el temor en el enemigo. Su destino era Francia, envuelta en una guerra civil, como sabemos.

Las flotas de Indias no salieron de América ante la delicada situación de ese año 1590, lo que sin duda provocó una dura situación en las finanzas de Felipe II.

Aprovechando esa temporal debilidad de las armadas españolas, mercantes y corsarios ingleses intentaron pasar al Mediterráneo. Lo lograron en alguna ocasión: un grupo de ellos fue interceptado por las galeras de Pedro Acuña, que apresaron uno de los buques e hicieron volar otro, y aún mejor, las de Martín de Padilla, conocido del lector por su defensa de Lisboa, que atacaron un convoy de tres buques ingleses y veinte holandeses, apresando un total de quince buques.

A comienzos de 1591, los ingleses planearon un ataque contra las aplazadas flotas de Indias a la altura de las Azores. Como jefe supremo se nombró a Thomas Howard (hermano de Charles, el que lo fue en 1588) y a Richard Greenville como segundo, tras descartar a Walter Raleigh, famoso navegante y corsario, pero entonces favorito de la reina.

Como buque insignia se escogió al Defiance, un galeón nuevo de cuarenta y cinco cañones. Para Greenville, el Revenge, conocido por ser el insignia de Drake en 1588, a los que se añadieron dos grandes buques de más de cuarenta cañones, los Bonaventure y Nonpareil, otro más pequeño y tres pinazas. A ellos se les sumaron, además, los habituales mercantes armados y corsarios, zarpando de Plymouth, en los primeros días de abril de 1591. Poco después lo hizo George Clifford, ya conocido del lector, con el galeón Garland, de cuarenta y cinco cañones, y siete corsarios de Londres. Operó por separado y sirvió de explorador de la flota principal.

Howard apresó en el Canal varios buques franceses y una urca alemana y llegó a las Azores, donde se le juntaron dos galeones reales más, así como seis mercantes. Mientras esperaba a la flota de Indias, empezó a atacar las islas en pequeñas expediciones, para conseguir víveres y agua, pues no se sabía nada de los seis cargueros prometidos con esos recursos desde Inglaterra. La epidemia hizo que se mandara de vuelta al Nonpareil, conduciendo a los enfermos.

A todo esto, Alonso de Bazán había salido de Ferrol con nada menos que cincuenta y dos buques para recibir y dar escolta a la flota de Indias. Se le unieron los ocho filibotes de Luis Coutiño, unos buques ligeros pero bien armados, inspirados en los modelos holandeses. Contribuyeron, como ya hemos dicho, al desarrollo de la fragata en España, luego imitada mundialmente.

Bazán no tardó en descubrir la flota inglesa fondeada junto a la isla de Flores, e ideó un ataque en tenaza con su más numerosa escuadra. Pero un accidente inesperado, la rotura del bauprés del buque del segundo jefe español, Sancho Pardo, retrasó la maniobra y dio tiempo a que los ingleses se apercibieran y emprendieran la huida.

Con el retraso cayó la noche y los buques ingleses, incluso algunos averiados, lograron escapar. Pero quedó atrás el Revenge, de Greenville, que pronto se vio rodeado y abrumado por cinco españoles, que pasaron al abordaje. Tras una heroica resistencia, el buque inglés tuvo que rendirse, con Greenville herido de muerte, hundiéndose poco después por los daños recibidos. De los doscientos cincuenta tripulantes solo sobrevivieron noventa y cinco, incluso Greenville murió poco después de ser trasladado al buque de Bazán. Los prisioneros fueron devueltos a Inglaterra en enero del año siguiente, cumpliendo rigurosamente la caballeresca capitulación que les había concedido Bazán, cuando Greenville en su agonía ordenó volar el buque, orden que sus oficiales se negaron a cumplir.

No conocemos las bajas en combate del resto, especialmente de los dos que sabemos fueron gravemente averiados. En su regreso a Inglaterra murió la mitad de la dotación del Defiance, víctimas de las heridas y de las enfermedades. De entre el resto, muchos necesitaron ayuda de tierra para poder llegar a puerto, y uno de los mercantes enviados con víveres se perdió por temporales en el regreso.

En cuanto a los españoles, se contaron noventa muertos en el combate, y dos buques se perdieron al abordar al Revenge, el Ascensión de diecisiete cañones, y el San Andrés, de veinticinco, al chocar entre sí sus cascos.

Por lo que se refiere al grupo de Cumberland no logró presa alguna y en aguas de San Vicente fue atacado por las cinco galeras de Francisco Coloma, apresando un buque de catorce cañones y ciento cincuenta hombres y dos embarcaciones ligeras: una gran pinaza y una carabela. Entre los prisioneros estaba el segundo de Clifford, William Monson, que pasó unos meses prisionero en España hasta que pagó su rescate.

Aún hubo más, pues un nuevo convoy inglés enviado al Mediterráneo, de siete buques, al mando de Robert Broadshaw, se encontró a las galeras españolas en el Estrecho, y uno de sus buques, el Dolphin, voló por los aires en el combate, difiriendo las versiones de lo que había ocurrido: para los españoles, fue producto del fuego de las galeras; y según los ingleses, para evitar ser apresado.

Otra expedición se organizó después. Con Walter Raleigh al mando de catorce galeones reales y corsarios, tomando como objetivo las aguas de Panamá e incluso pensando en establecer allí un enclave fortificado. Pero a la altura de Finisterre se recibió un mensaje por barco de Isabel Tudor ordenando la vuelta inmediata de Raleigh, entonces su favorito, por haberse casado en enero y en secreto con una de sus damas, Elizabeth Throckmorton, sin pedirle permiso. Los novios pasaron más de seis meses de arresto en la Torre de Londres, hasta que a la reina se le pasó el disgusto o los celos...

Así de racional era la tan alabada «reina virgen».

Al perder su jefe, reemplazado por Frobisher, muchos buques se negaron a seguir en la expedición y se dirigieron a las Azores, allí intentaron dar caza al galeón San Bernardo. Fueron atrapados por los buques de Zubiaur, que apresó dos de ellos, volviendo el resto a Inglaterra sin conseguir nada.

Los demás, junto con otros corsarios que se les unieron, lo intentaron con el galeón portugués Santa Clara, fallando en el intento. Pero consiguieron hacer un prisionero que les informó de la próxima llegada de una nao de la India, también portuguesa, con una riquísima carga de especias y productos orientales, que fue el mayor botín de esa guerra.

Al año siguiente, 1593, Clifford lo intentó de nuevo con otra expedición, pero solo consiguió apresar dos buques franceses antes de enfermar y tener que volver a puerto. Insistió en 1594 por séptima vez, con cuatro corsarios. Ya en aguas de las Azores toparon con otra gran nao portuguesa, la Cinco Llagas, el 28 de junio, pero se defendió duramente, causando noventa muertos y ciento cincuenta heridos a los atacantes. Furiosos por la resistencia, los corsarios olvidaron el botín. Empezaron a lanzar antorchas y toda clase de objetos incendiarios, consiguiendo incendiar el buque y ocasionando su voladura. Muchos de los náufragos saltaron al agua, pero allí fueron rematados a tiros o a golpes de pica por los corsarios. Solo se salvaron dieciséis, los que se habían colgado del cuello, joyas o cadenas de oro, siendo aquella precaución el pago de su rescate.

Poco después toparon con otra nao portuguesa, la San Felipe, mandada por Luis Coutiño (el mismo que combatió con el Revenge). Los corsarios fracasaron en su ataque, desgastados por el combate anterior, y volvieron a Portsmouth el 28 de agosto, con enormes bajas y daños y con el ya referido escaso botín del cuello de los náufragos como precio por su vida.

También hubo corsarios ingleses en el Pacífico, si bien de forma anecdótica, tanto en el terreno militar como en el estratégico y geográfico.

Las cifras escuetas resumen de forma clara lo costoso de tales empeños: de los quince buques que zarparon en las cuatro expediciones que se recuerdan, tan solo uno volvió, el de Cavendish, en su primera expedición, en que logró apresar con muy poco mérito a una nao de Manila, que por la seguridad completa que tenían los españoles por entonces en aquellas aguas, no llevaba un solo cañón, y solo docena y media de espadas y dos arcabuces como todo armamento, pese a lo cual costó apresarlo. Dos buques más acabaron en manos de los españoles, que los repararon y reutilizaron. De los ochocientos ochenta y dos hombres que componían las dotaciones, consiguieron volver ochenta y uno, más otros veinte que pagaron los rescates al final de la guerra, entre ellos Richard Hawkins, el hijo del compañero de Drake. Cavendish murió de enfermedad en su segunda expedición. Parece que, tras 1588, no volvió a haber nuevas expediciones inglesas en el Pacífico durante el resto de la guerra.

## DERROTAS Y MUERTE DE DRAKE

Ya hemos visto que, tras el desastre de la Contraarmada, en 1589, en La Coruña y luego en Lisboa, Isabel Tudor perdió la confianza en

Francis Drake y le relegó a puestos y mandos secundarios en la propia Inglaterra.

Pero los fracasos ingleses continuaban en la guerra. Isabel decidió darle la última oportunidad: el mando de una flota que zarparía contra el Caribe español, con la misión de adueñarse de Panamá, cortar en dos los dominios españoles y acceder al Pacífico, prefacio de triunfos aún mayores.

Claro que los tiempos habían cambiado y, como la reina ya no se fiaba del corsario, le dio el mando conjunto con su antiguo amigo y socio John Hawkins, y con la fuerza de desembarco al mando del general Thomas Baskerville.

Sumaban veintiocho buques, entre ellos seis galeones reales, grandes buques construidos para la guerra, y numerosos corsarios, con casi cinco mil hombres, entre marineros y soldados, la más grande expedición enviada contra la América española hasta entonces.

El 7 de septiembre de 1595 zarpó la flota de Plymouth y pronto se advirtió que faltaban víveres a bordo, a pesar del dinero gastado, que ya hemos visto era práctica habitual. Pensaron en una escala en Canarias para procurárselos. Así se decidió atacar Las Palmas, el 6 de octubre.

Pese a que la entonces pequeña ciudad no contaba sino con pocos y malos cañones, un puñado de soldados y muchos paisanos movilizados para la ocasión, sin disciplina ni organización y armados sumariamente, el desastre inglés fue evidente. Se retiraron sin conseguir nada, a pesar de que Baskerville había afirmado que tomaría la ciudad en cuatro horas. Así que se limitaron a proveerse de agua y leña en las islas menores y lugares apartados, pese a lo cual se llevaron algún revés ante las patrullas españolas.

Puestos rumbo al Caribe, Drake decidió ir a Puerto Rico (pese a que se desviaba de los planes de la reina) esperando atrapar el tesoro de un galeón, el Begoña, que había recalado allí por avería en un temporal. Los avisos habían llegado a tiempo y una escuadrilla de fragatas (pequeños galeones rápidos, pero bien armados, como sabemos un invento español) al mando de Pedro Téllez de Guzmán fue enviada como refuerzo. Las fragatas no solo llegaron antes que Drake a San Juan de Puerto Rico, sino que además en la travesía apresaron un buque ligero de su escuadra, con lo que supieron sus planes, llegando a San Juan oportunamente para reforzar las defensas.

A todo esto, Hawkins había muerto de enfermedad, pero Drake planeó un ataque nocturno con los botes de la escuadra, incendiando de paso las fragatas. Entre la guarnición de la plaza y las dotaciones del galeón averiado y de las cinco fragatas, los españoles apenas podían reunir mil doscientos hombres contra los casi cinco mil ingleses, pero en el combate nocturno, el desastre fue evidente: de las treinta barcazas inglesas fueron hundidas al menos nueve, muriendo unos cuatrocientos hombres, por una fragata incendiada y cuarenta muertos los españoles.

De nuevo, Drake tuvo que retirarse ante un fracaso completo, mientras las cuatro fragatas restantes llevaban sin problemas el tesoro del galeón a España.

Su ira y su frustración descargaron sobre pequeñas poblaciones españolas del Caribe, pero ya era bien conocida la expedición y sus pobladores las evacuaron, llevándose sus bienes más preciados y emboscando a los desembarcados, que solo cosecharon nuevos reveses, nuevas bajas y el contagio de enfermedades tropicales.

Por fin, y con mucho retraso, se decidió Drake a atacar su objetivo principal: Panamá, hallando desierta la ciudad de Nombre de Dios. Decidió enviar una fuerza por tierra al mando de Baskerville, mientras el propio Drake remontaba con botes el río Chagres en un ataque en tenaza.

Drake, por una razón u otra, finalmente no hizo nada, y los casi mil hombres de Baskerville, tras dura marcha, se encontraron con un fortín defendido por solo setenta españoles al mando del capitán Enríquez. El primer asalto fue rechazado y entonces llegó un pequeño refuerzo de cincuenta hombres al mando del capitán Lierno Agüero. Poco se podía esperar de tan pocos hombres, pero su jefe tuvo la gran ocurrencia de mandar que hicieran sonar trompetas y tambores, como si se tratara de una gran fuerza. Esto provocó el pánico y la huida en desorden de los ingleses, que, acosados por españoles e indígenas, perdieron antes de reunirse con el inoperante Drake en la costa otros cuatrocientos hombres entre muertos, heridos y desaparecidos.

Desalentado, enfermo y vencido, Drake murió en su camarote, mientras algunos de sus hombres se peleaban por sus pertenencias cuando agonizaba.

Las epidemias, el hambre y las bajas en combate acabaron con la vida de los dos jefes, Hawkins y Drake, de quince capitanes y de otros veintidós oficiales, así como de numerosos soldados y marineros. Quedó Baskerville al mando, que decidió volver sin más a Inglaterra, tras repararse un poco en la isla de Pinos, donde fue sorprendido y derrotado por una nueva flota española, al mando de Avellaneda y de su segundo, Garibay. Con solo tres galeones atacó a la flota inglesa, hundiendo un buque y apresando otro, al precio de uno español.

Ocho buques ingleses de los veintiocho que zarparon un año antes lograron llegar a puertos británicos, con apenas un cuarto de las dotaciones y sin botín alguno, en una de las más desastrosas campañas que haya registrado la historia. Sin poderse jactar de haber vencido en la más pequeña escaramuza. Así terminó la carrera de Drake y de Hawkins, que habían empezado curiosamente con otro desastre, en San Juan de Ulúa, y que, además del oficio de piratas, desempeñaron el de contrabandistas primero, y señaladamente, el de negreros. Aparte del importante detalle de que sus grandes éxitos tuvieron lugar en tiempo de paz entre España e Inglaterra, y con embajadores respectivos en Londres y Madrid, contra poblaciones y barcos poco defendidos y tomados por sorpresa.

Y el gran Lope Félix de Vega Carpio, que había embarcado como soldado en la campaña de las Terceras y luego en la Armada de 1588, donde perdió a su hermano, no se recató en narrar en detalle la última y desastrosa campaña de Drake en su *Dragontea*, un hermoso poema épico. En su portada, un grabado muestra al águila de los Habsburgo españoles matando a un dragón (por Drake) con el lema: *Tandem Aquila Vincit*. En castellano: «Por fin venció el águila».

Pero hay otra curiosa anécdota que merece recordarse: pese a toda la mitología derrochada durante siglos acerca del valor como navegante y como marino de guerra de Francis Drake, tanto por sesudos historiadores como por la narrativa más popular, la Royal Navy no dio su nombre a ningún buque de importancia. Solo a unidades menores. En 1901 dio su nombre a un nuevo y potente buque de guerra, un crucero acorazado que entró en servicio con 14.000 toneladas de desplazamiento, tripulado por novecientos hombres y con un poderoso armamento de dos piezas de 234 milímetros y dieciséis de 152, aparte otros ligeros. Este poderoso buque fue hundido por un torpedo del submarino alemán

U-79, en 1917. Lo sorprendente es que se perdió junto a la isla de Rathlin, donde Drake y Norris fueron los responsables de la muerte de ochocientas personas, entre hombres, mujeres y niños, irlandeses rebeldes y en el fondo de sus aguas aún reposa el pecio del crucero.

No es muy extraño que la Royal Navy no haya vuelto a dar su nombre a otro buque desde entonces. Salvo temporalmente a un viejo monitor, relegado ya por entonces a labores portuarias entre 1934 y 1947.

Actualmente, lleva su nombre la base naval de Devonport-Plymouth.

## LA TOMA Y SAQUEO DE CÁDIZ

Tal vez hubiera sido razonable que el sentido común primero, y como consecuencia la paz, se hubiera abierto camino entre tantas luchas tras los acontecimientos descritos en el apartado anterior, que implicaban no solo un nuevo y contundente fracaso inglés en sus continuas expediciones contra las posesiones y flotas españolas, la muerte de dos de los más antiguos instigadores de la contienda, por debajo de los monarcas, como lo fueron Drake y Hawkins, y la multiplicación de frentes de lucha, aparte del tradicional de Flandes, ahora ampliado con la guerra civil en Francia. Pero, no.

La guerra prosiguió unos cuantos años más, sin grandes cambios, con una menor intensidad, aunque todavía con notables acontecimientos. Adelantemos que la muerte de Felipe II, en 1598, no cambió las cosas, salvo por un mayor deseo de paz de su sucesor. Tuvo que morir Isabel I para poner fin a la guerra, ya sin sentido. Tal vez no esté de más recordar este simple hecho histórico, a la hora de juzgar a ambos gobernantes.

Aunque también el agotamiento español era notorio, en Londres la situación era bastante más angustiosa. La potencialidad del país en toda clase de recursos era muy inferior a la del Imperio español, y por ello era más sensible a la larga guerra de desgaste. Desde 1594, además, ardía la rebelión en Irlanda, de la que hablaremos más tarde, y el 16 de abril de 1596, las tropas españolas en Francia tomaron al asalto la ciudad y puerto de Calais. El peligro de que una nueva «invencible» contara con esa tan apreciable base, como lo había sido, aunque precariamente en 1588, era realmente atemorizador, sobre todo desde que la incursión española en Cornualles quebró el mito de la intangibilidad de la isla. Pero, además, Calais había sido y siguió siendo muchos años la última reivindicación inglesa sobre sus perdidos dominios en Francia tras su derrota en la guerra de los Cien Años. A la importancia estratégica del puerto, en el mismo y decisivo estrecho de Dover, se unía el ominoso recuerdo de una derrota histórica.

Era necesario un gran contragolpe, que paralizara al enemigo y, de paso, que facilitara un buen botín para enjugar los enormes gastos que la guerra suponía. Visto el decreciente y cada vez más escaso provecho que proporcionaban las expediciones corsarias, la decisión fue la de enviar una gran expedición contra la propia España.

Se pensó primeramente en socorrer Calais, pero la rápida caída de la plaza obligó a un cambio de objetivo.

Haciendo un gran esfuerzo y movilización, tras el relativo descanso de los años anteriores, se aprestó una flota compuesta por quince galeones y tres pinazas de la Royal Navy, unos sesenta y ocho mercantes y corsarios armados de todos los tamaños, de los que la mitad eran pinazas o poco más, y dieciocho urcas de abastecimiento y transporte. Un total aproximado de ciento cinco buques, si bien se añadieron algunos más por propia iniciativa con la esperanza de obtener un gran botín. A ellos se unieron veinticuatro buques holandeses. Así se compuso una formidable flota de casi ciento treinta buques. Los holandeses formaron escuadra aparte, los ingleses, según costumbre, dividieron sus distintas categorías de buques en cuatro escuadras. Al mando estaban Charles Howard (que era además el jefe conjunto de la flota), Robert Devereux, conde de Essex (que era además el jefe del ejército), Thomas Howard (segundo jefe de la flota o vicealmirante) y Walter Raleigh, uno de los pocos grandes corsarios que aún sobrevivían, que actuó como tercer jefe de la flota o contralmirante. Otros mandos eran Francis Vere, mariscal del ejército, George Carew, jefe de la artillería y Conyers Clifford, sargento mayor. El jefe holandés era el almirante Jan Duyvanvoord. En la flota participó Cristóbal de Crato, hijo y heredero del eterno aspirante a la Corona de Portugal, Antonio de Crato, que había fallecido un año antes en su exilio de París.

Las tropas de desembarco contaban con casi siete mil ingleses, en general de reciente movilización por leva, aunque bien encuadrados por dos mil veteranos de las campañas de Flandes, divididos en nueve regimientos de infantería, dos compañías de élite y un escuadrón de caballería de cien hombres, escolta personal de Essex. Los holandeses aportaban otros mil hombres de desembarco. Todo ello aparte de las dotaciones de los buques.

La gran flota zarpó de Plymouth el 13 de junio de 1596. El 29 daba vista a las costas españolas, topándose en el Golfo de Cádiz con un mercante irlandés que acaba de zarpar del puerto gaditano, quien les informó del débil estado de defensa y de estar completamente desprevenida la plaza. Además, y aquello era aún más apetecible, allí estaba fondeada la flota de Nueva España al completo, dispuesta para salir rumbo a América.

Cádiz apenas había mejorado sus defensas desde el ataque de Drake de 1587, aunque se había ampliado el cerco de murallas y construido algún nuevo reducto. Su artillería seguía siendo escasa y deficiente, con pocas y malas armas y pólvora. La guarnición quedó reducida a apenas trescientos hombres regulares y al doble de ciudadanos organizados en milicias. Antonio Girón era corregidor de la ciudad y responsable de su defensa. No tenía gran experiencia militar y dejó mucho que desear en todos los sentidos.

Pero el mando supremo correspondía, como capitán general de Andalucía, a Alonso Pérez de Guzmán, el mismo duque de Medina Sidonia que hemos visto al frente de la Armada de 1588, quien debía movilizar las milicias, armas y recursos de toda índole de los territorios adyacentes y acudir en socorro de la amenazada plaza, bahía y barcos allí fondeados. Como veremos su nombre se vio unido de nuevo a un desastre.

En el mismo Cádiz y en los adyacentes de Puerto Real y de Santa María, así como en la propia bahía, fondeaba la flota de Nueva España, lista para dar la vela rumbo a América, con los dos galeones capitana y almiranta y una treintena de naves llenas hasta las amuras de toda clase de productos españoles y europeos. Estaban también cuatro potentes galeones casi nuevos, tres de las fragatas que tanto habían contribuido hacía unos meses a la derrota de Drake, en San Juan de Puerto Rico, y dos grandes naos armadas con destino a Lisboa, cargadas de trigo. También, una nao genovesa y otra levantisca, es decir, casi con total seguridad italiana. Allí se hallaba la escuadra de galeras de España, con dieciocho buques.

Pero estaban ausentes los jefes de varias de estas agrupaciones: el de las fragatas, Sancho Pardo, tras conducir el tesoro rescatado; el de los cuatro galeones, Francisco Coloma y el adelantado de Castilla, de las galeras. Solo en la flota, ya lista para zarpar, estaban el capitán general, Luis Alfonso Flores, y su almirante, Sebastián de Arancibia, junto con el presidente de la Casa de Contratación, Pedro Gutiérrez Flores, que supervisaba su partida.

El sábado 30 de junio a las doce del mediodía, llegaron a Cádiz los primeros avisos de que una gran flota enemiga se acercaba, tomándose las primeras disposiciones defensivas. Avisaron a las milicias de los pueblos cercanos y a Medina Sidonia mismo. Las dotaciones de las galeras y galeones embarcaron en los buques.

El domingo 1 de julio, a las dos de la mañana, se divisaron los primeros buques de la formidable flota atacante. La alarma no tardó en sonar, con repique de campanas de las iglesias y tambores, convocando a las milicias. De los pueblos vecinos llegaron más de mil milicianos a pie y seiscientos a caballo, para reforzar la amenazada Cádiz. Había más confusión y movimiento, que órdenes y directrices claras.

La flota angloholandesa, tras celebrar consejo de mandos, decidió probar un desembarco en la zona de La Caleta, improvisando los españoles allí una barricada con algunos cañones. Había mucho mar y tras perder, hundida la lancha del Rainbow, con quince hombres ahogados, se decidió desistir y cambiar la línea de ataque, forzando la entrada en la bahía.

Para evitarlo, los españoles habían dispuesto en línea sus cuatro grandes galeones, San Felipe, San Andrés, San Matías y Santo Tomás, ofreciendo sus costados a los que pretendieran entrar por la canal. Se encontraban apoyados por las dos grandes naos antedichas y por el fuerte de San Felipe, con poca fortaleza y solo cuatro cañones de consideración. Las dieciocho galeras, por su menor calado, formaron a ambos lados de la línea defensiva, situada junto al pequeño promontorio de El Puntal. Al atardecer, se cañonearon a larga distancia con parte de la flota invasora, y escasas consecuencias por ambos bandos.

Mientras tanto, y en una decisión muy polémica, la flota de Nueva España quedó atrás, cerca de Puerto Real, sin formar parte de la línea defensiva. Los dos galeones, capitana y almiranta, eran buenos y potentes buques de guerra, y en cuanto a los mercantes, todos iban más o menos artillados para su defensa, por más que al estar atiborrados de mercancías, su uso fuera dificultoso. Al parecer, el presidente de la Casa de Contratación juzgó que era demasiado peligroso exponer sus preciadas cargas a los albures de una batalla naval contra una flota tan superior, y prefirió mantenerlos al resguardo del combate. Dada la limitada anchura de la canal de entrada, habrían sido de escasa utilidad.

A las siete de la mañana del 1 de julio, la gran flota angloholandesa largó velas y estandartes y se puso en movimiento, atacando la línea española y entablándose entre ambas partes un durísimo cañoneo. Los atacantes, por la estrechez del canal, tampoco podían hacer valer su gran superioridad numérica, recayendo la lucha principalmente en nueve o doce de los mayores galeones, donde embarcaban los jefes de la expedición. Fuera por el escaso calado o por su habitual táctica, no se acercaron mucho, disparando a tiro de cañón, fuera del alcance de las piezas menores, mosquetería y arcabucería, tan temibles de los galeones españoles.

Del fuerte de San Felipe se destacaron cuatro cañones para batir con mayor eficacia al enemigo. Pero a los pocos disparos, tres de ellos partieron sus podridas cureñas y el restante, tras sostener un intenso fuego, no tardó en quebrarse y quedar inútil. Por su parte, las galeras participaban animosamente con el fuego de sus piezas pesadas de crujía, pero no estaban hechas para combatir de frente contra los mucho más resistentes y poderosamente artillados galeones enemigos. Fue entonces cuando, sin perder la cara al enemigo, una de ellas, la Ocasión, con el joven marqués de Santa Cruz, recibió un cañonazo en el timón, debiendo recalar en tierra para unas reparaciones urgentes antes de volver al combate.

La lucha duró varias horas cuando un buque atacante, el Dolphin, de Rotterdam, voló por los aires, muriendo su capitán, William Henryck, sus dos hijos y unos cien tripulantes.

Por un momento en los buques españoles y en la ciudad se cantó victoria, pero el ataque arreció. Buena parte del peso del combate lo soportaba el gran galeón San Felipe, cuyo comandante, al ver muy castigado el costado que había luchado hasta entonces, con cañones desmontados o recalentados, intentó cambiar de banda para proseguir mejor el combate. En medio de la dura lucha y con la marea bajando, los tripulantes fallaron la maniobra y el buque encalló de tal manera que no podía apenas contestar al fuego enemigo y abrió una brecha en la línea española. Los filibotes holandeses, pequeños pero fuertemente armados, y con su escaso calado que les permitía navegar por aguas someras, acompañados por alguna pinaza inglesa, se adelantaron a su línea y rodearon al ya sentenciado galeón. Ordenaron abandonar el buque incendiado. La impetuosa pinaza del vicealmirante Robert Southwell, que había querido abordar al galeón español, sucumbió en el incendio al propagarse a ella.

Aquello significó el fin de la resistencia organizada de los buques españoles, el Santo Tomás también fue abandonado e incendiado. Con harta prisa, los San Andrés y San Matías fueron abordados por los atacantes que sofocaron los incendios y se hicieron con los buques. Una de las dos naos fue también apresada, retirándose la genovesa al interior de la bahía antes de ser zabordada por su tripulación. A las galeras no les quedó más opción que retroceder ante la marea de los atacantes, navegando hasta el fondo de la bahía y saliendo de ella a mar abierto por el caño de Sancti Petri, con lo que se salvaron todas. Por el contrario, las tres fragatas, que habían quedado en retaguardia como buques demasiado ligeros para el combate entre escuadras, intentaron seguir sus aguas, pero debieron ser zabordadas cerca de la boca del citado caño. En cuanto a la Flota de Nueva España se adentró en el estero de La Carraca, sin haber disparado apenas un cañonazo.

Los ingleses reconocen haber perdido cuarenta hombres y muchos heridos en el cañoneo, entre ellos Walter Raleigh, además de los perdidos en la nave volada y en la quemada. Se desconocen las pérdidas españolas, pero debieron ser muy superiores, al unirse a los muertos en combate los ahogados en la evacuación de los buques.

Forzada la entrada a la bahía, Essex aprovechó para desembarcar rápidamente el ejército. Lo hizo con una vanguardia de unos ochocientos hombres, ordenados en un grueso escuadrón de ochenta soldados de frente. De Cádiz salieron unos quinientos milicianos a pie y unos trescientos a caballo, pero la imagen de los galeones ardiendo, sus dotaciones poniéndose a salvo y la de los soldados ingleses que avanzaban en buen orden y a paso lento resultó ser moralmente demoledora. Y así los españoles, tras una corta escaramuza, se desbandaron completamente y volvieron corriendo a la ciudad.

Quedaban las murallas, pero por unas obras inacabadas, resultó que un terraplén de escombros llegaba casi a la altura de las almenas. Los empavorecidos milicianos, a los que no se abrieron las puertas por elemental precaución, aprovecharon el terraplén para saltar la muralla, indicando así a sus perseguidores el modo de efectuar el asalto. Y este apenas encontró oposición, tal era el pánico reinante, salvo la de algunos de los más valientes o más serenos, entrando a continuación los asaltantes en la ciudad, donde tampoco encontraron apenas resistencia, antes de hacerse dueños de ella, salvo por el castillo de la ciudad y el rebasado de San Felipe, que se rindieron a la mañana siguiente. Las relaciones españolas, muy meticulosas en esto, apenas mencionan dieciséis muertos entre los defensores y debieron ser aún menos entre los atacantes.

Afortunadamente para los gaditanos y los transeúntes, las tropas desembarcadas tenían órdenes estrictas de no cometer violencia alguna contra las personas, incluyendo el respeto a las mujeres, que cumplieron escrupulosamente. Se dedicaron a un minucioso y completo saqueo de toda la ciudad, incluyendo los templos, donde muchas imágenes fueron profanadas, especialmente por los holandeses, que como calvinistas las veían como ídolos fruto de la más negra superstición.

Había entonces en la ciudad, entre milicias urbanas y las llegadas de los pueblos vecinos, varios miles de hombres, si bien mal mandados y encuadrados, poco o nada entrenados, muy mal armados y con pocas municiones y equipos de toda clase. A primera vista resulta sorprendente el hecho de que plantaran tan escasa resistencia, aun tratándose de milicianos, pues ha sido proverbial en la Historia de España que tales tropas, fáciles de vencer y poner en fuga en campo abierto, solían presentar dura resistencia tras los muros y en las calles de las ciudades sitiadas. El cínico comentario general de los testigos que escribieron sobre los hechos fue que, dado que la resistencia era imposible, mejor no irritar a los atacantes, para así ser mejor tratados tras la rendición.

El lunes 2, con toda la tropa desembarcada, los angloholandeses controlaban la ciudad entera, y con la rendición del castillo y de San Felipe, empezaron a planear el ataque contra la Flota, fondeada en el estero de La Carraca, por la que pensaron pedir un enorme rescate de dos millones de ducados. El clima de pánico que cundía en toda la bahía llegó a sus mandos, especialmente al presidente de la Casa de Contratación, quien ordenó quemar los buques en la noche del martes, prefiriendo perderlos con su valiosa carga antes de que cayeran en manos del enemigo o ser objeto de tal rescate. Otras fuentes señalan que la orden vino del propio Medina Sidonia.

Aquello era una verdadera locura, pues con los escasos fondos y el estrecho canal de entrada hubiera bastado con echar a pique en ella, cerrándola, algunos cascos de buques, y con los cañones y las dotaciones desembarcadas, presentar una dura resistencia. Tiempo habría de quemarlos si se veía que el enemigo se abría paso.

Quedaban los invasores en Cádiz, registrando hasta las sepulturas, en busca de tesoros y evacuando la ciudad de defensores y pobladores en lanchas a distintos puntos de la bahía, mientras discutían sobre su conquista. Se descartó proseguir el ataque hacia el interior, pues era evidente que milicias llegadas de toda Andalucía se estaban concentrando en aquellos lugares. También se rechazó la propuesta de Essex de atrincherarse en la ciudad y conservarla, aunque fuera con quinientos soldados, dada la facilidad de su defensa. El punto débil sería aprovisionar la guarnición, pero se confiaba en la ayuda de los reinos musulmanes norteafricanos. Incluso se pensó en entregarla a alguno de ellos, cosa que también se desechó por repugnar a su conciencia. La mayoría decidió que lo mejor era asegurar el botín conseguido y volver triunfadores a la patria, sin que nuevos empeños deslucieran la tan rápida como poco costosa victoria. El triunfante Essex aprovechó la ocasión para armar caballeros a docenas de oficiales que se habían destacado.

Primero reclamaron doscientos mil ducados como rescate para no destruir la ciudad. Luego la cantidad bajó a ciento veinte mil. Como no se pudo conseguir el pago, se tomaron rehenes: ocho altos cargos de la catedral, el mismo corregidor Girón, que tan mal la había defendido, doce regidores más de ella, veintisiete ciudadanos de alto rango, incluyendo al presidente de la Casa de Contratación, nueve mercaderes flamencos e italianos y otros tres más, con rescates personales. También se devolvieron algunos prisioneros ingleses (entre una treintena y una cincuentena según las fuentes) de los pueblos de la bahía.

Con cierta escasez de víveres y de agua, ante los primeros brotes de la inevitable epidemia emergiendo y cansados de deambular por las calles de la semidestruida y abandonada ciudad, los angloholandeses quemaron una tercera parte de los edificios y se retiraron con total tranquilidad, reembarcando el 15 de julio y haciéndose a la mar.

Lo que hizo en estos quince días de ocupación enemiga de Cádiz el capitán general de Andalucía, el duque de Medina Sidonia, solo él lo sabe. Aparte de escribir cartas al rey en todos los tonos, embarullarse con los refuerzos y armas que le llegaban de toda Andalucía y temer nuevos ataques enemigos en cualquier dirección, lo cierto es que, por una razón u otra, no hizo absolutamente nada de provecho, ni siquiera hostigar al enemigo, mereciendo así la dura sátira de un soneto atribuido a Cervantes, cuyos últimos versos decían con sarcasmo:

*Tronó la tierra, oscurecióse el cielo*
*Amenazando una total ruina;*
*y al cabo, en Cádiz, con mesura harta,*
*ido ya el conde (Essex), sin ningún recelo,*
*triunfando entró el gran duque de Medina.*

La gran flota angloholandesa fue seguida por once de las galeras, que apresaron tras combate una urca retrasada de la escuadra de Thomas Howard, hecho confirmado por fuentes de ambos lados y muy pequeña revancha para tanta destrucción.

Aún desembarcaron los invasores en la abandonada localidad portuguesa de Faro, saqueándola y quemándola, sin ver a uno solo de sus habitantes. No sabemos lo que pensaría Cristóbal de Crato ante semejante e inútil destrucción, pero los ingleses volvían a mostrar unos métodos muy extraños para convencer a los portugueses de la conveniencia de unirse a ellos como liberadores contra la opresora España.

Planearon un nuevo intento de asalto a Lisboa, de apoderarse de la isla de San Miguel, en las Azores, o de esperar a las flotas de Indias. Al final, partieron rumbo al norte, y tras comprobar que en La Coruña no había ningún buque hicieron rumbo directamente hasta Inglaterra, donde llegaron en agosto, cuando aún quedaban largos días veraniegos para proseguir la campaña y conseguir algo más.

Aunque la importancia militar y estratégica de la expedición fue bastante pequeña, los daños causados fueron muy importantes y, sobre todo, la sensación de que se habían hecho las cosas muy mal. Un comprensiblemente enojado Felipe II mandó encausar sumariamente a treinta de los principales mandos españoles, que salieron con diversas penas, pero, y sorprendentemente, aprobó la conducta de Medina Sidonia, agradeciéndole el celo con que había actuado. Aunque el rey estaba muy enfermo y viejo, y eso no ayudaba a su juicio, de nuevo volvió a mostrar un rasgo de su carácter habitual incluso en sus mejores tiempos: ser duro y exigente con los que mejor le servían y blando y consentidor con algunos de los que peor le sirvieron.

Lo cierto es que el triunfo angloholandés se debió, más que a méritos propios, a la bochornosa actuación de los mandos españoles y, muy especialmente, de la guarnición de Cádiz, que apenas luchó. Lo mismo que la flota de Nueva España que, por comercial que fuera, no peleó en absoluto. Todo el mérito que consiguió la victoriosa expedición fue aplastar, tras un combate de varias horas, a los cuatro galeones y dos naos del Puntal, débilmente apoyados por los pocos y malos cañones del castillo y algo mejor por las galeras, que eran todo menos idóneas para tal tipo de lucha.

Desde el punto de vista estratégico, no hubo la menor explotación del éxito de haber ocupado la importante ciudad y puerto. Los ingleses seguían pensando en términos de expediciones de castigo, que robaban y destruían. No significaban la adquisición de ventajas o posiciones que alteraran la situación general. Era, no cabe duda, el legado de Drake: se podía humillar y herir económicamente al enemigo, pero nada más.

Tanto por el saqueo de la ciudad como por la autoinmolación de la flota americana, los daños económicos causados fueron enormes, pero la Monarquía de Felipe II podía encajar tales pérdidas. Otra cosa era el beneficio de la expedición para las muy comprometidas arcas de Isabel Tudor. Como el saqueo fue cosa de cada jefe, oficial, soldado o marinero, la suma que llegó a la Hacienda Real inglesa se limitó a poco más de ocho mil libras. Salvo por los dos galeones apresados y los cañones incautados, no se recogieron cantidades que sufragasen, al menos parcialmente, el enorme coste de la expedición. Y en cuanto al rescate de los rehenes, nunca llegó a cobrarse, permaneciendo prisioneros en Inglaterra hasta la paz de 1604.

El historiador Julian Corbett, que tanto ensalzó hasta la mitificación en sus estudios a la Marina Tudor, habla en el prólogo a la relación del aventurero inglés Slyngisbie, del *partial failure of the expedition*, lo que resulta a nuestro juicio muy significativo.

Era, realmente, el más puro estilo de Drake lo que habían heredado los ingleses, y con él, todas sus limitaciones: se había humillado con muy poca lucha a un enemigo poco prevenido, que reaccionó dejándose llevar por el pánico y al que se le causó enormes pérdidas, directa o indirectamente. Pero no se había conseguido ventaja estratégica alguna y se desaprovecharon enormes oportunidades.

Aquel fue el único triunfo de entidad de las flotas inglesas desde 1588, tras años de continuos fracasos o de, en todo caso, algún botín afortunado obtenido de buques aislados o indefensos. Así no se ganan las guerras, ciertamente.

Y, por lo demás, fue la última gran expedición inglesa que cosechó éxito en aquella guerra, si bien fue más resonante que efectiva.

Si el mérito militar de lo conseguido fue pequeño, según vemos, el daño causado fue mayor que el beneficio, pues los atacantes no obtuvieron un gran botín, recordemos que los galeones perdidos lo fueron llenos de productos europeos, no los mucho más valiosos americanos o asiáticos, por lo que la empresa fue ruinosa para las arcas de Isabel Tudor.

Por otro lado, la armada de Martín de Padilla, enviada contra Inglaterra en ese mismo año, fracasó no por la acción de la flota inglesa, ausente y en Cádiz, sino por un durísimo temporal que la hizo volver deshecha y agotada. Así que salvo en el terreno moral (y en el material de algún afortunado saqueador que lograra ocultar su botín personal) el éxito inglés de Cádiz, si bien muy mortificante para los españoles, resultó de escasas ventajas reales para sus enemigos.

## UNA NUEVA CONTRAARMADA ANGLOHOLANDESA

Isabel Tudor no podía estar satisfecha con semejante resultado, después de una tan larga serie de fracasos. Y, además, parecía que las tornas iban cambiando y que una nueva gran expedición podría significar el éxito decisivo para España. Martín de Padilla estaba reorganizando su baqueteada armada en Ferrol y La Coruña para un nuevo intento de invasión de Inglaterra, el tercero. Era vital que la flota inglesa destruyera en sus propios puertos a la expedición española. Logrado lo cual, debía ir a las Azores a interceptar la flota de Indias, con lo que el éxito se redondearía: la destrucción de la fuerza enemiga y la obtención de un sustancioso botín que aliviara la desesperada situación del tesoro inglés, ya exhausto tras tantos años de guerra.

Al frente de la expedición iría, nuevamente, el nuevo favorito de la reina desde 1587: Robert Devereux, conde de Essex, un jactancioso petimetre poco versado en operaciones militares, y aún menos en navales, como demostró durante toda su carrera. Como lugartenientes llevaría a Walter Raleigh, el famoso navegante y corsario, que también había sido favorito de la reina, y a Thomas Howard, hermano del que fuera jefe supremo de la flota británica en 1588.

Los historiadores ingleses no se han extendido mucho sobre un suceso que les resultó tan desfavorable, así que resulta difícil obtener datos fiables y reconstruir los hechos. Vaya aquí nuestro intento de recrear lo que fue esa casi olvidada campaña.

La gran flota se organizó en tres escuadras, cada una al mando de uno de los jefes, veamos su composición: en la de Essex el insignia era el galeón real Merhonour de 865 toneladas, luego reemplazado por el Repulse, de 760. Ante las averías del primero, en el de Howard, vicealmirante de la flota, la insignia ondeaba en el Lion, de 500. Raleigh, *rearadmiral* y tercer jefe, la izaba en el Warspite, de 648 toneladas. Aparte de otros buques regulares y corsarios, cerraba la lista doce transportes armados y las consabidas cinco o seis pinazas, hasta un total de setenta y siete buques.

Literalmente se había echado toda la carne en el asador, pues la flota inglesa fue mucho mayor, ya que muchos particulares, reanimados por el éxito del año anterior en Cádiz, se unieron por su cuenta a la flota, ansiando conseguir un gran botín. Según las imprecisas fuentes inglesas, se sumaron a ella entre veinte y setenta buques corsarios. Poco se sabe del cuerpo de desembarco, que no debía ser pequeño, excepto que embarcaron más de quinientos nobles en la expedición, soñando con la gloria y la fortuna.

Aparte figuraban los aliados holandeses, con diez buques de guerra al mando del almirante Jan van Duyvendoord, con insignia en el Orange, además de quince buques de transporte.

Desde un primer momento, la expedición pareció condenada al fracaso: una primera salida se encontró con un temporal el 15 de julio. Aquello obligó a regresar a sus bases, con tales averías en el insignia Merhonour que tuvo que ser reemplazado por el Repulse. Tras las consabidas reparaciones, nueva salida el 17 de agosto y nuevo temporal, ahora del oeste y noroeste, provocando que dos de los mayores galeones quedaran inútiles por sus averías. Volvieron a puerto, con averías serias en los demás. Si esto sucedía con los mayores galeones de la flota, cabe imaginar cómo lo pasaron las embarcaciones más pequeñas, de peor diseño y menos robustas y marineras, pero las fuentes inglesas no mencionan ni naufragio ni baja alguna. Y como solía pasar en todas las expediciones isabelinas, fuera por la tacañería de la reina o por la corrupción de los mandos, pronto empezaron a escasear los víveres e incluso el agua, con las esperables consecuencias en la moral y salud de las dotaciones.

Essex no tardó en desechar el ataque a Ferrol, aduciendo la mala mar y la retirada de los dos grandes galeones, que supuestamente llevaban la artillería de asedio. Así que bloqueó Lisboa y la costa portuguesa, hasta que el 30 de agosto le llegó un mensaje de Raleigh, cuyo escuadrón se había separado hacía días sin órdenes para ello, diciéndole que la Armada española de Ferrol había zarpado de allí el día 4, con rumbo a las Azores, para escoltar a la flota de Indias, quedando así suspendido el tercer intento de invasión de Inglaterra.

La noticia era falsa, pero Essex se la creyó y dio la vela hacia el archipiélago portugués, donde llegó el 11 de septiembre, con el consabido chasco. Además de la dura polémica entre Raleigh y Essex, y los tumultuosos y sucesivos consejos y juntas, lo cierto es que ambos actuaron siguiendo la tradición de Drake en su desastrosa Contraarmada, de 1589: ignorar las órdenes de la reina, eludir un duro y peligroso combate y buscar en alguna otra parte un rico botín poco defendido. Pero no se les puede reprochar que imitaran al supuesto gran marino que había hecho época.

Los ingleses y holandeses, faltos de víveres y de agua, se dedicaron a desembarcar para procurárselos en algunas pequeñas poblaciones de las islas, con las consiguientes escaramuzas con los pobladores, de escasa entidad y aún menor provecho. Solo unos pocos buques montaron guardia por si, finalmente, la flota de Indias aparecía.

La flota que llegaba era crucial, pues se trataba de la que reunía a las de Nueva España y Tierra Firme. Además, sucedía que en los dos años anteriores no había habido flotas desde América, y, por si faltara poco, el año anterior Felipe II, agobiado por la guerra, a la que se había unido la civil en Francia donde apoyaba a los católicos frente al protestante Enrique de Navarra, había vuelto a suspender pagos. Por ello, apoderarse de esa doble flota habría significado no solo el fin de los ya mucho más graves apuros ingleses, sino la bancarrota total para Felipe II y una crisis gravísima para la Monarquía española.

La flota se componía de cuarenta y tres buques, entre los que figuraba su escolta de ocho galeones y dos pataches, siendo el resto buques más o menos grandes y más o menos armados. Eran simples mercantes que bastante harían con defenderse de un enemigo mediano. Recordemos que los aliados, pese a sus recientes desgracias, contaban con más de ciento veinte buques, entre ellos quince galeones ingleses de primera línea y alguno más holandés.

El jefe español, el capitán general de la flota de aquel año, era todo un gran marino, casi totalmente olvidado, pero con una más que honrosa carrera: Juan Gutiérrez de Garibay.

Nacido en Medina del Campo hacia 1542-1543, se alistó como soldado en Sevilla en 1566, pasando a prestar servicio en Florida, contra corsarios franceses e indios y resultando herido en la defensa de un fuerte en lo que hoy es Carolina del Sur. En 1571 embarcó en los galeones de la Armada de la Guarda de la Carrera de Indias, la escolta de las flotas, ascendiendo cuatro años después a sargento y al siguiente a alférez, para llegar en 1581 a capitán de Mar y Guerra, tras largos y honrosos servicios.

Estuvo en la desgraciada expedición de Sarmiento, de Gamboa a Magallanes para poblar y fortificar el paso, y luego en la capitana de los galeones de Castilla, la San Cristóbal, en la Armada de Inglaterra de 1588. En 1593 ya era almirante, es decir, segundo jefe, de la flota de Indias. Cabe suponer su gran valía, cuando en esa época (y en muchas otras) tan difícil era que llegase una persona de tan modestos orígenes a tan altos puestos.

En 1595 era el segundo en la de Bernardino de Avellaneda que zarpó, con ocho galeones y trece menores, en socorro de la América española amenazada por la expedición de Drake y Hawkins que, como sabemos, terminó en desastre y con la muerte de ambos. El resto de la flota inglesa, ahora al mando de Baskerville, recaló en la isla de Pinos, cerca de Cuba, para reparar sus buques con vistas al regreso a Inglaterra.

La armada de socorro española tras pasar un duro temporal invernal en el Atlántico llegó averiada a Puerto Rico el 17 de febrero, y pasó luego a Cartagena de Indias para completar las reparaciones usuales. Recién llegados, tuvieron noticia de sus enemigos y a por ellos salieron a toda vela. Garibay tomó la vanguardia con los tres buques más veleros y atacó a los buques ingleses, ya reparados y listos, pero con los botes y lanchas aún en tierra completando el aprovisionamiento y la aguada. Pese a su inferioridad, Garibay no dudó en atacarlos, apresando uno de los mayores enemigos, con trescientos hombres de los que sobrevivieron ciento veinte como prisioneros y una pinaza con otros veinticinco, aparte de los botes y lanchas que los ingleses no pudieron recoger, al coste de uno de los suyos, incendiado y volado con pérdida de ochenta hombres.

Avellaneda no tardó en incorporarse a la persecución, prolongada hasta el canal de Bahamas, pero los buques ingleses arrojaron al mar piezas de artillería y carga para aligerarse y mojar las velas, para recoger mejor el viento, logrando escapar. Solo consiguieron regresar ocho de los veintiocho originales y en ellos menos de un tercio de las dotaciones.

Así que dos años después, en 1597, Garibay había más que merecido ser el capitán general, responsable de tan importante flota de Indias de las que tantas cosas dependían.

Ya sabemos la relación de fuerzas: bastante más de cien buques ingleses y holandeses desperdigados por las Azores, entre ellos no menos de quince galeones reales de primera fila, contra cuarenta y tres buques, la mayor parte mercantes repletos hasta la borda de carga y con escasa capacidad de defensa y entre ellos solo ocho galeones de guerra y dos pataches o unidades ligeras.

Cualquiera se hubiera sentido abrumado y habría cometido un fatal error, pero Garibay tomó la decisión adecuada y reagrupó a la flota. La puso rumbo directo al fondeadero de Angra, en la isla Tercera, y como este tenía escasas defensas desembarcó los cañones más pesados de los buques y los instaló en tierra, al tiempo que las dotaciones erigían fortificaciones de campaña rápidamente.

La flota aliada llegó el 8 de octubre, amagando y cambiando algunos cañonazos. El 16 se decidió Essex por un ataque frontal, una «bizarría», como dijeron sus enemigos, que anotaron que su insignia recibió: «Dos cañonazos que le deshicieron los corredores (salón de popa) y otro en el timón, porque no gobernaba y derivó luego gobernado con las escotas del trinquete y fueron a favorecerle luego todos los navíos de su Armada». Pero no fue la única víctima, pues «a la capitana de Holanda le dieron un cañonazo en el bauprés que se lo deshizo de alza a bajo».

Ante semejante respuesta, Essex retrocedió y volvió al bloqueo, peligroso para unos y otros, pues la rada de Angra no protegía de los temporales otoñales, ya próximos, del oeste y noroeste. Nada se podía hacer en un ataque directo y se desechó el lanzar buques incendiarios contra los fondeados españoles. Tras muchas discusiones, se decidieron a desembarcar, siendo rechazados con pérdida de doscientos hombres, siete cañones y cuatro caballos, aparte de numerosos botes. La única compensación inglesa fue apresar a un mercante y a alguna pequeña embarcación ajenos a todo.

Los atacantes se vieron así limitados a un inútil bloqueo, sabiendo que los temporales otoñales no tardarían en poner fin a la lucha.

Garibay vio entonces la oportunidad: ordenó reembarcar las dotaciones, levar anclas y dar la vela. Solo estaba vigilante el vicealmirante William Monson, con un puñado de buques, que se vio imposibilitado para frenar la salida. Pese a las señales y cañonazos para avisar al resto de su flota, tuvo que abrir paso a la española. Bien podía haberse sacrificado (como otros hicieron antes y después, incluso el mismo Garibay) atravesándose a los enemigos y entreteniéndolos hasta que se le reuniera el grueso. La ocasión lo merecía, por duro que fuera.

Pero Monson tenía buenas razones para ser prudente: en 1590 era el segundo jefe de una flotilla corsaria del duque de Cumberland, que fue sorprendida por las cinco galeras de Francisco Coloma cerca del cabo de San Vicente, que apresaron su buque, de 200 toneladas, catorce cañones y ciento cincuenta hombres, y dos más pequeños. Monson pagó un rescate y fue liberado, pero aquella era una impresión de las que no se olvidan.

Así, Garibay tomó por sorpresa nuevamente a la flota enemiga, dejándola en el más espantoso ridículo, y tras recibir el apoyo en su recalada de las divisiones de Pedro Zubiaur y de Francisco Gutiérrez, arribó felizmente a Sanlúcar, entre el inmenso alivio y alegría de todos.

Por cierto que en su flota venía un sorprendente pasajero: el hijo de Hawkins, apresado por los españoles pocos años antes, tras rendir su barco en una desgraciada expedición al Pacífico, y que volvía a Europa para su rescate.

Resulta interesante examinar las cifras de ambos contendientes en 1597: ingleses y holandeses habían conseguido movilizar unos ciento cincuenta buques, mientras que Felipe II pudo contar con los ciento sesenta de la armada de Martín de Padilla; los treinta y dos de Aramburu, que iban a reforzarle luego; siete galeras destinadas a la Bretaña francesa; y los cuarenta y tres buques de Garibay. En total, no menos de doscientos treinta y cinco buques, a los que deberían unirse los de las dos agrupaciones que le recibieron. Aún había más buques operativos, aparte de las galeras, vigilantes del peligro berberisco.

Las cifras demuestran claramente que, en aquella dura y larga guerra, en que las pérdidas de ambos bandos se debieron más a causas operacionales (temporales y epidemias) que a combates, España estaba soportando mejor la prueba.

Los ingleses renunciaron por completo a enviar nuevas flotas contra España, visto lo visto, y solo algunos corsarios siguieron actuando, limitándose a una inconsistente defensa de sus propias aguas como muestra la campaña de Irlanda y el épico asedio de Kinsale.

Pero debemos volver atrás para saber la suerte de nuestros protagonistas.

Juan Gutiérrez de Garibay siguió con su carrera, siendo uno de los almirantes que llevó y trajo más flotas de Indias, un total de dieciséis, sin perder ninguna a manos del enemigo, y siendo el quinto que más mandó entre 1520 y 1740. Un muy agradecido Felipe III le concedió el hábito de la Orden de Santiago, lo que era ennoblecer y mucho al modesto hidalgo, así como una encomienda en Yucatán. Tras una larga vida, cargado de honores y riqueza, el que fuera modesto soldado falleció en Sevilla el 14 de octubre de 1614.

Por el contrario, a Essex solo le quedó la dura vuelta a Inglaterra, con las dotaciones al borde del motín y los barcos en muy malas condiciones. Ya próximo a Inglaterra se topó con el mismo temporal que rechazó la nueva intentona de Martín de Padilla de invadirla, esta vez por Falmouth, donde llegaron efectivamente algunos buques españoles y desembarcaron hasta cuatrocientos hombres antes de que estallara el temporal que hizo fracasar la expedición.

Cabe imaginar la atmósfera con que fue recibida la flota de Essex: no solo no habían conseguido nada en absoluto, con un enorme coste económico y material y uno indudablemente mayor humano, sino que habían dejado completamente indefensas las costas inglesas, de modo que solo un nuevo temporal frustró los planes españoles de desembarco. Toda Inglaterra, temiendo la invasión, y mientras la flota perdiendo miserablemente el tiempo, para regresar agotada y destrozada.

De nuevo se prohibió severamente por Isabel Tudor y su Gobierno informar de las pérdidas humanas y materiales de la expedición, que debieron ser enormes, pero que muchos historiadores ingleses no se molestan en averiguar, ni siquiera por estimaciones. Eso sí, repiten y exageran las de la Armada de Martín de Padilla, como si hubieran sido causadas por los marinos ingleses. Con su conocida habilidad para el eufemismo y el ocultamiento de los hechos y datos desagradables, consiguen hacer olvidar esta campaña, última de las grandes expediciones de Isabel, bajo el idílico nombre de *Islands voyage of 1597*, como si de un crucero de placer se tratase.

La expedición mostró las grandes limitaciones de los tan hiperbólicamente celebrados marinos ingleses de entonces: ni obedecieron las órdenes de la reina, ni sabían mantener la disciplina en sus escuadras, ni tenían planteamientos estratégicos claros, ni se dotaban de una logística adecuada, ni otros muchos y decisivos errores e insuficiencias.

El recibimiento de la reina a Essex fue gélido, pero tras una poco sincera reconciliación, aceptó que fuera a Irlanda, donde ardía la rebelión.

La indignación general buscó entonces otro responsable, y así se procesó a su segundo al mando, Thomas Howard, por haber sido presuntamente comprado por los españoles a través de su esposa. Así andaba el crédito de los marinos ingleses, y este era, como dijimos, nada menos que el hermano del vencedor de 1588.

Pero en Irlanda Essex volvió a demostrar su inutilidad, fue depuesto de sus cargos y prebendas y sometido a arresto domiciliario. Convencido de su inmensa valía y popularidad, el presuntuoso Essex dio un golpe de Estado el 8 de febrero de 1601, que, tras una lucha entre sus partidarios y los guardias reales, concluyó con su prisión, juicio y decapitación en la Torre de Londres. Poco antes lo había sido el capitán Lee, que había irrumpido en las habitaciones de la reina para asesinarla, o de eso se le acusó.

Ese fue el broche final de las presuntas y continuas victorias navales inglesas en esa guerra, hasta la muerte de Isabel I, en 1603, sin herederos y debiendo dejar su Corona nada menos que a Jacobo I de Escocia (James Stuart), el mismísimo hijo y sucesor de la María Estuardo que la reina había hecho decapitar por pretender el trono inglés y ser católica. Y el nuevo rey no tardó un año en firmar un tratado de paz con España, favorable en todo a esta. Compare el lector con la imagen que tantas veces nos han mostrado.


## KINSALE Y CASTLEHAVEN

La larga lucha entre España e Inglaterra seguía cada vez más pausadamente, tras la muerte de Felipe II en 1598 y los evidentes cansancios mutuos y problemas internos en Inglaterra.

Pero aún pudo España intentar un nuevo golpe en el flanco más débil de sus enemigos.

Una durísima guerra continuaba en Irlanda, encargándose al general Carew (presente en Cádiz, en 1596) de la pacificación de Munster, cosa que logró combinando la negociación y la fuerza. A Londres envió a los dos principales cabecillas locales, que fueron encerrados en la Torre de Londres y muertos allí en circunstancias no aclaradas.

Mientras, el jefe supremo inglés en la isla, Mountjoy, iba reduciendo a sangre y fuego la rebelión en el Ulster, haciendo recaer buena parte de la represión sobre la población civil.

Y cuando ya parecía todo a punto de perderse, llegó el tan esperado socorro español, tras años de contactos, embajadas, planes y llegadas clandestinas de buques con armas, dinero y asesores.

El 3 de septiembre de 1601 zarpó de puertos gallegos la expedición, conducida por treinta buques al mando de Diego Brochero y que llevaba un cuerpo de cuatro mil cuatrocientos treinta y dos españoles al mando del mismo Juan del Águila, que tanto se había destacado en la dura campaña de Bretaña de pocos años antes. De nuevo, los temporales retrasaron la travesía casi cuatro semanas y dispersaron la flota. Por fin, el 17 de septiembre se dio vista a las costas irlandesas, pero un nuevo temporal vino a frustrar el desembarco. Pero ni Brochero ni Del Águila eran hombres que renunciaran por tal motivo a la empresa, y jugándose el todo por el todo, desembarcaron con solo mil setecientos hombres en Kinsale, en la costa sur de la isla el día 21. En los días siguientes llegaron buena parte de los dispersos buques, reuniéndose en total poco más de tres mil trescientos hombres.

Los ocho buques de la escuadra de Pedro Zubiaur, entre ellos el galeón San Felipe y cuatro urcas, con otros mil hombres más, intentaron reunirse a la fuerza principal, pero de nuevo los temporales y vientos adversos se lo impidieron, debiendo volver a España separadamente. Lo más grave fue que en los buques de Zubiaur, aparte de casi una cuarta parte de la tropa, iban también la mayor parte de la pólvora para mosquetes y arcabuces, así como la cuerda para sus mechas y parte de la escasa artillería.

Otro problema era que se había desembarcado, obligado por las circunstancias, en una parte de la isla en que apenas había rebelión, y el apoyo de los irlandeses locales fue bastante débil. Por otra parte, las requisas inglesas habían dejado la zona sin caballos, que eran muy necesarios para los expedicionarios españoles. Juan del Águila pensó que lo mejor era atrincherarse en el viejo castillo de Kinsale, una fuerte posición, y enviar mensajes a O'Neill y O'Donnell para que se le reunieran, esperando allí a ellos y a nuevos refuerzos desde España. Mucho más no podía hacer. Por último, Irlanda era un semillero de seculares luchas entre distintos cabecillas familiares y dentro de cada clan por títulos y propiedades; algunos dudaban si unirse a la rebelión o, por el contrario, si congraciarse con los ingleses sería el mejor método de conseguir sus fines, con lo que la traición estaba siempre presente, como veremos.

El virrey inglés, Mountjoy, se trasladó con su ejército rápidamente al sur, con más de seis mil infantes y quinientos de caballería, aparte de ca-

ñones y otros equipos. Una potente escuadra al mando de Richard La-
vison bloqueó Kinsale por mar, habiendo zarpado ya Brochero con la
suya mucho antes. Por el contrario, la prometida ayuda de los rebeldes
irlandeses se retrasaba por unas causas u otras, así que los españoles se
resignaron a soportar un largo asedio, mientras se enviaba a España un
patache solicitando ayuda.

El 6 de diciembre, y aprovechando una momentánea bonanza invernal, zarpaba de nuevo Zubiaur de La Coruña con diez buques, transpor-
tando unos mil hombres al mando de los capitanes Alonso de Ocampo
y Pedro López de Soto, con armas, víveres, municiones y artillería. Pero
de nuevo los temporales se cobraron su tributo, hundiéndose un buque
a la salida de La Coruña y debiendo volver atrás otros tres, desarbolados
y averiados.

Pero Zubiaur, uno de tantos marinos españoles injustamente olvidados, siguió adelante con los seis restantes, y al ver Kinsale bloqueado por
la muy superior escuadra de Levison, se dirigió a otro punto: Castlehaven, donde puso en tierra el 1 de diciembre, los seiscientos veintiún soldados que quedaban, al mando del capitán Ocampo.

Aunque fue bien recibido por los naturales, no tardó un traidor en
hacer llegar la noticia a Mountjoy, y este envió a Levison a acabar con
la pequeña agrupación española. La escuadra inglesa destacada del grueso principal estaba formada por tres grandes galeones reales, los Warspite, Defiance y Switfsure, junto con otro buque real, el Marline, un mercante armado cuyo nombre no se cita y una pinaza, una agrupación
mucho más fuerte que la española, a la que no se dudaba en destruir o
ahuyentar.

El 6 de diciembre Levison avistó Castlehaven y a los seis buques españoles fondeados en su pequeño puerto, dando inmediatamente orden
de ataque. Pero Zubiaur había defendido su fondeadero con cinco grandes piezas asentadas en tierra, que sirvieron de gran ayuda. Siguió un duro combate que se prolongó durante más de veinticuatro horas, especialmente porque los ingleses no pudieron en ese tiempo abandonar el
puerto por los vientos adversos. Los españoles perdieron la nao María
Francisca y la propia capitana quedó muy averiada, con trescientos cincuenta impactos, muriendo entre otros dos sobrinos de Zubiaur. Pero en
el Warspite, y según el propio Levison, se registraron otros trescientos im-

pactos, dejando el buque inútil, y también fue duramente castigada la pinaza, aunque, como de costumbre, los ingleses no detallaron sus bajas, si bien reconocieron que eran muy serias. Al final, el chasqueado Levison debió remolcar sus buques averiados con los botes, aprovechando la noche, y salió de aquella verdadera trampa en que se había metido.

Pero además, y antes de volver a España, Zubiaur se puso de acuerdo con los líderes irlandeses locales, especialmente O'Sullivan, al que entregó trescientos cincuenta arcabuces y seiscientos cincuenta picas, con lo que este armó un cuerpo de mil hombres, y distribuyó los seiscientos de Ocampo en varias localidades costeras, aprovechando los viejos y pequeños castillos, como el de Dunboy, Donnelong en la isla de Sherkin y Donneshed, cerca de Baltimore, ampliando así considerablemente la cabeza de puente española en Irlanda.

Mientras tanto, Mountjoy había recibido refuerzos de Carew: entre ambos reunieron unos doce mil hombres, si bien las bajas en el asedio a Kinsale, con más de una afortunada salida de los españoles, las enfermedades y deserciones, la habían reducido a una fuerza efectiva de unos siete mil.

Pero, por fin, venciendo mil problemas y castigadas por el tiempo invernal y la falta de provisiones, las tropas de O'Neil y de O'Donnell se acercaron a Kinsale desde el norte, reforzándose con parte de las de O' Sullivan y doscientos de los hombres de Ocampo en Castlehaven. El plan hispanoirlandés era que tal fuerza y la del sitiado Águila atacaran a Mountjoy en direcciones opuestas, con lo que el desastre inglés era seguro.

De nuevo hizo aparición la traición: un tal Mac Mahon, lugarteniente de O' Neil y un pobre alcohólico, se vendió a los ingleses, comunicándoles el plan. Mountjoy ordenó a su ejército revolverse contra los irlandeses, la parte más débil, peor armada y peor entrenada, apta en realidad para poco más que una guerra de guerrillas.

Los irlandeses, para empeorar las cosas, se habían distribuido en tres cuerpos diferentes, que apenas podían apoyarse mutuamente. Una carga de la muy superior caballería inglesa barrió a la irlandesa y rodeó a su infantería por la espalda, mientras era atacada de frente por la infantería inglesa, lo que provocó la derrota y el pánico en una rápida dispersión. Solo los doscientos españoles de Ocampo y algunos de los hombres de

O'Sullivan, formaron un cuadro y resistieron todo lo posible. Cuando habían caído noventa de los españoles, los dos capitanes y treinta y siete soldados restantes aceptaron la rendición; el resto se había dispersado.

El ejército rebelde irlandés perdió más de mil hombres por muerte y unos trescientos fueron hechos prisioneros, quedando completamente disperso y vencido, no recuperándose ya nunca del desastre.

A todo esto, Juan del Águila esperaba impaciente en Kinsale la señal para ordenar la salida. Tomando la salva final inglesa en signo de victoria por dicha señal, lanzó el ataque cuando ya todo se había perdido. La vanguardia no tardó en informarle debidamente de la completa derrota irlandesa y hubo de volver tras los muros de Kinsale.

Para el jefe español la nueva situación se resumía en que los imprescindibles aliados irlandeses habían sido completamente derrotados y no era de esperar que pudieran reconstruir su ejército; en cualquier caso, sus tropas eran bisoñas y mal armadas, y por si fuera poco y como había quedado palmariamente claro, la traición debilitaba aún más la causa irlandesa.

Por su parte, podía aún resistir un tiempo más o menos largo en Kinsale, contando con provisiones al menos para cuatro semanas. Pocas bajas había sufrido de los continuos bombardeos por mar y tierra de los ingleses, a los que apenas podía responder por falta de artillería adecuada, aunque sus salidas hasta la fecha habían sido afortunadas y muy destructoras. También podía contar con el débil apoyo de las guarniciones españolas dispersas por otros puntos y de algunos irlandeses que continuaban la lucha.

Pero juzgó que, en los largos meses que quedaban hasta la llegada del buen tiempo, era improbable que barcos españoles le pudieran traer provisiones, municiones y refuerzos y, sobre todo, que las enfermedades habían dejado su fuerza efectiva en mil ochocientos hombres, poco más de la mitad de los desembarcados, muriendo diariamente una docena de ellos.

Así que dio la partida por perdida, y sin arriesgarse a nuevos contratiempos que debilitaran su situación, negoció una capitulación con todos los honores con Mountjoy, firmada el 2 de enero de 1602, por la que las tropas españolas de Kinsale y los otros puntos fortificados saldrían con sus banderas, armas y equipos, y serían embarcados de vuelta con ellos a

España, junto con los irlandeses que quisieran acompañarlos, entre ellos el mismo O'Donnell. Mountjoy aceptó aliviado, libre de la preocupación de tomar aquel reducto tan bien defendido, y la capitulación se cumplió escrupulosamente y con total caballerosidad por ambas partes. Los tiempos habían cambiado en las relaciones entre españoles e ingleses, indudablemente.

Parecía la solución más racional a tomar, pero Juan del Águila debió estremecerse cuando, ya firmada y cumplida en parte, se divisaron los tres buques de Martín de Vallecilla que llegaban con refuerzos y provisiones dos días después de la firma de la capitulación. Al enterarse, Vallecilla tuvo que dar media vuelta y regresar a España. Otro aspecto que los españoles descubrieron, para su pesar, fue que las tropas inglesas tenían aún menos víveres que ellos, y su situación sanitaria era bastante peor, por el terreno pantanoso donde acampaban.

Pero ya no había vuelta atrás, y Juan del Águila y sus tropas, con banderas, armas y todo lo demás, fueron embarcados en buques ingleses y repatriados a España con todo cuidado. Se criticó duramente su decisión de capitular, cuando aún no estaba todo perdido, retirándose el ya veterano soldado a su pueblo natal en Ávila, El Berrueco.

Así terminó la expedición española a Irlanda, dejando allí unos seiscientos españoles enterrados, la inmensa mayoría por enfermedades. Quedaban también otros sesenta vivos, de los dispersos de Ocampo en la batalla decisiva, que engrosaron las guerrillas irlandesas que continuaron desesperadamente la lucha.

La muerte de Isabel Tudor en marzo de 1603 y su sucesión por Jacobo Estuardo, junto con la derrota anterior y el tratado de paz con España en 1604, vinieron a apagar los últimos brotes de rebelión.

Para los irlandeses, su guerra de los Nueve Años fue una durísima prueba, que les costó más de cien mil vidas, especialmente por el hambre provocada por las requisas e incendios ingleses en la población civil para impedir su apoyo a los rebeldes, y por la represión, más que por los combates. Fue entonces cuando empezó el largo, doloroso e interesantísimo capítulo de la emigración irlandesa a España, que se prolongó durante más de dos siglos.

Para Isabel Tudor y su Gobierno fue una auténtica pesadilla, de la que se vieron libres casi por milagro. Lo cierto es que la necesidad de mantener en Irlanda constantemente un ejército de ocupación de unos diecisiete mil hombres, de continuo renovados, lo que casi duplicó la cifra, les supuso una enorme sangría militar y económica, pues se estima que gastaron unas doscientas mil libras por año o un total de dos millones, lo que estuvo a punto por sí solo de causar la bancarrota del Exchequer, la Hacienda Real británica.

Realmente los españoles habían sabido atacar en un punto verdaderamente débil de Inglaterra y causar un enorme daño a un coste muy limitado. Es cierto que la expedición resultó tardía y demasiado limitada y que un mayor y más continuado esfuerzo hubiera podido conseguir un completo triunfo. También siguió la mala suerte habitual con los temporales, como hemos visto, pero en la fría contabilidad de pérdidas y ganancias, las últimas superaban en mucho a las primeras.

Y, de nuevo, la Royal Navy había sido incapaz de interceptar y destruir las sucesivas expediciones de Brochero y de Zubiaur, e incluso la última y ya tardía de Vallecilla, por no hablar de los largos años de contactos hispanoirlandeses y del envío de armas, dinero y asesores.

Compare el lector el intento español de crear un nuevo frente en Irlanda contra sus enemigos, con el anterior inglés de hacer lo mismo en Portugal en 1589. Es bien cierto que ambos fracasaron, pero con indudables ventajas para los españoles, que obtuvieron un mucho mayor desgaste de sus contrarios a un coste muy inferior.

## EL TRATADO DE PAZ

Una extendida versión sobre los resultados de la guerra entre España e Inglaterra, formalmente empezada en 1587, pero con serios enfrentamientos anteriores, insiste en que, en ese gran enfrentamiento entre las dos potencias navales atlánticas, la victoria correspondió a los ingleses, quienes desde entonces vieron para sí abiertas las rutas oceánicas y las ricas colonias ultramarinas.

Pero creemos que basta conocer con algún detalle el tratado de paz firmado por entonces en Londres y Madrid, para comprobar hasta qué punto la pretendida victoria inglesa brilla totalmente por su ausencia y es más una reconstrucción de la historiografía victoriana del siglo XIX, que quiso adelantar nada menos que al XVI la evidente hegemonía británica en los mares conseguida a fines del XVIII y comienzos del XIX.

Porque, si Drake había conquistado los mares a fines del XVI, ¿cómo se explica la larga y dura lucha del siglo XVIII por el mismo objetivo? ¿Acaso Nelson no logró nada en Trafalgar? ¿Cómo se compagina dicha supuesta hegemonía de siglos con la permanencia y hasta expansión del Imperio español en América y el Pacífico durante los siglos XVII y XVIII?

Es cierto que los ingleses podían estar orgullosos de que ellos, una potencia hasta entonces considerada mediana, pudieran hacer frente y hasta ocasionar grandes contratiempos a una como la España de Felipe II. Pero una cosa era haber sobrevivido, lo que no era poco ciertamente, y otra muy distinta, el haber ganado la guerra y con ella el Tridente de Neptuno.

Conviene recordar, a la hora de enmarcar debidamente la cuestión, cuáles eran los objetivos que se proponía Felipe II en una guerra que personalmente no deseaba (recordemos que fue rey consorte de Inglaterra) y que ese conflicto le fue impuesto, tras soportar con la paciencia y la prudencia en él tan características, una larga serie de alevosas agresiones.

En primer lugar, quería que cesara el apoyo de Inglaterra a los rebeldes holandeses, tanto con armas y dinero como con hombres.

En segundo, conservar el monopolio español del comercio americano.

En tercero, que cesara el corso inglés contra nuestros buques y posesiones, consecuencia casi directa de tal monopolio.

Y, por último, y solo después del ataque de Drake a Cádiz en 1587, y la ejecución de María Estuardo, reina católica de Escocia, decidió que el régimen de Isabel Tudor era inadmisible y se dispuso a invadir Inglaterra con la mal llamada Invencible, no para añadirla a sus dominios, como todavía hoy insisten algunos, sino para reimplantar allí la que él creía única verdadera fe y para imponer un gobernante favorable a España.

Como es sabido, Felipe II murió en 1598, subiendo al trono su hijo Felipe III, e Isabel falleció poco después, en 1603, pero sin descendencia, lo que por cierto hace dudar de la inteligencia de la gran reina, pues toda su política quedó en suspenso por esa decisiva falta. Es más, por derecho propio, subió al trono de Inglaterra (ya lo era de Escocia) nada menos que Jacobo I Estuardo. Solo con eso, la situación varió por completo, pues, aunque el nuevo rey tuvo que contener sus simpatías católicas por la actitud de su pueblo, dejó bien claro que la paz con España era su objetivo fundamental.

El ingenioso Jacobo afirmó que él, como rey de Escocia, no estaba en guerra con España y como no se podía separar el rey de Escocia del de Inglaterra, porque eran una misma persona, eso implicaba que tampoco el rey de Inglaterra se hallaba en guerra con España.

En España, el nuevo monarca y su valido, el duque de Lerma, eran también partidarios de la paz, sobre todo por los enormes gastos de la Real Hacienda. No tanto por la guerra con Inglaterra, que había quedado reducida a algunos golpes y contragolpes cada vez más espaciados, sino a la dura pero evidente realidad de que la ya onerosa deuda crecía con la guerra con la Francia de Enrique IV y la continua pesadilla de Flandes.

Las conversaciones se iniciaron en Inglaterra, figurando como ministro extraordinario y embajador plenipotenciario Juan Fernández de Velasco, comendador de Castilla y duque de Frías, con don Juan de Tassis, conde de Villamediana, entre sus asesores. Y entre los ingleses, nada menos que Charles de Effingham Howard, conde de Nottingham, y jefe de la Armada inglesa cuando la Invencible y en el asalto a Cádiz de 1596.

Tras llegar a un acuerdo, el tratado se firmó en Londres, primero, y en Madrid, el 25 de noviembre de aquel año. Veamos su articulado y cómo se correspondía con los objetivos españoles al iniciar la guerra:

A cambio de unas concesiones comerciales y religiosas en los artículos 9, 12 y 13 (como dejar que se establecieran en España comerciantes ingleses sin detrimento de sus ideas religiosas, pero sin hacer proselitismo de ellas), que dejaban intacto el monopolio español en América, los ingleses renunciaban al corso en el artículo 6 y a apoyar de cualquier manera a los rebeldes holandeses (artículo 8). Es más, se obligaban a insistir a los rebeldes en lo inútil y perjudicial de su lucha y a instarlos a un entendimiento con el rey de España (artículo 7). Y, por si fuera poco, Inglaterra abría sus puertos a los buques de guerra españoles en sus operaciones contra los rebeldes, pudiéndose abastecer allí de lo que necesitasen, así como a un tráfico mercantil normal de los navieros hispanos (artículos 10 y 17).

En cuanto a los deseos ingleses de conseguir algún enclave propio en América, la cuestión se redujo al enclave de Jamestown (en honor al rey) que aún hoy sigue siendo una pequeña ciudad, y que solo pudo ser fundada en 1607, llevando durante años una supervivencia dura y limitada.

Como ya sabemos, la otra cuestión, la del monarca que reinase en Inglaterra, estaba ya bien resuelta, así que Felipe II, de haber vivido, se hubiera mostrado no ya satisfecho sino jubiloso con lo conseguido. En palabras de un gran historiador: «Sin llegar a satelizar a Inglaterra respecto a España, resultaba favorable a nuestro país».

¿Dónde se encuentran en dicho tratado las referencias a la pretendida y decisiva victoria inglesa?

Tal vez algún lector piense que, si es cierto lo del patrioterismo de los británicos, no le debe ir a la zaga el del autor de este trabajo. Para eliminar cualquier duda al respecto, reproducimos el siguiente párrafo de Garret Mattingly, gran historiador y diplomático norteamericano:

«El ataque inglés a Portugal en 1589 terminó con el más rotundo de los fracasos, la guerra continuó todavía durante catorce años más, es decir, de hecho continuó mientras vivió la reina Isabel, para terminar en algo así como una retirada».

Según algunos historiadores, la derrota de la Armada «marca el ocaso del imperio colonial español y el comienzo del británico». Resulta difícil comprender el porqué de este razonamiento. En 1603 España no había abandonado a Inglaterra ni uno solo de sus dominios de ultramar, mientras que la colonización inglesa en Virginia tuvo que ser aplazada de momento. La campaña de la Armada (Invencible) tampoco «transfirió el dominio de los mares de España a Inglaterra». La derrota de la Armada no significó el fin de la Marina española, sino su comienzo. Los ingleses podían invadir la costa española, pero no bloquearla. Drake y Hawkins soñaban en someter a Felipe impidiendo la llegada de las riquezas del Nuevo Mundo, pero el caso es que llegaron más tesoros de América a España, desde el 1588 al 1603, que en ningún otro período de quince años en la historia española».

Creemos que con esta referencia basta, por si el articulado del tratado hubiera dejado alguna duda sobre cuál de los dos bandos se salió finalmente con la suya.

Es bien cierto que las pérdidas españolas durante la guerra fueron superiores a las británicas, especialmente por el episodio de la Invencible y por los sucesivos intentos de desembarco en las Islas británicas (siempre deshechos por el mal tiempo) y por los ataques al invariablemente desprevenido Cádiz por Drake en 1587 y por Howard en 1596. Pero recordemos, como ya hemos hecho en estas páginas, el descalabro de Drake en la Contraarmada de 1589 y su desastroso fin, junto con Hawkins en su desdichada expedición al Caribe de 1595. Por no citar otros episodios, como el desembarco en Irlanda y las enormes dificultades de los ingleses para imponerse a la débil fuerza española allí.

Aunque al final los españoles perdieron más buques, aun descontando los hundidos en temporal o accidentalmente, que sus enemigos, eso no significa que salieran derrotados. Tal afirmación parece aventurada, pero si recordamos por ejemplo el resultado de la batalla del Atlántico, de la Segunda Guerra Mundial, ganada evidentemente por los aliados pcsc a sus mucho mayores pérdidas que las alemanas, podemos hacernos una idea más precisa.

También es cierto que Felipe II había derrochado el dinero en buques y fortificaciones y eso endeudó a Castilla. Pero los corsarios o las flotas inglesas, al principio tan provechosos, se convirtieron en un asunto en que se obtenían pocos o nulos botines y cada vez más fuertes golpes defensivos. Y la más débil economía británica no podía soportar el tremendo desgaste de la guerra marítima como lo hacía el mucho mayor y más rico Imperio español. Por ello, los mismos comerciantes que antes confiaban en el corso como fuente de ingresos, ahora apoyaron al rey Jacobo I en sus deseos de paz: era más ventajoso el comercio pacífico.

Como sabemos, el acercamiento entre los dos países llevó incluso a plantear una boda entre el heredero de Jacobo I, el que luego sería Carlos I, y una infanta española, llegando el príncipe de Gales a viajar a Madrid, aunque finalmente por unos y otros motivos, el matrimonio y la subsiguiente alianza no llegó a celebrarse.

# 5

# UNA NUEVA DERROTA INGLESA
## (1625)

Pero el tiempo siguió corriendo, trayendo novedades como el estallido de la guerra de los Treinta Años en 1618, que dividió al Sacro Imperio Germánico entre protestantes y católicos. Y a ella se sumaron otros reinos europeos, agravándose la crisis en 1621, con el fin de la Tregua de los Doce Años, firmada entre España y los Países Bajos en 1608. Aunque finalmente Enrique IV de Francia desechó sus creencias protestantes, pues en sus propias palabras: «París bien vale una misa». Su sucesor, Luis XIII, bajo el influjo de su gran ministro, el cardenal Richelieu, volvió a la lucha contra el Imperio español en beneficio de Francia.

Ante el estallido de aquella gravísima crisis europea, George Villiers, duque de Buckingham, convenció a Carlos I Stuart, hijo y sucesor de Jacobo I, de declarar la guerra a España, donde reinaba por entonces el joven Felipe IV, tras la temprana muerte de su padre.

Era una opción claramente oportunista, pero acabó en completo desastre, como veremos, y no solo en el terreno militar y naval.

## LA GRAN EXPEDICIÓN

Pronto se dieron las órdenes para organizar una gran expedición naval contra las costas peninsulares de España. Claro que, en palabras del historiador Geoffrey Regan, «muchas personas se cuestionaban totalmente el acierto de una expedición contra España en un momento en que el mar que rodeaba el Reino Unido y aún las ciudades costeras, no era seguro. Los piratas pululaban por el Canal, rapiñando los buques ingleses y aterrorizando todos los puertos de la costa sur».

Falta saber quiénes eran esos piratas que tanto preocupaban nada menos que a la Armada española en los puertos flamencos de Dunquerque y Mardick y a los corsarios que actuaban asociados a ella o por su cuenta. Volveremos más adelante sobre esta armada y su decisivo papel en la actual guerra, pero quede anotado que la presuntamente triunfante Albión, que dominaba los mares desde su gran y decisiva victoria en 1588, se sentía amenazada y gravemente en sus propias aguas y costas.

Pronto se empezaron a movilizar buques y armas en Inglaterra y Escocia, pero los hombres, especialmente los del ejército expedicionario, faltaban, y aparte de traer veteranos de Flandes, hubo que recurrir a sucesivas levas forzosas.

Abundan las descripciones de la época de fuentes inglesas sobre la falta de organización y hasta caos administrativo y logístico en la preparación de la expedición. El lector recordará que tampoco había sido ese el fuerte de las expediciones organizadas en tiempos de Isabel Tudor. Más bien habría que hablar de una clara y tradicional insuficiencia del aparato estatal británico de entonces para tales tareas.

El brigadier Leigh, por ejemplo, informaba que de dos mil quinientos reclutas había, entre ellos, nada menos que «doscientos retrasados mentales, veinticuatro enfermos y veintiséis sexagenarios, con cuatro ciegos, un loco de atar y varios lisiados».

También sucedió que los primeros soldados fueron movilizados entre abril y mayo, pero sin ropa, comida ni pagas, por lo que unos enfermaron, otros desertaron y muchos se dedicaron al bandidaje en sus localidades de reunión para subsistir. En agosto hubo que hacer una nueva leva de dos mil hombres para cubrir bajas y darles camisas, zapatos, calzones y medias a los más necesitados.

El caso es que, con tantos problemas y dificultades, la campaña se fue retrasando hasta comienzos de octubre, con un tiempo ya muy inseguro y distinto del veraniego, ideal para estas expediciones.

Por un momento pareció que el propio Buckingham tomaría el mando supremo, pero por un motivo u otro, se le confirió a Edward Cecil, al que se hizo conde de Wimbledon para la ocasión. Segundo en el mando era el conde de Essex, hijo del que estuvo en Cádiz en su toma y saqueo en 1596, y tercero el conde de Denbigh. Eran generales de la fuerza de desembarco lord Delaware y lord Cromwell.

La flota se organizó, como ya era tradicional desde el siglo anterior, en tres escuadras, cada una con tres galeones de la Royal Navy, como núcleo fundamental, y casi treinta buques más pequeños y peor armados en cada una. Diez de los cuales transportaban munición, provisiones o caballos.

Algunos de los mayores galeones eran reconstrucciones de buques, que habían participado en la Invencible, entre ellos el insignia Anne Royal, que no era otro en origen que el Ark Royal, de Howard en dicha campaña.

En total eran poco más de noventa buques, casi cinco mil quinientos marineros y unos diez o doce mil soldados. Las fuentes no son muy precisas al respecto. A ellos se añadieron veinte buques de los aliados holandeses, al mando de Guillermo de Nassau. Otros más llegaron para ayudar a vigilar las costas inglesas.

Las instrucciones que se dieron a Cecil, aunque muy amplias y ambiciosas, tampoco eran muy concretas: «Capturando y destruyendo sus barcos (del rey de España) galeras, fragatas y toda clase de buques; dañando sus provisiones en almacenes y ciudades portuarias; dejándole sin marineros, marinos y artilleros; impidiéndole contar con puertos seguros; interceptando sus flotas y escuadras a la ida o al regreso (de América) y apoderándose de alguna de estas plazas en la mayor parte de sus dominios, para que puedan servir de apoyo a nuestras próximas flotas».

Obsérvese que aparte de ser un *raid*, lo más destructivo y provechoso que se pudiera, se ordenaba claramente tomar y retener algún puerto español para futuros empeños.

Y para complicar aún más el mando a Cecil, que tenía experiencia militar pero no naval, se le encarecía que debía evitar graves pérdidas en su expedición, tanto en buques como en hombres, dada la dificultad de reemplazarlos.

Las opciones contempladas por Cecil y sus juntas de jefes se redujeron por tanto a tres: desembarcar en Sanlúcar, puerto de recalada antes de que los galeones de Indias remontaran el Guadalquivir hasta Sevilla, centro del comercio con Indias, tomar Gibraltar o, la que se impuso finalmente, atacar Cádiz y los Puertos (Real y Santa María).

Pero la suerte no acompañaba a la expedición, apenas zarpada de Falmouth, Plymouth y otros puertos, fue sorprendida por un violento temporal que la hizo regresar, con daños y averías. Hubo que reemplazar el galeón real Lyon, que hacía mucha agua, por el Saint Andrew. Vueltos a hacerse a la mar el 18 de octubre, tres días después de la primera salida, el día 22 les sorprendió un nuevo temporal, perdiéndose el Long Robert, con treinta y siete marinos y ciento treinta y ocho soldados, muertos en su totalidad. El galeón real Dreadnought, otro viejo buque isabelino, aunque reconstruido en 1614, informó poco después que tenía peligrosas vías de agua, por lo que solicitaba volver a puerto. El permiso se le denegó. Otros buques sufrieron averías en aparejos, perdieron las lanchas que remolcaban, se les soltó algún cañón (con consecuencias siempre muy desagradables) o reportaron cosas tales como que se les habían servido algunos mosquetes que no tenían ánima.

A los pocos días de travesía, y siguiendo una tradición también acrisolada desde los heroicos tiempos de Drake, como recordará el lector, se descubrió que no había suficientes víveres. Cecil ordenó, como medida de ahorro, que se diera la ración de cuatro hombres a cada cinco.

Todo aquello no hizo nada por levantar la moral. En consejo reunido frente a las costas de Portugal, se decidió dejar de lado otros objetivos y atacar Cádiz, con el convencimiento de que se repetirían en la reconstruida ciudad los éxitos de Drake, en 1587, y de Howard y Essex, en 1596.

Por fin, la mañana del 1 de noviembre de 1625, con notorio y peligroso retraso, la gran expedición recaló frente al puerto y bahía gaditanos.

## LA DEFENSA DE CÁDIZ

Los españoles estaban muy al tanto de lo que se preparaba desde la primavera, pero habían relajado un tanto la vigilancia al suponer que, con la estación tan avanzada, los ingleses retrasarían la expedición hasta el año siguiente. En Cádiz y su bahía había unos catorce galeones y naos armadas. La mayor parte acababan de regresar de una victoriosa expedición contra los holandeses en Brasil y, separados de la escuadra principal, al mando una sección del marqués de Cropani. Igualmente estaban las siete galeras de la Escuadra de España, al mando del duque de Fernandina.

Ante la llegada de los atacantes, Fernandina envió a dos de sus galeras para reconocerlos, pues se esperaba la flota de Indias, pero pronto salieron de su error al ser cañoneadas por los ingleses, resultando la del capitán Juan Tello desarbolada. Retrocedieron a aguas someras, donde no podían ser seguidas por sus enemigos de mayor calado.

En cuanto a los galeones, Cropani actuó rápidamente, refugiándolos en La Carraca y Puerto Real, acoderándolos para batir con sus cañones los canales de acceso y hundiendo en ellos cuatro urcas para evitar que penetraran por ellos sus enemigos.

El mando supremo de la defensa española estaba encomendado al duque de Medina Sidonia, Juan Manuel Pérez de Guzmán y Silva, hijo del que mandó la Invencible y que asistió a la toma y saqueo de Cádiz, en 1596. El joven duque estableció su plaza de armas en Jerez de la Frontera.

En la misma Cádiz, que por entonces se había reconstruido y recuperado del anterior ataque, llegando a unos catorce mil habitantes, estaba al mando Fernando Girón, un probado veterano de muchas guerras, aunque ya sexagenario y aquejado de gota. Sus murallas se habían completado, gracias al proyecto de Cristóbal Rojas, un reputado ingeniero militar formado en Flandes.

Como hemos dicho, se habían movilizado las milicias para rechazar un ataque inglés ya desde hacía meses. La agresión no llegaba, los hombres se quejaban de tener abandonados sus trabajos y negocios y hubo que dejarles que volvieran a sus lugares de residencia, con la advertencia, no obstante, de estar listos al primer aviso.

Por ello, el viejo y enfermo Girón no disponía por entonces en Cádiz más que de doscientos ochenta y un soldados profesionales del presidio o fortaleza, y de unos novecientos hombres de las nueve compañías de milicia de la ciudad. Aquello parecía anunciar el más completo desastre, como en 1596.

Pero Girón actuó con rapidez y habilidad, comunicando a Medina Sidonia la situación. Las milicias, ya avisadas, no dudaron en presentar combate. Había que asegurar Cádiz a toda costa, para lo que se requerían urgentes refuerzos, y así, las galeras de Fernandina, navegando por Sancti Petri lejos de la flota enemiga ya surta en la bahía, salieron por el caño al mar y dejaron en Cádiz quinientos cincuenta hombres de sus propias dotaciones y otros doscientos doce hombres y ciento cincuenta y siete cabos y artilleros de los galeones de Cropani, un total de novecientos diecinueve veteranos a toda prueba, junto con trescientos sesenta milicianos de Jerez.

Esa misma noche del día 1 y madrugada del domingo 2, fueron llegando por tierra hasta mil ciento cuarenta y cinco infantes y doscientos cincuenta a caballo de las milicias de Chiclana, Medina Sidonia y Vejer, en marcha forzada. Con tales refuerzos, llegados antes de las veinticuatro horas de la aparición de la flota atacante, Cádiz se había puesto en efectivo estado de defensa.

Mientras tanto, los expedicionarios se habían mostrado tan lentos como torpes en sus movimientos, cuando la situación hubiera requerido justamente todo lo contrario. El segundo jefe y vicealmirante, Essex, con el Swiftsure y su escuadra se adelantó a atacar a los galeones españoles. Ante el fuego que le hacían y la fortaleza de su posición, tuvo que retroceder.

En cuanto a Cecil, tras entrar calmosamente en la bahía. Sin ningún plan definido, convocó a todos los jefes a consejo para decidir qué se hacía. En plena discusión se les acercó un bote con un tal Jenkinson, comerciante inglés avecindado en Cádiz, quien les informó que la ciudad estaba virtualmente indefensa.

Pero, y tras sopesar unas y otras alternativas, se decidió que nada se podía hacer sin reducir primero la batería española asentada en El Puntal. El fuerte ni siquiera estaba acabado, contaba con ocho cañones y una guarnición de un centenar de hombres entre los artilleros y milicianos, al mando del capitán Francisco Bustamante. Contra semejante fortaleza se ordenó que veinte mercantes armados y corsarios, cinco buques holandeses y tres galeones reales la abrumaran con su fuego. La defensa fue tal que, tras horas de intenso cañoneo por una y otra parte, las ocho únicas piezas españolas habían averiado a varios de los enemigos y hecho embarrancar para evitar su hundimiento a dos o tres buques. Nassau y los holandeses se mostraron fuertemente críticos con la puntería y valor de sus aliados, especialmente porque sufrieron algunas consecuencias del fuego amigo.

Tras tantas horas de bombardeo, que duró todo el día 1 y la mañana del 2, con hostigamiento por la noche, se decidió por fin desembarcar tropas y tomar la presuntamente superada batería defendida por un centenar de hombres. Contraviniendo órdenes, Burroughs, el jefe a cargo de la operación, hizo avanzar los botes cargados de soldados directamente contra el fuerte, con lo que fueron sangrientamente rechazados por fuego de mosquete y hasta lanzamiento de piedras, muriendo entre otros el capitán Bromingham. Pero siguieron nuevas oleadas, y la agotada y diezmada guarnición del fuerte ya no podía más: algunos milicianos huyeron a Cádiz y el resto capituló con todos los honores frente al enemigo, que les dejó partir caballerosamente. Para asombro de todos, se comprobó que, aunque se habían disparado más de dos mil cañonazos contra el pequeño e inacabado fuerte, los daños causados en sus muros eran bastante leves.

Dónde había quedado la secularmente supuesta, infalible y pasmosa superioridad de los artilleros ingleses es algo que desconocemos. Guillermo de Nassau y sus holandeses mostraron en términos muy duros y ofensivos el juicio que les merecía y tardaron poco en abandonar la expedición.

En cualquier caso, es opinión común entre todos los historiadores que han tratado la campaña que la resistencia del pequeño fuerte de El Puntal durante más de veinticuatro horas fue crucial, al permitir que llegaran los vitales refuerzos a Cádiz, especialmente los de las milicias, que, como sabemos, acudieron por tierra.

Ahora Cecil ordenó el desembarco de sus tropas, poniéndose al frente de ellas y dejando al mando de la flota al contralmirante Denbigh. Los cerca de diez mil soldados ingleses formaron en cuatro grandes agrupaciones, con una vigilando Cádiz. El resto marchó por tierra hacia el puente de Suazo, por el entonces despoblado y arenoso Puntal. Dominar dicho puente era vital para aislar Cádiz de los refuerzos que pudieran llegar por tierra, pero tras horas de caminata y cuando, llegada la noche, se disponían a acampar, sus oficiales comunicaron a Cecil que los soldados no tenían provisiones y no podrían cenar, pues nadie había ordenado que se desembarcasen. Cecil quedó atónito ante la información. No había nada disponible, así que consintió que se repartiera entre la tropa el vino guardado en unas bodegas que habían ocupado de un tal Luis de Soto.

Sucedió entonces lo tradicional cuando los soldados ingleses y el vino español se juntaban: borracheras descomunales y desórdenes que llegaron al motín y forzaron a la propia guardia de Cecil a disparar contra la turba vociferante. El mismo Cecil declaró que la situación llegó al punto de que «sin duda alguna, el enemigo podría habernos rodeado con solo trescientos hombres y habernos degollado». A la mañana siguiente, se decidió que no merecía la pena seguir, y la tropa, dejando atrás enseres y hombres dispersos, volvió hacia la flota.

El puente estaba ya asegurado por Luis Portocarrero, corregidor de Jerez, con unos dos mil milicianos, un tercio de los cuales sin más armas que espadas, dagas y cuchillos, pero con algunas piezas de artillería. Con ellos y con la continua corriente de refuerzos que dobló sus tropas en pocas horas, hizo un aparatoso despliegue disuasivo. Sin embargo, desconfiando de sus bisoñas tropas, apenas hizo más que asegurar la posición y enviar algunas patrullas de caballería en reconocimiento, que no tardaron en apresar a un centenar de rezagados, presumiendo dos vecinos de Chiclana de haber matado a lanzazos a sendos capitanes ingleses. Causó general consternación que los invasores hubieran talado y saqueado viñas, quemado las casas de campo y destruido la almadraba allí establecida. Ello aparte de quemar y profanar una ermita y la imagen de la Virgen allí venerada.

Por su parte, y simultáneamente, de Cádiz había salido Diego Ruiz, segundo de Girón, con unos quinientos soldados de galeras, a escaramucear con los enemigos, parapetados en casas y vallas, reconociéndolos y causándoles algunas bajas.

Mayor problema era que en la ciudad, al comienzo del ataque, apenas había provisiones para tres días. Las galeras y dieciocho barcos longos (especie de grandes y largos botes a remos y con algún aparejo) metieron en pocas horas en la plaza nada menos que trescientas fanegas de trigo, doscientas de garbanzos y ochenta de habas, junto con vacas, carneros y bizcocho, salvando así la situación. La numerosa flota enemiga no solo fue incapaz de impedir aquello, además se llevó más de una dolorosa herida propinada por los cañones de largo alcance de las galeras y de las baterías de costa.

Mientras tanto, y desde su puesto de mando en Jerez, Medina Sidonia organizaba el envío de milicias y de armas a todos los puntos amenazados, incluyendo Rota, Puerto de Santa María, Puerto Real, Sanlúcar y otros puntos, distribuyendo el flujo de milicianos que llegaba incluso desde Sevilla y de armas de todas clases para armarlos que venía desde Córdoba, sin olvidar reforzar a Luis Portocarrero, en su vital posición de Suazo. Al final, acudieron más de once mil hombres a la defensa de Cádiz y su bahía.

Los desmoralizados atacantes no pensaron ya sino en reembarcar, comenzando la engorrosa tarea la mañana del 5 de noviembre y con no poco desorden, aunque Essex intentara cubrir la retirada con un destacamento. Tanto el reforzado Portocarrero avanzando desde Suazo como el propio Girón desde Cádiz, haciéndose conducir en una silla de manos para poder dirigir el ataque, atacaron la retaguardia enemiga, informando el último a Medina Sidonia en carta que «degollamos mucha gente, tanto que la marina (costa) quedó llena de cuerpos muertos, de mosquetes, picas y otras armas, se ahogaron muchos, pero como sobrevino la noche, no se pudieron ver». Entre muertos y prisioneros, se calcula que unos setecientos enemigos causaron baja, con muy pocas españolas, entre ellas el capitán Gonzalo de Inestal, de la fuerza de Portocarrero.

El día 6 aún hizo la escuadra de Cecil un conato de ataque contra los buques fondeados en Puerto Real y Puerto de Santa María, pero rechazados por el cañoneo, la cosa no llegó a más. Al día siguiente, y en medio de un intenso aguacero, la frustrada flota levó anclas y abandonó la bahía, tras quemar uno o dos buques que habían sido inutilizados en los combates y en los que depositaron sus cadáveres.

Así terminó la campaña propiamente dicha, pero no las desgracias de la expedición. Cecil decidió quedarse en aguas del cabo de San Vicente, esperando interceptar la flota de Indias, pero los temporales castigaron duramente sus barcos, mientras se desarrollaba a bordo una espantosa epidemia. Dos buques, el Robert Ipswich y el Constance se hundieron con todos sus hombres, incluidos los de las cuatro compañías de soldados embarcadas en ellos.

Refugiado en el puerto marroquí de Salé, base tradicional de corsarios moriscos, de nuevo sufrió un temporal del que no le abrigó la abierta rada, con nuevos naufragios y averías. A todo ello se unía la escasez y mal estado de las provisiones y del agua, hasta que al fin hubo que emprender la vuelta a Inglaterra, que tampoco fue fácil.

El propio buque insignia Anne Royal tuvo que refugiarse en el puerto irlandés de Kinsale, sin trinquete, con las velas rifadas (desgarradas), con seis pies de agua en la bodega, habiendo sufrido la pérdida de ciento treinta hombres y con ciento sesenta enfermos a bordo. Cabe imaginar cómo volvieron el resto y suponer fundadamente que muchos no lo consiguieron. También, y como hemos visto reiteradamente, no acabaron sus males al llegar a tierra, pues los desatendidos, hambrientos y enfermos hombres siguieron muriendo en los puertos a los que llegaron. De nuevo las estadísticas inglesas sobre sus pérdidas son inexistentes o referentes exclusivamente a tal o cual buque. Las cifras que se barajan son de unos treinta buques hundidos y muertos cerca de la mitad de los hombres embarcados, que, a la vista de lo expuesto, nos parecen cercanas a la realidad y acordes con la opinión general de los historiadores.

Y, para más mortificación, antes incluso de que llegaran a puertos británicos, la flota de Nueva España, al mando del marqués de Cadereyta, entró sin problema alguno en Cádiz, el 29 de noviembre. Claro que es de suponer, dado el estado de la británica, que si se hubiesen encontrado el desastre inglés hubiera sido aún mayor, opinión que comparten hasta los historiadores anglosajones.

En Inglaterra la decepción fue enorme, como lo fueron las críticas, centrándose en el favorito del rey y en el jefe de la expedición. Muchos subordinados publicaron entonces sus relatos, quejándose de la falta de preparación, de las malas provisiones, armas y pertrechos, del indeciso mando de Cecil y de otras muchas cuestiones. No era la primera vez que pasaba, como ya bien sabe el lector, pero ahora la autoridad de Carlos Stuart era mucho más discutida que la de Isabel Tudor.

El rey se vio obligado a convocar el Parlamento, para solicitar nuevos impuestos, pero este se negó en redondo mientras no se procediera a una profunda investigación sobre los hechos, aparte de otras cuestiones. Carlos I terminó por disolverlo y no convocarle en muchos años, abriendo así una brecha entre él y la institución que se saldaría años después en el estallido de la Revolución inglesa, que le costaría la Corona y la cabeza tras una larga y cruenta guerra civil. Por supuesto, y como de costumbre, no se realizó investigación alguna y se procuró ocultar en lo posible los hechos.

Así que el desastre inglés ante Cádiz fue una de las causas de la posterior y gravísima crisis inglesa, que culminó en la guerra civil y en la caída de la Monarquía, algo que no es, en verdad, muy recordado en ninguno de los dos países.

## EL *ANNUS MIRABILIS* DE FELIPE IV

Mientras Inglaterra disfrutaba de las consecuencias de la supuesta gloriosa victoria, con la que había conseguido no menos que, supuestamente, el dominio de los mares hacía ya casi cuarenta años, la derrotada y decadente España obtenía éxito tras éxito en ese mismo año de 1625.

Una expedición holandesa se había apoderado de San Salvador de Bahía en el Brasil portugués. La flota de Fadrique de Toledo, con cincuenta y cinco buques, no solo recuperó la ciudad, apresando a casi dos mil enemigos y doscientos sesenta cañones, sino que apresó o destruyó dieciocho de los buques contrarios. La flota holandesa de refuerzo llegó tarde y se dividió en dos, solo para ser sangrientamente rechazada en San Juan de Puerto Rico por una fuerza de seiscientos españoles y en la portuguesa Mina de Guinea, por apenas cincuenta y siete portugueses auxiliados por novecientos guerreros negros.

Pero aquel fue también el año de la toma de Breda a los holandeses por Spínola, incluyéndose en la derrota la expedición inglesa de Mansfeld, y el del socorro a la aliada Génova por las galeras de Alonso de Bazán, con total derrota de las fuerzas aliadas francesas, de Venecia y de Saboya.

Aquellas grandes victorias, conseguidas contra tantos y tan variados enemigos, y a menudo con notoria escasez de medios, fueron debidamente conmemoradas y recordadas por la serie de lienzos de Velázquez, Maíno y otros que decoraron el Salón de Reinos del Palacio del Buen Retiro, correspondiendo inmortalizar la defensa de Cádiz a Zurbarán, que nos dejó un retrato de Fernando Girón y sus principales subordinados, teniendo como fondo la bahía y el desordenado reembarque inglés, acosado por las tropas de tierra y las galeras españolas. También los genios de Lope de Vega, Calderón y otros conmemoraron y divulgaron los éxitos en piezas teatrales.

Por cierto que al heroico defensor de Cádiz se le ofreció como recompensa el gobierno de Milán, pero él se negó a aceptar tal honor, y aduciendo su edad y achaques, se retiró modestamente a su lugar natal, donde murió.

La guerra con Inglaterra aún duró unos años, pero ya no se volvió a intentar un ataque contra las costas españolas. Es cierto que en 1626 hubo una expedición corsaria destinada a atrapar a los buques dispersos de la flota de Indias, pero la escuadra de Luis de Almeida rindió en dos combates cuatro de los buques enemigos, persiguiendo al resto hasta sus propias costas y atacando allí sus pesquerías, con lo que se evitaron completamente nuevos intentos.

## LA ARMADA DE DUNQUERQUE

Pero un nuevo factor vino a añadirse a las victorias españolas y derrotas angloholandesas de aquel año de 1625, la ya citada Armada de Dunquerque.

Como recordara el lector, una gran debilidad de las fuerzas navales españolas había sido desde los primeros tiempos de la rebelión holandesa la falta de bases adecuadas y de una escuadra eficaz en aquellas tan especiales pero estratégicas aguas, de modo que, como ya sabemos, mucho del éxito de la resistencia holandesa y del fracaso de la Invencible se debió a tales carencias.

Por supuesto, la Monarquía española intentó paliar con grandes esfuerzos tal carencia durante mucho tiempo, aunque con limitados resultados hasta el nuevo siglo.

Pero, al fin, a comienzos del XVII tales esfuerzos fructificaron en tres direcciones que se probaron decisivas.

En primer lugar, había fraguado la unión ideada por Farnesio y consolidada por Alberto e Isabel Clara Eugenia de las provincias del sur católicas frente al norte protestante, configurando lo que sería siglos después la actual Bélgica. Eso no era especialmente relevante para la mitad valona del Flandes español, pero sí mucho para los renuentes flamencos. Y eran los flamencos los que podían aportar buques y marineros, como los valones habían aportado hasta entonces soldados.

La segunda fue el descubrimiento del canal que unía los pequeños puertos de Dunquerque y Mardick, en las líneas de bancos de arena paralelos a la costa que dificultaban el acceso a tales puertos. Viendo su importancia estratégica, no se ahorraron medios para mejorar los puertos y el canal y para defenderlos con potentes fortificaciones que sirvieran de refugio y apoyo a los buques allí basados.

Por último, y no menos importante, la continua experimentación española de buques ligeros, rápidos, maniobrables y fuertemente armados para su tamaño llevó a la creación de un nuevo tipo de buque: la fragata de Dunquerque, modelo original de todas las fragatas de vela posteriores.

Desde el siglo XVI los diseñadores españoles, entre ellos los Bazán, habían intentado crear un buque que conciliase la rapidez, maniobrabilidad e independencia de los vientos de la galera con la fortaleza y potencia artillera de la nao. Así surgieron los primeros galeones y las galeazas de 1588, pero pronto se observó que conciliar remos y cañones en un mismo buque era una tarea imposible en naves de gran tamaño, pues unos y otros debían ir lo más bajos posibles para rendir lo esperado. Sin embargo, la experimentación siguió con las galizabras, basadas en las zabras, grandes pesqueros de altura, a los que se hizo más largos y se les dotó de remos para las maniobras, aunque navegaran normalmente a vela, y sus derivados, los galeoncetes, pequeños galeones, de finas líneas y con bajas superestructuras, experimentos a los que empezó a llamarse genéricamente fragatas. Ya hemos visto cómo cinco de ellas frustraron decisivamente en Puerto Rico la última campaña de Drake. También se utilizaron profusamente modelos de buques ligeros holandeses, como los filibotes, con bastante éxito.

De todo aquello y de la perfección de las construcciones flamencas, derivó el diseño de las nuevas fragatas, unos buques verdaderamente temibles en todos los aspectos, pese a su limitado tamaño, auxiliadas y apoyadas por unos cuantos galeones de mediano tamaño y parecidas características y diseño.

Añadamos a ello la pericia de los marinos flamencos y españoles, la dura escuela de la guerra en primera línea contra un poderoso enemigo que no daba cuartel, las nuevas ordenanzas de 1621, que permitían y alentaban el corso a los marinos españoles y el constante apoyo del mismo Olivares, no ya solo económico y estratégico, sino moral, al reconocer ennobleciendo a los mejores capitanes, para asegurar que la nueva fuerza, aunque de limitado tamaño, sería verdaderamente temible. Y ya hemos visto cómo preocupaba a Inglaterra al comienzo de la guerra.

Así se explica el que, a finales de octubre de 1625, cuando los buques de la expedición británica y holandesa a Cádiz soportaban un duro temporal, nada menos que cuarenta y dos unidades británicas y holandesas tuvieran que intentar bloquear las bases de la Armada de Dunquerque.

Para los bloqueadores, con el peligro de los bancos de arena y la costa cercana, y los incontrolables efectos del temporal en aquellas someras y complicadas aguas, las tormentas del 23 de octubre y días siguientes tuvieron unos efectos desastrosos. Siete buques holandeses y cinco ingleses naufragaron, y casi todos los demás sufrieron tales averías que debieron abandonar su misión, quedando de vigilancia apenas seis u ocho buques.

Ambrosio Spínola, marqués de los Balbases, era por entonces capitán general de la Armada de Dunquerque. Pero el mando operativo se debía a Fermín de Lodosa, otro gran y desconocido marino español, que lo retuvo entre 1622 y 1626.

Y no desaprovechó la ocasión: inmediatamente zarparon doce galeones y fragatas de la Armada y ocho corsarios particulares, algo más pequeños y peor armados, que ahuyentando a los dispersos y agotados bloqueadores, barrieron las aguas del Canal de la Mancha de buques enemigos, remontaron hasta las Shetlands, donde faenaba una gran flota de doscientos arrastreros holandeses del arenque, los buizen, escoltados por seis buques de guerra, hundieron a uno de los de guerra, apresaron a otro, ahuyentaron al resto y capturaron más de ciento cincuenta pesqueros de aquella vital industria. Una segunda oleada de siete corsarios completó la tarea. Aparte de los hundidos o dañados por el temporal, aquella salida de la Armada de Dunquerque significó la pérdida de más de doscientos buques de todas las clases para holandeses e ingleses, entre ellos veinte de guerra.

Al año siguiente tomó el relevo de Lodosa otro gran marino español, Francisco de Ribera, ya más que acreditado por las victorias de sus galeones sobre turcos y venecianos en Celidonia y Ragusa.

Los años siguientes fueron de auténtico martirio para la navegación y el comercio ingleses, en palabras de Stradling:

«También la City de Londres sufría en esa época la furia de los dunquerqueses. Durante el invierno de 1625-1626, los corsarios flamencos, en equipos de dos o tres unidades, capturaron decenas de barcos ingleses. De Edimburgo a Falmouth quedó interrumpido el tráfico y la pesca de cabotaje. No existía ninguna posibilidad real de defensa… la fragata había inaugurado un quinquenio de violentos ataques contra un enemigo prácticamente inerme, que se saldó con la captura del 15 o 20 por ciento de los mercantes ingleses, como mínimo, unos trescientos barcos. La economía inglesa se contraía rápidamente a medida que disminuía la actividad exportadora».

Creemos innecesario añadir nada más. El texto muestra claramente la derrota y la indefensión británicas, incluso en sus propias costas, en su comercio de cabotaje y pesca. Cabe imaginar el pesar en la opinión pública y las reclamaciones al Gobierno de Carlos I y su favorito por tal situación, pero Buckingham persistía en su actitud con nuevas expediciones, aunque ahora limitadas a Europa y todas fracasadas. Una de ellas nos interesa, pues fue a La Rochela, una plaza marítima entregada a los hugonotes franceses, en cuya ayuda pretendió ir. La aparición de la escuadra de Fadrique de Toledo con cincuenta unidades significó la inmediata retirada inglesa, volviendo los buques españoles a Santander, el 5 de febrero de 1628. En agosto de ese mismo año el odiado favorito inglés era asesinado por el teniente Felton, ante la alegría de la muchedumbre, de tal modo que hubo que enterrarlo en secreto para que las turbas no profanasen su cadáver.

Por supuesto, todo ello prueba de forma terminante que los españoles habían hecho un gran esfuerzo en todos los sentidos por mejorar sus fuerzas navales a raíz de las experiencias de la guerra anterior. Los ingleses se habían quedado atrás en todos los sentidos, repitiendo esquemas tácticos y estratégicos que ya mostraron sus limitaciones incluso cuando se probaron anteriormente.

Tal era el grado de indefensión naval británica que se planeó seriamente invadir Inglaterra, cuyos ejércitos tampoco parecían muy en forma, estudiándose detenidamente los buques, tropas y el dinero necesario. Pero, y aunque el éxito se daba por descontado, consideraciones financieras lo hicieron imposible, pues en 1627 la Monarquía española tuvo que hacer suspensión de pagos, por los enormes gastos de una guerra que ya duraba años, contra media Europa y en un escenario estratégico global que abarcaba casi por entero el mundo.

No sería la primera ni la última vez que Inglaterra se libraba de una invasión por razones que no tenían nada que ver con la eficiencia de sus escuadras.

Para cualquier observador que analice racionalmente los hechos expuestos resulta evidente deducir que los aducidos méritos y logros de los marinos de Isabel Tudor habían dejado muy escasas raíces, apenas una generación después de sus presuntamente grandes y decisivos éxitos. Pero, y por la misma razón, si tan escasas secuelas habían dejado, cabe suponer fundadamente que tales triunfos y hazañas eran mucho más limitados y discutibles de lo que se ha querido hacer ver.

En cualquier caso se imponía la paz, y esta, tras las habituales dilaciones diplomáticas se firmó en el Tratado de Madrid de 15 de noviembre de 1630, práctica repetición del de 1604, lo que prueba lo desventajoso que era para los británicos el primero, con la reiteración de que los buques de guerra españoles, en operaciones contra los holandeses, podían entrar en puertos ingleses, reparar allí y abastecerse de todo lo necesario, importantísima ventaja estratégica que no se tardó en aprovechar cumplidamente.

Y así, tras apenas un lustro de guerra, durante los veinticinco años siguientes, Inglaterra se replegó sobre sí misma, en sus problemas internos que condujeron a la revolución, guerra civil, ejecución del rey, gobierno parlamentario y dictadura final del general Cromwell.

## LOS ENEMIGOS MÁS TEMIBLES

Mientras la tan clara y rotundamente derrotada Inglaterra abandonó la lucha, la triunfante pero ya bastante agotada España seguía en la brecha, contra una sucesión de viejos y nuevos enemigos. Y pese a la profunda crisis económica, demográfica y social interna, aún era capaz de rechazar la intromisión danesa en la guerra de los Treinta Años y posteriormente la sueca, con la decisiva victoria de Nördlingen de 1634, en la que literalmente los viejos tercios aplastaron al nuevo, revolucionario y tan ensalzado ejército sueco de Gustavo Adolfo. Pero al año siguiente, una nueva y reforzada Francia, siguiendo los designios de Richelieu, entró en la contienda con efectos a la larga decisivos.

Pero aquí nos interesa especialmente la parte naval del gran conflicto, que siguió teniendo por protagonistas a españoles y holandeses. Muy fuertes golpes se propinaron los dos enemigos en la larga y durísima guerra por mar, que pueden servir al lector de referencia sobre lo anterior.

El primer gran triunfo holandés ocurrió el 8 de septiembre de 1628, cuando el almirante Piet Heyn, al mando de casi treinta naves, topó cerca de La Habana con la flota de Nueva España, mandada por Juan de Benavides y Bazán, reducida por entonces a cuatro galeones que escoltaban a once mercantes, más o menos armados. Ante tal desproporción de fuerzas, Benavides ordenó refugiarse en la entonces despoblada bahía de Matanzas, con tan mala pericia y fortuna que su propio buque insignia y los que le seguían embarrancaron en la entrada, cundiendo el pánico entre las dotaciones, que apenas resistieron el ataque holandés en botes de abordaje, perdiéndose la flota entera y todo lo que llevaba, desde mercancías, oro y plata, hasta los cañones de los buques. Heyn se convirtió en un héroe popular en Holanda, mientras que Benavides fue severamente juzgado y se le ejecutó en castigo a su ineptitud.

Pese a las especiales circunstancias del caso, los holandeses habían conseguido lo que nunca antes habían logrado ni los corsarios ni las escuadras inglesas, fueran de Isabel Tudor o de Carlos Estuardo. Y este es un hecho que pocas veces se recuerda y se valora debidamente.

No proseguiremos con la descripción de la larga y dura guerra naval entre españoles y holandeses, pero sí recordar la que fue la campaña decisiva de esa contienda. Las Dunas, en octubre de 1639, que ya hemos descrito y analizado en otro trabajo.

Compare el lector el tremendo balance de la batalla de las Dunas de 1639, con el del combate de Gravelinas de 1588 y sacará conclusiones no muy diferentes de las nuestras sobre la respectiva efectividad en casos y hasta escenarios bien parecidos de ingleses y holandeses.

Y la recuperación española quedó casi completamente descartada, pues a los pocos meses, en el fatídico 1640, se iniciaban las sublevaciones de Portugal y Cataluña, abriendo una grieta ya imposible de tapar en el poderío español.

Pero ya la suerte estaba echada, y por si quedara alguna duda, los Tercios conocieron la derrota en Rocroi en 1643 ante las tropas francesas, siendo el resto de la lucha una continua agonía hasta la Paz de Westfalia de 1648 con los Países Bajos y los protestantes de Europa, y aún más, hasta la de los Pirineos con Francia en 1659 y con Portugal nada menos que en 1668.

Esas fueron realmente las fechas decisivas para el declive del poderío militar y naval español, las de 1639-1643. Fue entonces cuando se mostró la decadencia de la hegemonía española, no en 1588 ni en 1604, como se pretende por algunos.

Es bien cierto que la Inglaterra de Cromwell aprovechó el agotamiento español en 1654, con la agresión contra nuestras flotas y colonias, pero la labor decisiva ya estaba hecha por otros.

Menos recordado en España es que, para afirmarse en el mar, Cromwell tuvo que declarar la guerra a Holanda dos años antes, que era quien había heredado en buena medida el dominio de los mares que antes había pertenecido a la Monarquía hispana. Fue entonces, con hombres como Robert Blake y otros, cuando se pusieron los verdaderos cimientos de la Royal Navy y se comenzó verdaderamente el camino hacia la hegemonía marítima, comercial y colonial que solo obtuvo carta de naturaleza tras el Tratado de Utrecht, en 1713, y que se afirmó verdaderamente en los tiempos de Nelson. Y así es comúnmente reconocido hoy entre los especialistas.

Incluso la victoria inglesa sobre los holandeses de la guerra de 1652-1654 fue tan poco decisiva, que hubo de reanudarse en una segunda guerra en 1665-1667, donde el gran almirante holandés Ruyter logró imponerse de tal modo que es considerado como uno de los grandes jefes navales de la Historia. Y la de 1672-1674, en la que Inglaterra precisó la ayuda de la pujante escuadra francesa, y, sobre todo, del ejército de Luis XIV, doble amenaza que, aunque no bastó para derrotar a los holandeses, les supuso un enorme desgaste.

Y casi enseguida, y ante el emergente poder francés, cambiaron las alianzas en respuesta, e ingleses y holandeses se unieron, junto con los españoles, hasta la muerte de Carlos II de España, contra el expansionismo francés. El nuevo siglo y el que la Corona española pasara a un Borbón, cambiaron radicalmente las alianzas.

En realidad, muchos de los logros que se suelen atribuir a los ingleses en estos años son realmente holandeses: ellos fueron los que, con los *gueux*, primero, se enfrentaron con éxito a las fuerzas navales españolas en sus propias aguas, apoderándose de casi toda la franja litoral de Flandes. Y ellos fueron también los que consiguieron frenar el ímpetu de los tercios durante decenios.

También fueron logros holandeses los que facilitaron el fracaso de la Armada de 1588, por más que los ingleses se atribuyan por entero su limitado éxito.

Y luego, en una rapidísima expansión, los holandeses no solo atacaron el tráfico marítimo español o sus posesiones ultramarinas, sino que empezaron a establecerse con notorio éxito en el Caribe y en el Brasil portugués, mientras prácticamente acababan con el imperio colonial luso en Indonesia y Extremo Oriente y llegaban a Japón tras portugueses y españoles.

Mientras, los intentos de colonización ingleses fracasaban lamentablemente, y ya vimos que el primer y pequeño éxito no lo tuvieron hasta la fundación de Jamestown, en 1607, y eso gracias a la paz con España. Los holandeses no tardaron en fundar una ciudad que llamaron Nueva Ámsterdam, que solo pasó a ser inglesa y a tomar el nombre de Nueva York tras la paz entre ambas naciones de 1667, y como resultado de un intercambio de posesiones.

Igualmente, las contribuciones holandesas en navegación, descubrimientos y cartografía, aun siendo inferiores y posteriores a las ibéricas, fueron incomparablemente mayores y más relevantes que las que hicieron los marinos ingleses por aquella época. Y lo mismo cabe decir en cuanto al diseño de buques, desde las formas del casco a los aparejos.

Si en algún momento se puede hablar en la Europa de los siglos XVI y XVII de antecedentes claros de la Revolución industrial inglesa de fines del XVIII, es de nuevo en Holanda, desde la pesca industrial a los astilleros, al mercado textil y la metalurgia, incluida la fabricación de cañones y de armas en general. Del mismo modo, fue Ámsterdam el centro comercial y financiero por muchos años antes de que Londres consiguiera tal papel en el XVIII. Y con reflejos mundiales desde la pintura a la filosofía.

Y, por supuesto, y como ya creemos que ha quedado suficientemente demostrado, en la eficiencia de sus marinos y sus escuadras, estos méritos holandeses se prolongaron muchos años después de su victoria sobre la Monarquía de Felipe IV y tardaron en ser superados por ingleses y franceses, si es que lo fueron de hecho por otras razones que no fueran el número y la pura potencia.

Pero, por una razón u otra, el «milagro holandés» fue efímero y mucho de lo conseguido por la pequeña nación fue aprovechado por las dos nuevas grandes potencias: Francia y Gran Bretaña, que bloquearon o satelizaron desde entonces al pequeño país en diversos momentos y circunstancias.

No fue, por tanto, ninguna casualidad el que uno de los mejores propagandistas que ha tenido la expansión naval británica en la Historia, Alfred T. Mahan, eligiera para su disertación sobre *La influencia del poder naval en la Historia* la fecha de 1660 como comienzo de su análisis. Evidentemente, antes de ese año había poco que alabar de sus modélicos ingleses que supuestamente habían conquistado los mares un siglo antes.

Esta es una verdad histórica muy poco conocida o recordada en España.

# CONCLUSIÓN

La larga y compleja hostilidad entre el reino de España y el de Inglaterra nos ha obligado a una extensa narración, intentando explicar razonadamente tanto el origen como el desarrollo y resultado final de aquella lucha.

Seguramente la cuestión, que tantas reflexiones de todo tipo ha originado, tanto en los principales países afectados, como en los que se vieron implicados de una manera u otra, y hasta en los que fueron espectadores de la lucha, o participaran en ella de forma esporádica o temporal, hubiera precisado un mayor detalle y desarrollo, y hasta alguna matización de los juicios expresados.

Pero, creemos que nuestra visión pone en cuestión de forma clara y tajante el juicio más divulgado de los hechos, que considera como cierta la versión que del largo conflicto y su resultado se ha impuesto por lo general.

También es cierto que no somos, ni mucho menos, los primeros que lo señalamos, pero creemos que sigue siendo de interés para el lector y también para futuros investigadores el llamar la atención de unos y de otros sobre los mitos, errores y falsificaciones sobre la verdad de todo lo que concierne a esta tan citada como poco conocida larga contienda.

Pese a tantas disquisiciones, dejó las cosas de manera muy parecida a como se encontraban al principio.

SEGUNDA PARTE

# TRAFALGAR Y SU ÉPOCA
# (1789-1807)

L a muerte en noviembre de 1700 de Carlos II de España y las Indias, sin un heredero indiscutible, provocó una gravísima crisis en Europa que condujo, como es bien sabido, a una dura y larga guerra continental, pues estaba en juego el equilibrio de poderes y el destino de muchos territorios en todo el mundo.

El grave asunto motivó complejas negociaciones entre todos los implicados y acuerdos que finalmente se aclararon con el testamento del rey, que analizando con su corte la situación planteada, legó su Corona y posesiones a Felipe de Anjou, nieto de Luis XIV de Francia, quien no olvidemos que era hijo de una infanta española y estuvo casado con otra.

Parecía la opción menos mala de entre las posibles, pero como tantas veces se olvida, tuvo sus inevitables costes de oportunidad.

El primero fue la dura guerra europea que siguió, con sus muertes, gastos y destrucciones hasta 1713 (y hasta 1714 en Cataluña), pero a ello se añadió para la Monarquía del ya Felipe V de España, otro coste muy significativo: la pérdida de las posesiones españolas en Europa, desde Flandes y la frontera francoalemana a Italia, a las que se añadieron Gibraltar y Menorca. Y si las primeras fueron mejor aceptadas por la agotada España, cansada de las dificultades de ese legado de los Habsburgo, otra actitud muy distinta contempló la pérdida de los territorios italianos y españoles.

Sin contar con las pérdidas anteriores, debidas justamente a la expansión francesa sobre los territorios hispanos en Europa, que había motivado el sorprendente apoyo angloholandés frente al expansionismo francés.

Aquello fue todo un vuelco en las relaciones internacionales, pues desde el siglo XVI, por más de dos siglos, el principal enemigo de la Monarquía española había sido Francia, como sabemos, y así hasta poco antes de la muerte de Carlos II.

Y si bien la sucesión de Felipe V pareció la solución menos mala y más viable, al convertir en aliados a países que compartían fuertes raíces culturales y religiosas, no dejó de tener sus inconvenientes, y desde el más inmediato futuro.

Ello fue así porque a menudo, en la espinosa cuestión de la política internacional, y según la famosa expresión de un *premier* británico, un país debe de guiarse por su propio interés en cualquier asunto, no por alianzas exteriores. Aunque los vínculos sean hasta familiares y los españoles tuvieron pronto ocasión de comprobarlo, en primer lugar, con las duras concesiones del Tratado de Utrecht.

No solo fueron asuntos políticos, diplomáticos o estratégicos, también en un aspecto más general, cultural y sociológico, Francia era el país emergente, la gran potencia europea en todos los órdenes, desde el militar y naval a la literatura, la filosofía, la ciencia y el arte. España no podía envanecerse sino de un pasado realmente excepcional, pero ya muerto.

Y todo ello supondría una continua serie de desencuentros durante el siglo XVIII entre los dos reinos, pues no olvidemos que desde el reinado de los Reyes Católicos hasta el de Carlos II, Francia fue el principal enemigo de la Monarquía española.

No vamos a entrar en un análisis pormenorizado de la política internacional del siglo, pero recordaremos que la paz de Utrecht se hizo a costa de las posesiones españolas en Europa, de Flandes a Italia, Gibraltar y Menorca, que los británicos obtuvieron el asiento de negros en América, lo que costó una guerra que comenzó en 1739 y sin que Francia apoyara a España, hasta 1744. Aparte de los sucesivos intentos de expansión franceses en América, desde Luisiana a la Guyana y el Caribe, o incluso la tentativa sobre las Malvinas. Además de que la iniciativa conjunta hispanofrancesa de la expedición del Meridiano no se repitió, ante el temor en Madrid de que diera lugar a una peligrosa intromisión francesa en la América española.

En la Armada, pese a la profunda influencia francesa en tantos órdenes, también se dio una gran independencia. Ello se puso de relieve en un asunto tan decisivo como la construcción naval.

El primer sistema de construcción de navíos fue el de Antonio Gaztañeta, llamado a la española, pues recogía la tradición de navegación y combate española de más de dos siglos, junto a mejoras propias nacidas de la experiencia o que seguían progresos de cualquier otra procedencia. Un claro ejemplo fue el Real Felipe, buque insignia de Juan José Navarro en el combate de Tolón o Sicié en 1744, un hermoso y fuerte navío de tres puentes.

Cuando se quiso modernizar ese sistema, se envió a Jorge Juan, en una misión encubierta, a estudiar los métodos de los astilleros británicos e incluso a contratar a ingenieros de esa procedencia. Y así, en el arsenal de La Habana se hizo el Santísima Trinidad, el navío más grande de su tiempo, con el récord de cuatro cubiertas de baterías de cañones. Y el proyectista fue Mateo Mullan, de origen irlandés.

Pero el sistema inglés también era mejorable y luego se pasó al francés, con el ingeniero Gautier, diseñador de buques como el San Juan Nepomuceno, también presente en Trafalgar, junto al Trinidad.

Con la experiencia y saber acumulados, se construyeron, con diseño de Romero Landa, los navíos de tres puentes, como el Santa Ana y el Príncipe de Asturias, de una serie de seis, que figuraron entre los navíos mejor diseñados de su tiempo, tan potentes como marineros. También presentes en Trafalgar, batalla a la que ambos sobrevivieron, demostrando palmariamente sus cualidades.

No parece mucho seguidismo el que a lo largo del siglo se sucedieran cuatro sistemas distintos de construcción naval y solo el tercero fuera de origen francés.

Hubo que hacer frente a las innovaciones, tanto técnicas como tácticas, ideadas por los británicos a fines de siglo, cuando de nuevo la respuesta española fue mucho más amplia, creativa y eficaz que la casi inexistente francesa.

Por no hablar del diseño de nuevas embarcaciones, creadas por españoles y ofrecidas a los franceses, como el jabeque, un buque ideal para dar caza a los corsarios norteafricanos y en general a los mercantes enemigos, o las cañoneras, de diseños ambos nacidos en España, de la mano del gran Antonio Barceló, y prestados a Francia.

Pretender por ello que la Armada, sus hombres y sus buques, no fueron sino una limitada y problemática imitación de sus orígenes franceses, es desconocer la realidad histórica. Ello, por supuesto, se debe también a la muy humana competitividad incluso entre países aliados, pero las cosas se enrarecieron entre los dos países finalmente aún más por causas políticas.

# 1

# EL IMPACTO DE LA REVOLUCIÓN FRANCESA EN LA ARMADA

Si bien la ayuda a la rebelión e independencia de las Trece Colonias que formaron Estados Unidos fue decisiva para el nacimiento del nuevo país, la victoria se cobró un alto precio en ambas monarquías.

En Francia, el alto coste de la guerra provocó un enorme déficit de las arcas públicas que, unido a otros factores, como las malas cosechas de trigo o las nuevas ideas, terminaron provocando el estallido de la revolución, en julio de 1789, como es bien sabido, con consecuencias de toda índole tan serias como duraderas.

Menos conocido es el caso de España, donde al gasto militar y sobre todo naval, se unió el producido por las generosas ayudas, tanto en armas como en dinero, concedidas a fondo perdido (o así quedaron posteriormente) por la Monarquía española a la naciente república americana. Graves consecuencias ya visibles en plena victoria, con grandes problemas para sufragar los sueldos y mantenimiento incluso de buques, mandos y marinería.

Y con el estallido de la guerra contra la Revolución francesa los problemas aún se acrecentaron, pues el gasto militar en España se volvió a disparar, pero con un muy significativo cambio: como la amenaza principal era ahora por tierra, al ser Inglaterra aliada, el gasto se centró en el Ejército en detrimento de la Armada.

En los años previos de paz, de 1766 a 1792, los gastos del Ejército superaron los 230 millones de reales, el 32 por ciento del presupuesto total. Los de la Armada fueron casi 159 millones, un 22 por ciento. Ello pese a su mayor coste en buques, cañones, etc. En el período siguiente, de 1793 a 1797, y debido al cambio estratégico y de enemigo, el gasto del Ejército creció hasta superar los 590 millones de reales, la mitad del presupuesto total. El de la Armada se redujo a poco más de 235 millones, un 20 por ciento del total.

Y estas cifras son las legalmente consignadas, pues en realidad un alto porcentaje no se hicieron efectivas, debiéndose como hemos dicho años enteros de pagas desde los mandos a la marinería, y suspendiéndose tanto las nuevas construcciones de buques (el último en terminarse lo fue en 1798 el Argonauta, de ochenta cañones y construido en Ferrol) y luego no volvió a construirse ninguno hasta el reinado de Isabel II, en 1842. Y la situación aún empeoró: el presupuesto no daba para reparar y atender a la conservación de los buques, puesta a punto y su modernización, así como para el mantenimiento de los arsenales.

Un muy significativo detalle ilustra perfectamente la cuestión: el arsenal de Cartagena estaba tradicionalmente lastrado para la construcción por la falta de mareas en el Mediterráneo, que facilitasen la entrada y salida de buques en dique, tanto para ser botados como para reparaciones y reformas. Para resolver el problema, el gran Jorge Juan introdujo allí las primeras bombas de agua impulsadas por vapor (y las primeras máquinas de vapor operativas en España).

Pues bien, en los años siguientes la situación se deterioró tanto que los propios obreros de la Maestranza del arsenal, hartos de no cobrar sus pagas y en completa indigencia, las desmantelaron y fundieron para poder venderlas por su valor en metal. Y el caso no fue único pues los robos en los arsenales fueron comunes, desde simples sogas, a maderas, planchas de cobre para los forros de los buques, provisiones almacenadas, etc. Y aunque tales prácticas se daban igualmente en los arsenales ingleses y franceses en esa convulsa época, no tuvieron el grado e importancia que en los españoles.

Ante la situación desesperada del Ejército, muy superado por el nuevo y revolucionario francés, se tuvo que entregar por la Armada buena parte de sus fusiles, ante su urgente necesidad, quedando los buques, incluso los movilizados, con solo los pocos necesarios para establecer las guardias y cumplir los deberes más esenciales. Con muy serias consecuencias en una época en que aún eran frecuentes los abordajes, y no digamos en el aspecto moral de las dotaciones.

En otros aspectos, la guerra de los Pirineos, también conocida como contra la Convención, tuvo también consecuencias favorables, como suele suceder incluso en las situaciones más comprometidas. Al ser nuevas experiencias pueden proporcionar elementos para la reflexión y fomentar las innovaciones, si es que se saben aprovechar.

La primera fue, sin duda, el establecer normales relaciones con los ahora aliados británicos y observar su modo de enfrentarse a los problemas en todos los sentidos y compararlo con el propio, en busca de la mejor solución. De ahí provino, según veremos, en no escasa medida la mayor receptividad española que la francesa ante la necesidad y urgencia de innovaciones tanto en el terreno técnico como en el táctico.

La segunda, poder contar con ese potente aliado, que eximía a la Armada de muchas y complicadas tareas, desde conseguir la victoria en mar abierto a las operaciones anfibias contra la costa enemiga. Justamente en una de ellas, el asedio de Tolón, que se había alzado contra el Gobierno republicano francés y permitido la entrada en ella de los nuevos aliados y su defensa contra las tropas francesas que querían recuperar esa importante base y arsenal, fue donde brillaron especialmente los hombres de la Armada, aunque al final tuvieron que abandonar la plaza, junto con los británicos, ante el empuje del enemigo.

En el aspecto puramente naval, cabe destacar el apresamiento de dos fragatas francesas, las Hélene e Iphigénie, que pasaron a formar parte de las de la Armada con los hombres de Sirena e Ifigenia, mientras que una tercera, la Richmond, fue quemada por su dotación para evitar ser apresada.

También la heroica defensa del navío Montañés, al mando de José Jordán, que se vio acorralado el 30 de marzo de 1792 en la costa de San Feliú de Guixols por una escuadra francesa de ocho navíos (el insignia de tres puentes) y dos fragatas, que escoltaba un convoy. La defensa fue tan acertada que los franceses se tuvieron que retirar tras dos horas y media de fuego, sin causarle graves daños y con solo tres muertos y un puñado de heridos a bordo.

Más importancia tuvo la toma del fuerte francés del Delfín en Santo Domingo, por la escuadra de Aristizábal, que escoltaba un convoy con los tan necesarios caudales de América, que terminó con la rendición de la fortaleza, mil soldados regulares hechos prisioneros, aparte de muchos más milicianos locales y nada menos que cuarenta y una piezas de artillería.

El resto de las luchas se limitó a combates entre unidades ligeras y corsarios.

## UN SORPRENDENTE CAMBIO DE ALIANZAS

La paz con Francia se firmó en Basilea el 22 de julio de 1795, devolviendo sus conquistas a cambio de la parte española de Santo Domingo, lo cual no fue gran pérdida, teniendo en cuenta la inferioridad de nuestro Ejército y lo mal que nos había ido en la contienda.

Pero, y en un increíble cambio de alianzas, la España de Carlos IV se alió al año siguiente con la Francia revolucionaria, por el tratado llamado de San Ildefonso de 18 de agosto de 1796. Indudablemente, se temía mucho más a los ejércitos revolucionarios franceses que a la Royal Navy, y con dicha alianza se pretendía evitar el supuesto peligro por los primeros y conjurar el de la segunda.

Sin embargo, tal jugada, muy polémica desde entonces, a muchos les pareció contra natura por serios que fueran los motivos que impulsaron a ella. Pues se tomó sin tener en cuenta la mala situación de la Armada para reanudar la guerra contra los británicos en aquellos momentos. Muchos se opusieron frontalmente a ella, entre ellos el gran marino y científico Alejandro Malaspina, que pese a tener bien recientes sus méritos por su circunnavegación con las corbetas Descubierta y Atrevida, pagó con el destierro a Italia su atrevimiento.

Ya conocemos que los presupuestos habían desviado el dinero hacia el Ejército, desatendiendo gravemente a la Armada, la tremenda cuestión de fusiles y pistolas de los buques españoles, la falta todavía de obuses y carronadas y la de llaves de fuego, el retraso en las pagas, etc. Todo esto comunicó José de Mazarredo a sus superiores, que lo destituyeron como jefe de la escuadra de Cádiz y lo mandaron arrestado a Ferrol.

Todo lo que querían saber Godoy y sus consejeros era que, según las listas de la Armada, esta reunía por entonces el máximo de buques de todo el siglo, con nada menos que setenta y seis navíos y cincuenta fragatas.

Pero, para tripularlos hacían falta unos ochenta y nueve mil trescientos cincuenta hombres, mientras que en la matrícula solo figuraban cincuenta y tres mil ciento cuarenta y siete marineros, de modo que ni aún reclutándolos a todos, es decir, amarrando por completo las flotas mercante y pesquera, se podían reunir tripulaciones para ellos. Así que hubo que recurrir a tropas del Ejército y a levas forzosas para cubrir las faltas. Como sabemos, tampoco se encargaron nuevos navíos a partir de estas fechas, pues de nada servirían a falta de otros elementos y gastos imprescindibles.

Por duros que fueran los castigos contra los disidentes, en la mente de casi todos quedó la idea de que aquella guerra no tenía sentido y que Godoy estaba jugando peligrosamente con los destinos de la Monarquía. Ello, en buena medida, explica algunos de los sorprendentes acontecimientos de la guerra.

Según los términos del acuerdo, España debía aportar, a requerimiento de Francia y en un plazo de tres meses desde la petición, un mínimo de quince navíos de línea (tres de ellos de tres puentes), seis fragatas y cuatro corbetas o menores, con víveres para seis meses. Además, un ejército de veinticuatro mil hombres, seis mil de ellos de caballería, reponiéndose continuamente las pérdidas que por una u otra causa se produjesen en la escuadra y en el ejército.

Tradicionalmente se ha hecho responsable a Manuel Godoy de estos vaivenes diplomáticos y estratégicos, que finalmente llevaron a España al desastre. Dudamos de que hubiera otro estadista que lo pudiera haber evitado o, al menos, paliarlo de forma clara, ante el enorme vuelco que supuso en muchos órdenes la revolución y con la actitud tanto de París como de Londres, invocando continuamente grandes principios, por opuestos que parecieran, pero actuando de hecho según sus propios intereses. Aunque poco podría reprocharles la España que cambiaba de alianzas y compromisos de aquella manera.

## UNA NUEVA GUERRA

El comienzo de la guerra tuvo poco interés, limitándose la escuadra española de Lángara a apoyar las escuadras francesas que operaban en el

Atlántico y en el Mediterráneo, pero sin entablar combate con las muy inferiores escuadras enemigas con las que se topó, pese a tener el mando de una poderosa flota de veintiséis navíos y entre catorce y diez fragatas. Su único y modesto éxito fue apresar dos buques de transporte de un total de cuatro que eran escoltados por escuadras muy inferiores que rehuyeron el combate.

El único de alguna entidad tuvo lugar el 13 de octubre de 1796 entre la fragata española Mahonesa y la británica Terpsicore. La segunda era mucho más potente en artillería y muchos de los marineros españoles se negaron a combatir, por lo que la española se rindió tras sufrir treinta muertos y un número mayor de heridos. Su enemiga solo lamentó cuatro heridos en el corto combate.

El nuevo encuentro entre buques de ambos países tuvo un resultado muy distinto:

A fines de 1796, el capitán de navío Horacio Nelson, con el cargo de comodoro, izaba su insignia en la fragata Minerve, acompañada de la Blanche.

A las once de la mañana del 19 de diciembre de 1796, se topó, no lejos de Cartagena, con otras dos fragatas españolas, la Matilde, al mando de Miguel Gastón de Iriarte, jefe de la agrupación española, y la Santa Sabina, a la de Jacobo Stuart.

La Matilde y la Blanche pronto se perdieron en el horizonte mientras combatían. La lucha principal fue entre la Santa Sabina y la Minerve, con Nelson al mando, aunque su comandante fuera George Cockburn.

La superioridad británica era más que evidente, pues la Minerve (de origen francés pues se botó en Tolón en 1794, siendo apresada por los británicos al año siguiente), llevaba veintiocho cañones de a 18 libras de bala, seis de a 6 y dieciséis carronadas de a 32, con una andanada de 523 libras, mientras que la Sabina, botada en Ferrol en 1781, llevaba veintiocho de a 12, doce de a 6 y otros tantos pedreros de a 3, inútiles salvo a bocajarro en caso de abordaje y contra el personal, con apenas 306 libras de andanada y de menor calibre máximo.

Pese a la superioridad en artillería de la fragata de Nelson, de más de cinco a tres, el combate se prolongó por tres horas y media, debiéndose rendir la española, con dos muertos y cuarenta y ocho heridos, el palo de mesana abatido y los otros dos a punto de caer, contra siete muertos y treinta y tres heridos de la británica, pero con más suerte en la arboladura. Las cifras de bajas respectivas y la duración del combate muestran tajantemente el valor y la pericia de los españoles en la batalla, pese a tópicos tan repetidos como inexactos y pese a su gran inferioridad.

Nelson quedó impresionado al saber que el comandante enemigo era nada menos que un Stuart, descendiente de los reyes de Escocia y de Inglaterra, por lo que le trató con toda consideración y respeto, devolviéndole la espada. Para tomar posesión de la apresada Sabina destacó en ella a dos tenientes de navío y cuarenta hombres, poniéndola al mando de su fiel amigo y subordinado Hardy.

A las 4.30 horas de la madrugada, apareció la Matilde al mando de Gastón, que había conseguido despegarse de la Blanche. Acudía en auxilio de su compañera, pese a ser un barco muy inferior a los dos británicos, de treinta y cuatro cañones y 12 libras de calibre máximo, con lo que de nuevo se reanudó el combate.

A la media hora de fuego y reincorporada a Nelson la Blanche se divisó otra agrupación española atraída por el cañoneo: las fragatas Ceres y Perla, seguidas a distancia por el gran navío de tres puentes Príncipe de Asturias.

Ante aquello, Nelson comprendió que no le quedaba sino retirarse a toda vela, maniobra facilitada por su fiel Hardy (en cuyos brazos murió en Trafalgar) que retrasó lo que pudo a los españoles con la Sabina, que fue recuperada, cayendo prisioneros Hardy, el otro oficial y los cuarenta marineros británicos de la dotación de presa, mientras que las otras dos fragatas perseguían a las de Nelson, causándolas otras diez u once bajas. Disparar en persecución hacía perder velocidad, por el retroceso de los cañones, y los ingleses pudieron finalmente huir. Sin contar que las fragatas españolas, de portes de cuarenta y treinta y cuatro cañones, eran inferiores a las británicas, de cincuenta y treinta y ocho, si bien la de Nelson había sufrido cuantiosas bajas y notorias averías. Además, sospechaban que otros buques ingleses estarían cerca, volviéndose a cambiar las tornas.

Un caballeroso Nelson, que había conservado como único prisionero a Stuart, escribió a Gastón, su jefe, al ponerle en libertad y ser canjeado por Hardy y los demás prisioneros ingleses:

No puedo permitir que don Jacobo vuelva a su lado sin expresarle mi admiración por su valeroso comportamiento. A usted, que ha visto el estado de su nave, no es necesario demostrarle la imposibilidad en que se halló de prolongar la defensa. Yo he perdido en la lucha muchos hombres valientes, pero en nuestros mástiles fui el más afortunado, de no haber sido así, es probable que hubiera tenido el gusto de conocerle. Pero Dios ha dispuesto las cosas de otro modo, por lo que le estoy agradecido.

Lo cierto es que los marinos españoles y británicos, recientes aliados en la guerra contra la Convención, habían aprendido a respetarse y valorarse mutuamente, aunque los avatares políticos volvieran a enfrentarlos en sangrientos combates.

Aquella fue una muy honrosa derrota naval de Nelson, pero indudablemente un duro revés, que ya hubieran querido apuntarse otros enemigos del genial marino británico, ya fueran franceses, holandeses o daneses. Esto muestra de nuevo y palmariamente lo injusto, inexacto y parcial de muchos juicios sobre los marinos españoles de entonces y de su pericia en el combate. Y bueno es recordar estos hechos para valorar debidamente la historia y logros de unos y de otros.

Aquella fue la única ocasión en la que Nelson sería derrotado por un enemigo en un combate entre buques, algo que debería ser recordado. Por una razón u otra ha permanecido en el olvido.

Fue un combate con circunstancias muy particulares y no era un buen indicativo de la situación real en la lucha. Apenas sesenta días después, se demostró que los españoles debían mejorar mucho en varios aspectos.

## EL COMBATE DE CABO SAN VICENTE

En pleno invierno zarpó de Lisboa la escuadra británica mandada por Jervis. Prueba de la dureza de la navegación en esa época fue que uno de sus navíos se hundió en un temporal, otro encalló y tuvo que volver a Inglaterra para reparar, y otro más lo tuvo que hacer en la propia Lisboa. Un tres puentes encalló en la salida del Tajo al mar, donde se había perdido poco antes otro más.

Pese a tantas desgracias, Jervis salió con su escuadra el 18 de enero de 1797 para vigilar las aguas del Estrecho con solo los diez navíos útiles. Se le unieron cinco navíos enviados como refuerzo. Los temporales hicieron que dos de ellos se abordaran entre sí, pero las dotaciones lograron repararlos durante la navegación.

En total eran quince navíos, cuatro fragatas y dos corbetas. De los navíos seis eran de tres puentes, con insignia en el famoso Victory, y el resto de setenta y cuatro cañones, salvo uno de sesenta y cuatro.

El 14 de febrero se encontró en aguas del cabo de San Vicente, encrucijada de la navegación y con una amplia historia de combates, con la escuadra del almirante Luis de Córdova, con veinticuatro navíos, siete de ellos de tres puentes, aparte de fragatas y menores, teóricamente muy superior. Tenía serios problemas de alistamiento por la escasez de presupuesto y con unas modernizaciones técnicas y tácticas que ya se revelaban tan urgentes como necesarias, pero que se habían aplazado por las penurias económicas.

Y justamente el resultado del combate confirmó rotundamente la necesidad perentoria de acometer esas mejoras.

Ambas escuadras formaron en línea de combate, con la ventaja británica del barlovento. La línea española presentaba grandes huecos entre un navío y otro. Jervis intentó rodear la retaguardia española, pero la respuesta fue muy parecida, pues los españoles intentaron hacer lo mismo con la británica.

Aquel contraataque fue avistado por Nelson, ya comodoro como sabemos, y con insignia en el Captain, un navío de setenta y cuatro cañones, y sin esperar órdenes, se lanzó a bloquear ese contragolpe, seguido por otros buques británicos al comprender su necesidad.

Tras un duro cañoneo con el San Nicolás de ochenta cañones, Nelson ordenó pasar al abordaje que obtuvo completo éxito (los británicos conocían la falta de fusiles de las dotaciones españolas por haber sido aliados hasta hacía bien poco) con total éxito, siendo la fuerza principal de ataque del 69º Regimiento de Infantería de Línea, ante la escasez de los *marines*. Allí tuvo lugar la gesta del soldado Martín Álvarez, de la Infantería de Marina, que luchó a culatazos de su inútil fusil defendiendo la bandera de popa cuya custodia le habían encomendado, hasta ser dado por muerto a causa de sus múltiples heridas.

Pero el navío español se tocaba con el San José, de tres puentes, y Nelson, aprovechando el empuje y el júbilo por la victoria, ordenó abordarlo también, redondeando su éxito y convirtiéndose desde entonces en todo un héroe mítico para la Royal Navy y para su país.

Y en circunstancias similares fueron abordados y apresados el Salvador del Mundo y el San Isidro, de ciento doce y setenta y cuatro cañones, respectivamente.

Incluso el insignia de Córdova, el gran Santísima Trinidad, corrió serio peligro del que le salvaron *in extremis* los Pelayo y San Pablo, a los que se unieron otros.

Jervis, satisfecho con lo conseguido, sabiéndose aún inferior en número a sus enemigos y viendo la reacción española, ordenó la retirada remolcando a sus presas.

Reagrupada su escuadra en torno al baqueteado Trinidad, Córdova, que había mostrado su valor en el combate, pero que era incapaz del alto mando que se le había dado y que no se hacía ni respetar ni obedecer por sus subordinados, consideró la posibilidad de reanudar el combate. En efecto, era superior en número de navíos a Jervis, varios de los navíos ingleses estaban desmantelados y otros habían gastado mucha munición y tenían sus dotaciones agotadas, mientras que la mayoría de los españoles apenas había entrado en combate. No habría sido difícil conseguir, al menos, que Jervis tuviera que abandonar sus presas y, tal vez, perder alguno de sus navíos más averiados.

Pero Córdova, insistimos, era un mal jefe. Al día siguiente y todavía con el enemigo a la vista, no se le ocurrió otra cosa que preguntar por banderas a sus subordinados, si creían posible reanudar el combate. Como suele suceder en estos casos, y esgrimiendo razones más o menos plausibles, casi todos optaron por la respuesta más prudente y menos comprometida, salvo los Príncipe de Asturias, Pelayo y Conquistador, que abogaron valientemente por tomarse la revancha. Así que, inclinándose cómodamente ante la mayoría, Córdova, que había transbordado a la fragata Diana, se encogió de hombros y ordenó la retirada a Cádiz, donde entró el 3 de marzo. El aliviado Jervis, que ya había tomado la decisión de destruir las presas en caso de ataque español para retirarse a todo trapo, envió incluso a sus fragatas a apresar al lisiado Trinidad, que, separado de la escuadra, era remolcado por las españolas, pero el intento quedó en poco más que en un intercambio de disparos.

Así que, aparte de los prisioneros, que subieron a unos dos mil, la escuadra de Córdova había tenido cuatrocientos cuatro muertos y novecientos veintinueve heridos y contusos, mientras que los ingleses solo reconocieron setenta y tres muertos y trescientos veintisiete heridos, algo menos de la tercera parte que sus enemigos.

Es de suponer la alegría con que se recibieron en Inglaterra las noticias, pues los antecedentes, como sabemos, no habían sido muy positivos, y se temía la formidable potencia teórica de la Armada española. Jervis fue nombrado Lord Saint Vincent por su victoria y Nelson se vio catapultado a la fama, tras el hecho glorioso e inaudito de tomar sucesivamente al abordaje dos navíos españoles, uno de ellos de tres puentes.

Por contra, cabe también imaginar la consternación que reinó en España cuando se supieron los desastrosos resultados del combate. Por una vez, se intentó hacer justicia y castigar debidamente tanta ineptitud, si bien las penas no fueron excesivamente severas, dictándose sentencia el 10 de septiembre de 1799. Al incapaz de Córdova se le privó de su empleo y se le prohibió volver a tener mando militar alguno, negándole su residencia en la corte y en los departamentos de la Armada. Y la misma pena se dictó para Morales de los Ríos, segundo jefe de la escuadra, que no hizo prácticamente nada durante todo el combate. Y aunque menores, a los comandantes y segundos de nueve navíos que apenas lucharon.

Es decir, nada menos que los dos principales jefes de la escuadra y los comandantes y segundos de nueve navíos.

A la opinión pública le parecieron escasos los castigos y llegó a pedirse la cabeza de Morales, disculpando algo más a Córdova, que al menos había luchado valientemente a bordo del Trinidad.

Entre los vencedores, Jervis pensó en castigar a los comandantes que menos se hubieran destacado, pese a la victoria y como era habitual en la Royal Navy, siendo disuadido de ello por el propio Nelson, quien le convenció de que la ocasión era muy especial y no convenía que fuera motivo de amargura para nadie.

Hubo también alguna recompensa para el puñado de mandos españoles de la escuadra que se portaron bien, cumplieron con su deber, obedecieron las órdenes y acudieron en socorro de su jefe cuando este se vio acorralado, especialmente el teniente general Moreno y los comandantes Valdés, del Pelayo; Hidalgo de Cisneros, del San Pablo; Escaño, del Príncipe de Asturias y Bravo, del Regla. A Moreno, Escaño y al jefe de escuadra Cárdebas, a bordo del Mejicano, que pese a estar rodeado y en lo más duro de la pelea, resistió hasta el final del combate, se les concedieron encomiendas en las órdenes militares.

Mucho se ha insistido en los juicios de este combate sobre la superioridad inglesa en adiestramiento y en la técnica, en el mal estado de los buques españoles y en lo inadecuado de sus dotaciones. Pero el fallo del Consejo de Guerra fue tajante y no dejó lugar a dudas: fallaron principalmente los mandos.

Con frecuencia los malos jefes se escudan en el adverso destino, las insuficiencias materiales o en sus subordinados para justificar sus faltas. Llama la atención que ninguno de los anteriores jefes, que cumplieron más que honrosamente su deber, alegara tales problemas para disculparse por no hacerlo. Y es que no hay nada mejor para lograr una buena dotación que el hecho de que esta tenga un buen comandante.

Es más: buena parte del éxito de las revolucionarias tácticas británicas se basó en que la doctrina clásica hacía de los jefes subalternos y comandantes de navíos, seres pasivos que solo servían para obedecer las órdenes por banderas del almirante. Y con los confusos combates de melé que imponían los británicos, muchos de estos marinos afirmaban no haber visto las señales, no haberlas interpretado bien o aducir mil pretextos para no cumplirlas y permanecer al margen de la lucha. Eso siguió pasando en los años siguientes, y hasta en Trafalgar. Al menos ese selecto grupo de marinos españoles había entendido una de las máximas del enemigo: no esperar órdenes y acudir en apoyo de los compañeros y jefes amenazados, actuando bajo su entera responsabilidad. Con esa capacidad de iniciativa no ganaron la batalla, como Jervis y sobre todo Nelson, pero al menos evitaron que la derrota fuera aún más grande.

Creemos necesario, llegados a este punto, dejar la narración de los combates y explicar en que consistían esos revolucionarios cambios en la técnica y la táctica naval que impusieron los marinos británicos.

# 2

# UNA REVOLUCIÓN
# EN LA GUERRA NAVAL

A lo largo de la historia de los conflictos humanos, suele suceder que
solo al enfrentarse con una gran crisis se impone la tarea tan urgente como necesaria de cambiar radicalmente la forma de combatir. O al
menos así lo impone la realidad de los hechos y la capacidad deseable de
superar los errores e insuficiencias propios.

Y el caso se dio para el Reino Unido durante la guerra de la Independencia de Estados Unidos, al verse la Royal Navy superada por la
alianza entre Francia y España.

Como sabemos, desde el siglo XVII al menos se había impuesto la
formación de las escuadras en largas líneas de fila, divididas todo lo más
en tres agrupaciones: vanguardia, un poderoso centro y retaguardia, siendo el centro la formación más numerosa y al mando del jefe supremo.

Entre un bando y otro tenía clara ventaja la situada a barlovento,
pues con ello podían escoger si daban o rehusaban el combate, según se
presentaran las circunstancias y el balance de fuerzas de las dos escuadras
enfrentadas.

Y para evitar errores en la formación, todos siguiendo órdenes del
mando supremo, comunicadas a toda la escuadra por señales de banderas,
hechas desde el navío insignia y repetidas por todos los demás, incluso por
las fragatas y menores (que no solían tomar parte en el combate), para su
correcta comprensión por cada buque y correcto cumplimiento. No había peor situación que el que la línea se descompusiera e imperara el caos.

Todo ello fue posible porque los navíos eran ya homogéneos en su diseño y características, y por una intensa instrucción y preparación previas.

El combate entre líneas enemigas paralelas se entablaba a distancias medias, que solo se acortaban hasta estar los buques tocándose o se pasaba al abordaje en caso de ver a uno o más enemigos en dificultades al ser desarbolado o por cualquier otra avería o circunstancia.

Con esa forma de lucha, lo normal es que los combates resultaran poco decisivos, salvo que se produjeran circunstancias especiales, si el poder de las escuadras contendientes estaba más o menos equilibrado.

Hubo inevitablemente propuestas y sugerencias varias, pero la cuestión quedó resuelta a consecuencia de la batalla de Los Santos, entre el 9 y el 12 de abril de 1782, en las Antillas francesas, entre la escuadra de Rodney, con treinta y cinco navíos y la del conde De Grasse, con treinta y tres. Las dos escuadras estaban sensiblemente igualadas en potencia, al menos teóricamente.

Tras unos indecisos combates iniciales, finalmente las dos líneas se cruzaron en direcciones opuestas y al ver Rodney un hueco en la línea francesa, ordenó a sus buques introducirse por él y rodear así la línea enemiga, iniciativa seguida por Hood, su subordinado, al distinguir otro hueco en la línea enemiga y pese a no tener órdenes para ello. El resultado fue que el centro francés quedó envuelto por los buques británicos, que abrumaron a los navíos enemigos en todos los ángulos, quedando los seis navíos galos, incluyendo el buque insignia de De Grasse, el único de tres puentes de su escuadra, apresados por sus vencedores.

Y el resto de la escuadra francesa, partida en dos y sin su jefe, no pudo reaccionar, batiéndose en retirada.

La batalla marcó un cambio drástico en la guerra naval y desde entonces los británicos adoptaron esa táctica y la perfeccionaron, hasta llegar a éxitos como los de San Vicente, Aboukir, Camperdown (contra los holandeses) y Trafalgar.

Su esencia radicaba en que, en lugar de enfrentar dos filas paralelas y poco diferentes en poder artillero a media distancia, con lo que los combates eran tan costosos como poco resolutivos, se envolvía al enemigo por un lado u otro, aprovechando cualquier hueco en su línea o rodeándola por un extremo u otro, atacando especialmente las proas y popas de cada enemigo, poco defendidas, mientras que los propios proyectiles le atravesaban de parte a parte, causando muchos más daños y bajas que con el fuego de banda. Y ello, unido a que un grupo atacaba a cada enemigo aislado y rodeado, aseguraba la victoria, comparativamente rápida y poco costosa. El ataque continuaba sobre la siguiente víctima, sin apenas respuesta de un enemigo abrumado, que finalmente optaba por alejarse lo antes posible para evitar el desastre o todo lo más, intentar apoyar a los suyos tibiamente y a larga distancia para impedir que le terminara ocurriendo lo mismo.

De poco servían las órdenes del jefe enemigo transmitidas por banderas, pues si ya en línea eran difíciles de ver (por el humo de incendios y descargas, nieblas, etc.) o de interpretar correctamente, lo era aún más en una confusa melé.

Era mejor actuar previamente de acuerdo, como «hermanos» en expresión de Nelson, apoyándose mutuamente y respondiendo solidariamente a cualquier incidencia inesperada, con amplia autonomía para cada comandante y sin esperar pasivamente a órdenes que bien pudieran ser erróneas o extemporáneas.

Ello unido a combatir muy de cerca, para que el daño causado por la artillería propia fuera el mayor posible, y no los largos e inefectivos duelos a larga o media distancia. ¿Dónde quedaron las supuestas ventajas de la táctica inglesa en 1588?

En esos cañoneos a corta distancia, era importante disparar combinaciones de balas a la vez, con metralla y palanquetas, etc., pues la precisión en el disparo y la potencia del proyectil eran secundarias cuando se estaba luchando muy cerca del buque enemigo o incluso borda contra borda.

Esa munición se empleaba por las piezas normales, pero además los británicos adoptaron extensamente las carronadas, de corto alcance y gran calibre, especialmente aptas para esas combinaciones de proyectiles.

La carronada era una nueva pieza de artillería, fundiéndose las primeras en la fábrica escocesa de Carron hacia 1774, de donde procede su nombre. Se trataba de conseguir una pieza de artillería de poco peso y gran calibre, lo que solo se podía lograr acortando el tubo y adelgazando las paredes del ánima, por lo que la carga de pólvora debía ser menor que en una pieza normal, lo que sumado a la menor longitud del tubo daba como resultado un mucho menor alcance. Otro ahorro de peso procedía de la nueva cureña, muy distinta de la tradicional de cuatro ruedas, y aunque mucho menos segura en estabilidad al hacer un disparo y menos eficaz para la puntería, mucho más fácil de apuntar en cualquier ángulo horizontal, mientras que las clásicas estaban muy limitadas por el hueco de cada porta.

Las carronadas se idearon para armar pequeños buques o mercantes, pero pronto se descubrió que eran inmejorables en la lucha a corta distancia, pues, atiborradas de metralla sembraban la cubierta enemiga de balas de mosquete con efectos devastadores sobre las dotaciones enemigas. También podían lanzar balas y palanquetas, pero, en cualquier caso, su efecto a corta distancia era devastador: pensemos que los mayores cañones de la época eran de a 36 libras en las marinas francesa y española y de a 32 en la británica (se contaron algunos de a 42, pero apenas se utilizaron por su excesivo peso); pues bien, existieron carronadas desde 6, 9, 12, 18, 24, 32, 42, 68 y hasta 96 libras.

Y su pequeño peso en relación con el de los cañones normales, permitió que reemplazaran casi por completo a las piezas ligeras sin sobrecargar los buques. Así, una fragata que llevara diez cañones de a 9, pudo llevar nada menos que dieciséis carronadas de a 32, dejando algún cañón ligero para tareas específicas. Lo mismo se hizo en los navíos, con un considerable aumento en su peso de andanada.

Pero, curiosamente, el porte o número oficial de piezas de un buque quedó oficialmente idéntico, lo que lleva a confusión a más de un estudioso que ha analizado esos combates posteriormente.

Otro progreso de origen británico fue forrar la parte sumergida del casco de cada buque con planchas de cobre, con lo que no solo esa madera quedaba protegida de la adherencia (y perforación) de animales y plantas marinas, sino que el casco quedaba liberado de ese enorme peso y mantenía limpias sus líneas hidrodinámicas, con lo que mejoraban su velocidad y otras características.

Finalmente, introdujeron las llaves de fuego adaptadas de los mosquetes de la época para disparar la artillería. Tradicionalmente se venía haciendo con el botafuego o cabo encendido que se acercaba al oído de la pieza para hacer fuego. Pero con ello era difícil las punterías, pues el artillero instintivamente apartaba la vista para evitar las chispas producidas. Eso aparte de que alejaba el peligro de incendios a bordo.

Y estas dos últimas fueron las únicas mejoras adoptadas por sus enemigos.

## LA DÉBIL RESPUESTA FRANCESA

Sorprendentemente y para una época en que de forma destacada los ejércitos napoleónicos se impusieron normalmente a sus enemigos en las batallas por sus mejoras tácticas y estratégicas, la Marina imperial apenas supo responder a los nuevos retos británicos.

De nada (o de muy poco) sirvieron las duras y repetidas derrotas, el mando francés siguió aferrado a la táctica lineal tradicional y, todo lo más, a evitar en lo posible entablar una batalla naval a no ser que las fuerzas enfrentadas les dieran una amplia superioridad y la seguridad del triunfo. De no tenerla, lo mejor era evitar el combate y esperar a otra ocasión. Y con la superioridad numérica británica, ello era muy improbable.

Con ello los objetivos a atacar eran muy escasos: convoyes enemigos (y no muy grandes ni bien protegidos) o buques aislados, normalmente mercantes o buques de guerra menores. Ello aparte de las operaciones anfibias, en que apenas había enemigo a flote o era muy pequeño.

En suma: limitarse a hostigar y acosar al enemigo, confundiéndolo, pero sin llegar a la batalla decisiva entre escuadras. Y por diversas razones, en las que no podemos entrar, aquello fue aceptado por la Marina imperial, con algunas excepciones y siempre a título personal. Parece increíble que Napoleón aprobara esa solución, pero por una razón u otra, la creyó la única respuesta posible.

Y según ese criterio tan dudoso, se decidió prescindir casi en absoluto de los navíos de tres puentes, los mayores y mejor armados de la época, salvo en algún caso y por razones de prestigio fundamentalmente, por ser considerados demasiado lentos y pesados, y no encajar en escuadras homogéneas para la navegación y la maniobra. También de los más pequeños, de sesenta y cuatro a cincuenta o poco más, frecuentes en otras marinas por entonces, centrándose en los de ochenta y setenta y cuatro cañones, eso sí, poderosamente artillados con piezas convencionales para su tamaño, y por tanto ideales para combatir a distancia en simples escaramuzas o en combates poco serios, salvo que el enemigo fuera muy inferior.

Apenas se hizo algún esfuerzo por conseguir algo parecido a las carronadas británicas, intento tan costoso como de malos resultados, y apenas se utilizaron las carronadas apresadas a los británicos.

En suma: una cautelosa vuelta a las tácticas tradicionales. Y como el mando supremo de las operaciones estuvo en manos francesas normalmente, por razones obvias, ello tuvo decisivas consecuencias para los aliados francoespañoles.

## LAS INICIATIVAS ESPAÑOLAS

Sorprendentemente fueron los marinos españoles los que idearon respuestas adecuadas para enfrentarse a esos nuevos desafíos, y en varios aspectos, pese a la tópica referencia a que fueron incapaces de independizarse de la influencia francesa en todos los órdenes durante esa época, desde la política y la estrategia hasta la táctica y la técnica, con consecuencias ominosas.

Resulta curioso saber, a estas alturas, que el joven teniente de navío José de Mazarredo y Salazar propuso ya el corte de la línea enemiga en fecha tan tempranas como 1776, seis años antes de su consagración en la batalla de Los Santos.

En sus *Rudimentos de Táctica Naval para la Instrucción de los Oficiales subalternos de Marina*, impreso en Madrid en dicho año, preveía que el centro de la propia formación podía caer sobre la del enemigo, cortándolo del resto y sumiendo en confusión a la línea enemiga. Pero los buques propios no debían abandonar la formación lineal y empeñarse en acciones parciales, sino que la nueva línea, en ángulo, debía batir a cañonazos al cuerpo enemigo apelotonado y desorganizado. La maniobra podía hacerse tanto desde sotavento como desde barlovento. No era evidentemente el *Nelson touch*, pero sí un buen comienzo, que pudo desarrollarse en los años siguientes. Mazarredo fue jefe de estado mayor en las escuadras de Gastón y de Córdova en la guerra siguiente, desarrollando un nuevo sistema de señales, basado en el francés de Du Pavillon, pero mejorado y simplificado. Es muy significativo que se prevean señales como la de atacar al enemigo a tiro de pistola o más de cerca incluso, de que cada buque atacase por su cuenta, la posibilidad de atacar de noche y la respuesta adecuada al ataque enemigo si este pretende romper la línea propia.

Siguieron años en los que problemas mucho más inmediatos y cruciales acuciaban a los mandos de la flota, como el duro recorte del presupuesto de la Marina debido tanto a los problemas de la Real Hacienda como a atender las necesidades del Ejército en una convulsa Europa. No parecía muy realista enfrascarse en nuevas y costosas propuestas teóricas y materiales cuando todo lo demás se hallaba en precario. Muchos siguieron confiando hasta el final en que las viejas tácticas continuaban siendo buenas y que lo que fallaba era todo lo demás.

Como ya hemos visto, Nelson consagró la iniciativa personal de un comandante en el combate de San Vicente, al abandonar sin órdenes su propia línea para impedir una maniobra envolvente de los navíos españoles. Exactamente igual, pero mucho menos celebrado y recordado, hicieron varios comandantes españoles, que consiguieron salvar así al muy apurado buque insignia Santísima Trinidad.

De esta época son las *Reflexiones* del teniente general de la Armada Domingo Pérez de Grandallana, en las que, tras exponer las tácticas clásicas de españoles y franceses y la nueva británica, concluyó que la antigua predispone a la pasividad y a esperar órdenes en el combate, mientras que la inglesa incentiva el arrojo, la iniciativa y el apoyo mutuo entre los comandantes, de modo que recomendaba seguir la senda abierta por los británicos.

Y es de notar que Grandallana fue nombrado juez en la causa seguida contra los almirantes Córdoba y Morales de los Ríos por su pésima actuación en el combate de San Vicente.

Aquello confirmó la necesidad de grandes reformas tácticas, pero hubo que esperar a 1804 para que apareciera el *Tratado de Señales de Día y Noche, e Hipótesis de Ataques y Defensas, dispuesto por el Estado Mayor de Marina para auxiliar la instrucción de este ramo*, impreso en Madrid en la Imprenta Real. Que la obra estaba inspirada por Grandallana y sus colaboradores lo prueba el que fuera ministro de Marina desde el 3 de abril de 1802. No cabe duda de que influyó decisivamente en el trabajo de la comisión de expertos que redactó el nuevo reglamento.

En este interesantísimo tratado, que de nuevo parece haber pasado casi inadvertido a muchos historiadores, incluso españoles, se analizaban hasta dieciocho posibles formas de combate entre dos escuadras. Proponía en cada caso la respuesta más eficaz, partiendo de la idea de que el ataque es provechoso y deseable, y si este lo realiza el enemigo, un contraataque oportuno puede llevar a la victoria. No podemos detenernos en un análisis pormenorizado de este trabajo, solo decir, siguiendo a autores británicos que era «excelente», muy claro y completo. Solo anotar el hecho de que, con esta publicación, la Real Armada se ponía, al menos teóricamente, al mismo nivel de experimentación y avance táctico que la británica.

Desdichadamente, llegó algo tarde como para ser asumido de manera plena por nuestros mandos navales. Por otro lado, en la campaña de 1805, el mando supremo lo tuvo un almirante como Villeneuve, que dejaba mucho que desear como líder y como táctico, incluso en la trillada senda tradicional. Pero era el jefe supremo de la escuadra combinada, y por órdenes tan directas como tajantes del propio Godoy se le debía obedecer en todo.

Pese a los recortes presupuestarios y pese a la influencia francesa, los marinos españoles fueron mucho más receptivos a los cambios, tanto por su evidente necesidad como por amargas experiencias propias. Tardaron en conseguir una solución alternativa en lo referente a la artillería.

Se trataba de lograr diseñar unas piezas de efectos parecidos a las carronadas, pero más seguras y estables. El artífice de todo ello fue el por entonces Comisario General de Artillería de la Armada Francisco Javier Rovira, que presentó su primer proyecto de obuses y vio su aprobación el 24 de noviembre de 1783.

Los primeros, de bronce y de calibres de a 48, 36, 24, 18 y 12, se probaron desde febrero de 1785, ante las más altas instancias de la Armada. Tras experiencias comparativas tanto en tierra como a bordo del navío Santa Ana, poniéndolas en comparación con algunas carronadas inglesas de las de mayor calibre, esto es, de 96, 68 y 42 libras. Del resultado de las pruebas se decidió suspender todo lo referido a las carronadas, pues se había comenzado una producción nacional. Se centraron en los obuses de Rovira, aunque reformando todo el proyecto, pues no gustaba el bronce como material para las piezas, prefiriéndose el hierro (a diferencia de los franceses) y criticando que el viento (diferencia de diámetro entre el proyectil y el ánima de la pieza) era tan grande que los alcances eran mucho menores que los esperados.

Al fin se hicieron de a 48, 36, 30, 24, 18, 12, 8 y 6 libras de bala o proyectil. Prueba del aligeramiento de la pieza, conseguido nuevamente a base de reducir el grosor del ánima, que, sin embargo, siguió el modelo tradicional en su apariencia exterior, fue que la mayor de estas piezas pesara un poco menos que un cañón normal de a 8, lo que posibilitaba su emplazamiento en la cubierta de los buques.

Se pretendía con aquellos obuses disparar con fuego directo sobre las cubiertas contrarias, bien granadas explosivas, bien saquillos de metralla, con efectos parecidos a los de las carronadas enemigas, pero con más seguridad en la puntería y en la cureña, que seguía el modelo tradicional de cuatro ruedas. Cada obús debía contar con veinte granadas y veinte saquillos de metralla a bordo, mientras que cada cañón normal llevaba sesenta balas macizas, ocho palanquetas y veinte sacos de metralla en los navíos y algo menos en las fragatas.

Tras sucesivos cambios, las nuevas piezas, muy adelantadas para la época y precursoras muy próximas del cañón francés de Paixhans, que décadas después revolucionaría la artillería naval del XIX, empezaron a entrar en servicio hacia 1790, señalándose ocho de a 24 para cada navío y seis para las fragatas, continuando igual en el de 1798 y aumentándose cifras de piezas y calibres en el de 1803 que fijaba: diez de a 48 y seis de a 24 para los navíos de tres puentes y ciento doce cañones, que pasaban, tras sustituir parte de sus piezas de a 8 de cubierta por los obuses, a ser del porte de 118. Se exceptuaba al Trinidad, que solo llevaría diez obuses de a 24, con lo que llegaría a 136 piezas. Y sucesivamente, diez de a 36 y seis de a 24 en los de 80, que, por la misma razón pasaban al porte de 86, diez de a 30 y seis de a 24 en los de 74, que pasaban a ser de 80 y doce de a 24 en las fragatas, que pasaban de ser de portes de 40 y 34 a los portes de 42 y 38.

Pero esto no pasaba de ser una propuesta para el futuro, debido al corto presupuesto, por lo que se embarcaron un número creciente de carronadas capturadas al enemigo, de las de la corta producción experimental propia y los primeros obuses, pero con retrasos notorios hasta muy cerca de finales de siglo, conservando su artillado tradicional durante largos años.

Sin embargo, cabe recordar ante los hechos expuestos que los españoles siguieron consideraron útiles los grandes navíos de tres puentes, otra prueba más de que su visión estaba mucho más cerca de la de sus enemigos que de la de sus aliados.

Por último, también se introdujo con mucho retraso otra mejora de origen británico: las llaves de fuego o de chispa, en los cañones. Pero las limitaciones presupuestarias también dificultaron y retrasaron su implantación, pues consta que todavía, en plena campaña de 1805, tuvieron que improvisarse llaves de fuego para varios de los navíos de Gravina que participaron en el combate de Finisterre, utilizándose para ello las llaves de pistolas de la dotación.

También, y pese a su coste económico, se forraron con cobre a los navíos.

Otra cuestión poco menos que relegada en todas las marinas de entonces era la de la puntería de las piezas de artillería, que se seguía haciendo tradicionalmente «a ojo» o, en términos de la época, «a raso de metales», es decir, que el jefe de la pieza apuntaba enfilándola por la parte superior del cañón.

A ello puso solución el gran Cosme Damián Churruca y Elorza, con su trabajo *Instrucción sobre Punterías para el uso en los Bajeles del Rey*, publicado por la Imprenta Real de Madrid en el mismo 1805 de Trafalgar. Pero, como el tan ilustrado como heroico brigadier era comandante del San Juan Nepomuceno, desde 1803, no cabe duda de que pudo adiestrar a su dotación en la cuestión.

Así creó un método sencillo y práctico para calcular la distancia entre el buque y su objetivo, y cuál era el ángulo en que había que disparar según la distancia a que se hallara el enemigo. Y con cálculos distintos para cada calibre y tipo de pieza.

De su efectividad no cabe dudar, pues el heroico navío fue rodeado primero por cuatro enemigos y luego por dos más durante horas hasta tener que rendirse inevitablemente ante semejante abrumadora superioridad.

Claro que de nuevo se apreciaron los avances de la Armada: porque del porte oficial de setenta y cuatro cañones, el buque llevaba por esa época no menos de ochenta y dos: veintiocho cañones de a 36 libras de calibre de bala, treinta de a 18 y ocho de a 8, pero a ellos sumaban otros diez obuses Rovira de a 36 y seis más de a 24, tanto o más efectivos que los anteriores, aparte de cuatro pequeños pedreros de a 4 más.

A ello hay que unir la mayor destreza en el tiro, porque solo el valor heroico no explica esa colosal resistencia que tanto impresionó a sus enemigos. Que la lección no se olvidó, lo demuestra que nada menos que veintidós años después la Marina francesa lo reeditó en Rochefort como el mejor (y único en varios aspectos hasta entonces) manual para la puntería naval.

Con todo ello los españoles demostraron estar más adelantados en varias y complejas cuestiones que sus aliados y acercándose al nivel de sus tan encomiados enemigos, aunque ambos posteriormente hayan pretendido o supuesto lo contrario.

Y es significativo que los británicos conservaran en Gibraltar el casco del Nepomuceno durante largos años, a pesar de su evidente obsolescencia a lo largo del siglo XIX, tan lleno de vertiginosos avances.

Porque de nada está más orgulloso un vencedor que de superar a un enemigo de tal calibre.

Como colofón cabe señalar que todo aquello supuso un serio problema cuando ambas marinas, francesa y española, debieron cooperar, y no solo por motivos ideológicos, como normalmente se supone, sino por pruebas evidentes en combate, lo que provocó que dicha alianza fuera poco o nada efectiva, pues la coordinación necesaria brilló por su ausencia, con consecuencias repetidamente fatales.

En toda esa postura altiva, que va desde Luis XIV a Napoleón pese a las evidentes diferencias entre ambos regímenes, aparece de nuevo el complejo de superioridad francés, teniendo en poco a esa nación atrasada, bárbara e ignorante, tan inferior en todos los sentidos a la suya. Algo que continuó, si bien en tono más cordial, durante el Romanticismo.

# 3

# LA CONTINUACIÓN DE LA GUERRA

Tras este inciso para explicar someramente los decisivos (frustrados en otros casos) cambios en la guerra naval, debemos volver a nuestra narración de los hechos.

## LAS CAÑONERAS DE CÁDIZ

El estado de la Armada era realmente grave tras la derrota de San Vicente, tanto en el plano material como en el moral. Y queriendo explotar todo lo posible el éxito, una poderosa escuadra británica, de veintitrés navíos (ocho de tres puentes), cinco fragatas y algunas unidades menores, empezó a bloquear Cádiz desde, al menos, el 2 de abril.

Para hacer frente a la comprometida situación, se nombró como jefe supremo en la capital gaditana a José de Mazarredo, con amplios poderes para tomar las decisiones necesarias que superaran la grave crisis.

Entre esos poderes estuvo el de designar libremente a los subordinados que debían ayudarle en tal tarea. No cabe duda de que el marino vasco supo elegir, pues nombró jefe de Estado Mayor de la Escuadra a Antonio de Escaño, y colocó en puestos de mando a marinos como Gravina y Churruca.

Como hemos visto, todo estaba por hacer, desde medidas elementales como reparar y alistar los buques, entrenar y organizar las dotaciones, dotarlas de armamento individual y hasta ir acometiendo las innovaciones tácticas y técnicas mencionadas.

La cuestión era urgente, pues el bloqueo británico consiguió las primeras presas en buques que se dirigían a Cádiz, algunos mercantes y dos fragatas que volvían de América sin noticias de lo que sucedía tras la larga travesía. Pero el peligro era aún mayor, como demostró el 4 de mayo el bombardeo de Rota por cuatro navíos británicos, aunque fue más un tanteo de las defensas que una acción seria.

Desde el primer momento, Mazarredo pensó, aconsejado por sus subordinados, que la mejor defensa de la ciudad, del puerto y de la escuadra sería la efectuada por las cañoneras, una pequeña embarcación ideada por Antonio Barceló, que de simple patrón corsario llegó a teniente general de la Armada exclusivamente por sus méritos en combate contra berberiscos y británicos, tanto en el anterior asedio de Gibraltar como, y fundamentalmente, en los bombardeos de Argel de 1783 y 1784, que significaron el fin de la amenaza de siglos de los corsarios argelinos.

La idea era tan asombrosamente simple como eficaz: se trataba de grandes botes de un solo palo, con una treintena de tripulantes y con propulsión a remo, para no depender del viento en sus movimientos. Su pequeño tamaño y calado les hacía ideales para operar en aguas costeras, fluviales y con numerosos bancos de arena y escollos, donde peligraban los buques grandes.

El hecho esencial era que, en vez de montar alguna pieza muy ligera o incluso pedreros, como era lo habitual en esa clase de embarcaciones, se les dotó de un gran cañón a proa, de 24 libras de bala, o como poco, de a 18. Aquello obligaba a que su casco fuera fuerte y bien construido, para aguantar el retroceso de tan gran pieza, en principio reservada solo para los grandes navíos o fragatas.

Y con la rudimentaria puntería de la época aquello suponía la gran ventaja de poder acertar la gran mole de sus enemigos, con posibilidades ciertas de hacer blanco, mientras que la cañonera con su pequeño tamaño y poca altura de bordas las convertía en un objetivo muy difícil de alcanzar. Se pensó en dotarlas de algún blindaje, pero aquello encarecía y complicaba su construcción, al mismo tiempo que aumentaba su calado y las hacía más lentas y pesadas, por lo que se desechó finalmente, conservando únicamente un pequeño escudo en torno al cañón.

Aparte de grandes piezas convencionales, montaron pronto obuses y morteros, no contra otros buques normalmente, sino para batir objetivos terrestres, como hicieron en Gibraltar y, señaladamente, en Argel.

Por otro lado, su único mástil era desmontable, lo que con sus bajas bordas las convertía en prácticamente invisibles para el enemigo, salvo a corta distancia. Y por ello mismo, eran aún más temibles con poca visibilidad u operando de noche.

Su forma de operar era atacar en escuadrilla disparando por turno, casi como pequeñas galeras. Y como ellas procuraban atacar al enemigo no por su bien artillado costado, sino situándose a proa y a popa, las partes menos defendidas, navegando a remo cuando el viento caía o era muy flojo y el enemigo no podía moverse o debía hacerlo a remolque de sus propios botes. También eran ideales para realizar o apoyar con su fuego las operaciones anfibias, por su pequeño calado que les permitía aproximarse mucho a la costa.

Finalmente eran sencillas, baratas y fáciles de construir o de adaptar de otros usos civiles, lo que, en las circunstancias de aquella época, era otro dato a favor para su uso por la Armada. Y no necesitaban marineros muy expertos para su manejo, sino bravos y decididos.

Eran, sin embargo, poco útiles para largas navegaciones o con mares muy movidos, como era de esperar.

Desgraciadamente solo había siete en el arsenal de Cádiz y desarmadas, junto a seis obuseras y cuatro bombarderas, pero se las armó rápidamente y ya estaban en servicio el 7 de abril. Con ellas no bastaba, así que se armaron con cañones de a veinticuatro las lanchas de los navíos, con un total de veintitrés embarcaciones, y otras veintitrés entre lanchas de fragatas y botes de navíos con piezas pequeñas de desembarco. Y otras muchas menores y para servicios secundarios, así como algún falucho.

Posteriormente, y ante la experiencia de los combates, se artillaron otros diez pequeños faluchos mercantes, ocho de ellos con piezas de a 24. Uno de ellos con hornillo para calentar sus balas hasta ponerlas al rojo y poder disparar así «balas rojas», con las que incendiar a los buques enemigos (algo muy peligroso en un buque grande) y dos con obuses de a 9 pulgadas, estando todos ellos armados con un pequeño pedrero de a 3 libras para luchar contra las embarcaciones menores enemigas, aparte de llevar dotaciones reforzadas para caso de sufrir un abordaje. También, aunque se utilizaron poco, se armaron ocho tartanas con dos cañones y hornillo cada una.

Los británicos no dispusieron en esta ocasión de cañoneras, aunque ya hacía mucho que tenían una división en Gibraltar por motivos obvios, pero hicieron un amplísimo uso de los botes y lanchas de su escuadra, en esencia idénticos a sus enemigos, aunque en vez del pesado cañón de las españolas, solo llevaban algunas pequeñas piezas de desembarco. Con tales embarcaciones, la Royal Navy se estaba creando una bien merecida fama en desembarcos y golpes de mano nocturnos contra la costa enemiga, que pretendieron revalidar en Cádiz. Aunque inferiores en poder artillero a las españolas, las lanchas británicas, sin el peso de la enorme pieza, eran más rápidas y maniobreras, por lo que intentaban abordar a las españolas. Esta táctica dio algún resultado en situaciones excepcionales, como veremos, pero lo regular era que la formación española, en la que cada buque cubría al adyacente y era cubierto por él simultáneamente, abriendo fuego y recargando alternativamente, rechazara sin problemas el intento inglés de aproximación. De todos modos, ya hemos visto cómo se armaron en Cádiz también lanchas de abordaje, armadas con pequeñas piezas para auxiliar a las cañoneras, o se dotó a los faluchos de pedreros como ayuda para repeler el abordaje enemigo.

Ya el 11 de julio las cañoneras se anotaron un éxito al impedir que una fuerza británica de un navío, una balandra y bastantes botes armados se apoderaran de unos faluchos mercantes que pretendían entrar en el puerto, pero aquello no fue más que una escaramuza para lo que vino después.

Los bloqueadores habían recibido el 2 de julio dos buques dotados con obuses de gran calibre para bombardear la plaza. Al día siguiente, y de anochecida, las dos goletas bombarderas, escoltadas por decenas de botes, alguna balandra, una fragata y el navío Goliath, se dirigieron a Cádiz. Sobre las dos de la mañana toparon con las cañoneras, al mando de Escaño y de Gravina, trabándose un combate durísimo y a corta distancia, teniendo que alternar las españolas los disparos de bala y de metralla. Las pérdidas de los atacantes fueron severas y muy ligeras las de los defensores, aunque no hemos podido detallarlas. En cualquier caso, el resultado fue evidente, pues los británicos solo pudieron disparar dieciséis bombas contra la plaza antes de retirarse, con escaso o ningún efecto.

Se tomaron la revancha esa misma noche en una escaramuza aislada: de la Caleta habían comenzado a salir algunas otras cañoneras con el objetivo de batir a un navío inglés fondeado no muy lejos. En medio de la oscuridad no advirtieron que se les echaba encima una escuadrilla de botes enemigos, que se lanzaron al abordaje, apresando las tres primeras. La lucha hombre a hombre fue durísima, tomando en ella personalmente parte el propio Nelson, que salvó dos veces la vida, según confesión propia, gracias a la intervención del patrón de su lancha, John Sykes, la segunda vez interponiéndose y recibiendo en su cabeza el sablazo que iba dirigido contra él.

Así que bien pudo terminar aquí la carrera del gran marino inglés, en un abordaje con una de las por entonces temibles cañoneras españolas.

Cabe deducir la dureza de la lucha, que contrasta vivamente con lo que hemos visto en San Vicente, por el hecho de que, en la cañonera abordada por Nelson, murieron dieciocho de los treinta tripulantes y resultaron heridos casi todos los demás, incluyendo el teniente de navío Irigoyen, jefe de la escuadrilla, y su segundo, el guardiamarina Clavijo. Algo parecido sucedió en las otras dos, muriendo en una su comandante, Juan Cabaleri, y resultando en la otra herido el suyo, Juan Ferri. El valor de los españoles fue encomiado por el propio Nelson, quien liberó al día siguiente a los oficiales heridos. A Irigoyen le sucedió en el mando el capitán de fragata Antonio Miralles, que se destacó rápidamente en esta y otras campañas como jefe y organizador de fuerzas sutiles, llegando a viajar a Francia para asesorar a los aliados.

Animados tal vez por este éxito parcial, los británicos debieron pensar que las cañoneras no eran tan temibles, e intentaron de nuevo el bombardeo en la noche del 5 de julio. Esta vez se encargarían de ello la goleta bombardera Thunder, apoyada por las Terror y Stromboli, escoltadas las tres por decenas de botes y con el apoyo inmediato de unidades mayores.

Cuando apenas habían disparado diecinueve bombas, de las que solo ocho cayeron en Cádiz, la formación atacante fue interceptada a eso de las 22.30 por las cañoneras españolas, que recibieron un refuerzo de otras quince sobre las 23.15, continuando el combate hasta la una y media, cuando los británicos, tras tres horas de fuego, se dieron por vencidos y emprendieron la retirada.

Esta vez resultó mucho más difícil a los atacantes ocultar sus pérdidas, pues tres de sus lanchas resultaron hundidas por el fuego español, y una más, la del navío Victory, insignia de Jervis, apareció, averiada y abandonada por su dotación, varada a la mañana siguiente en la playa de Santa María. Mayor satisfacción fue observar que la Thunder había sido igualmente abandonada por su dotación, incapaz de soportar el fuego de las cañoneras, pero antes de poder apresar el maltrecho casco, una fragata inglesa le dio un remolque.

Tras el doble y sangriento fracaso, los británicos se mostraron mucho más cautos, intentando solo dos amagos de bombardeo los días 9 y 10 de julio, bien que, a la luz del día, con viento y el apoyo de nada menos que setenta lanchas y botes, desistieron del intento sin haber lanzado siquiera una bomba y tras cortas escaramuzas debido a que aparecieron las cañoneras en formación.

Síntoma de cómo estaban las cosas fue que el día 12, aprovechando una calma, ordenó Mazarredo una salida general de todas las cañoneras para atacar a la división ligera o de exploración enemiga, unos nueve o diez navíos, que era la encargada de estrechar el bloqueo y apoyar las intentonas, pero aprovechando una brisa providencial, los navíos se apartaron y se incorporaron a su grueso, no volviendo a exponerse en aguas tan cercanas a la costa, conformándose con un bloqueo a distancia, tan ineficaz que según Escaño: «Quedó el comercio de las costas de Poniente y Levante tan franco como si no hubiera bloqueo». Eran veinticuatro navíos contra los veinte bloqueados. En cuanto a las desgraciadas bombarderas inglesas, se las envió a Gibraltar, dando por inútil su empleo.

Fue en este punto muerto cuando Jervis envió a Nelson a Tenerife con una división de la escuadra, operación de la que hablaremos en el apartado siguiente.

El tedioso e ineficaz bloqueo solo se animaba cuando algún buque intentaba entrar en la bahía o por alguna iniciativa de los bloqueados, dando lugar a una serie de combates que fueron regularmente afortunados para los españoles.

El primero tuvo lugar el 28 de noviembre, con el increíble resultado de que un simple falucho apresara a un corsario inglés mucho mayor que él, el Culloden, tomándolo al abordaje, tras haberlo castigado con su gran pieza y recobrando dos tartanas que el corsario acababa de apresar.

El 6 de febrero de 1798 zarpó Mazarredo con toda su escuadra, veinticuatro navíos y cuatro fragatas, para ahuyentar a los nueve de la división ligera enemiga que mantenían el bloqueo, mientras el grueso se aprovisionaba en Lisboa, no pudiendo cazarlos por lo improvisado y poco adiestrado de las dotaciones, que según palabras de Escaño: «Si se hubiera tratado de elegir gente buena y moza, separando los demás, seguramente no hubiera bastado para el armamento de doce navíos».

Pero, y justamente con la salida, se trataba de instruir a las dotaciones, molestar al enemigo y obligarle a reforzarse y permanecer vigilante, soportando el tiempo invernal, fijando así fuerzas muy superiores y desgastando al enemigo, mientras se esperaba la ya prevista reunión con una escuadra francesa que se retrasó considerablemente.

El 21 de febrero forzó el bloqueo con toda felicidad la fragata Santa Brígida, con azogues (mercurio para tratar el mineral) para Veracruz, a la que siguieron el 10 de abril con el mismo destino y carga el navío Monarca y las fragatas Paz y Mercedes, con tropas para Venezuela, llegando todos a sus destinos sin novedad. El Monarca, además, al mando de José Justo Salcedo, aprovechó la travesía para apresar cuatro mercantes enemigos y volvió a Vigo, tras burlar a dos navíos enemigos, trayendo dos millones de pesos, entonces tan necesarios para las arcas reales.

El 11 de abril las cañoneras obtuvieron su mayor éxito, al atacar y hacer embarrancar frente a Punta de Rota a la fragata Boston, de cuarenta cañones. Otra fragata intentó ayudarla a salir del trance, pero las cañoneras lo hicieron imposible con su fuego, forzando su retirada tras salvar a la dotación de la naufragada, pero los españoles aún pudieron hacerse con sus cañones, jarcia y anclas.

El 19 de abril, las cañoneras atacaron al navío de setenta y cuatro cañones Alexander, nada menos que un veterano de Abukir, que se había acercado a la costa sorprendiéndole la calma. Fue cañoneado durante dos horas, quedando desmantelado y con unas cien bajas entre muertos y heridos, pero el viento se levantó de improviso y cuando ya se daba por perdido, dio la vela y pudo escapar. Poco después, las cañoneras salvaron a un corsario francés, atacado por un navío y una fragata enemigos. El día 22 les tocó el turno de sufrir el ataque a los navíos

Teseus y Achilles, que tuvieron que renunciar a apresar dos polacras turcas con rumbo a Cádiz. El primero era otro de los veteranos de Abukir.

Aquello hizo todavía más prudentes a los bloqueadores, pero aún el 20 de septiembre le tocó el turno al Powerful, cañoneado a medio tiro de cañón por las lanchas durante una hora, sufriendo graves daños y bajas y perdiendo su bote, salvándose únicamente por la mucha mar, que impidió a las cañoneras rematar la acción.

El 20 de diciembre salieron para Méjico los navíos San Ildefonso y San Fulgencio, con mil soldados, y las fragatas Ceres, Asunción, Ifigenia y Diana para Surinam, con seiscientas guardias valonas, realizando unos y otras la travesía sin novedad, como sin novedad entraron en Cádiz los bergantines de la Armada Ligero y Cazador, el 22 de febrero.

El ya solo teórico bloqueo quedó definitivamente roto cuando el 13 de mayo de 1799 salió de Cádiz Mazarredo, con diecisiete navíos. Fueron los únicos que pudieron armarse tras despojar de sus dotaciones a todos los demás buques presentes en Cádiz, reuniéndose poco después con la francesa que le esperaba en Cartagena, y dirigiéndose juntas luego hacia Brest. Al final, el bloqueo no sirvió siquiera para evitar la concentración de las dos escuadras y su travesía hasta un puerto tan peligroso para los británicos como el indicado.

Toda la campaña se puede resumir en las palabras de Escaño, que, por cierto, no ahorra tampoco los elogios hacia el enemigo de entonces:

«El que conozca el carácter inglés, su historia naval y los sucesos de esta guerra en otras partes, se admirará de que los valientes britanos no procuraran indemnizarse de haber sido rechazados en el bombardeo, de habérseles destruido dos navíos y una fragata, cañoneando a todo el que se acercaba. La flor de la primera marina, los vencedores de Abukir, estuvieron delante de Cádiz limitando sus operaciones a un bloqueo de alta mar, porque la navegación de cabotaje no se atrevieron a impedirla. Ese milagro se debió a las sabias providencias del general Mazarredo y a la vigilancia, fatiga y constancia de todos los jefes y oficiales que servían a sus órdenes».

Era, en efecto, una modesta victoria, pero inestimable por obtenerse contra un enemigo temible y muy crecido por sus recientes éxitos, y básica para recuperar la moral de lucha de las dotaciones.

## LAS OPERACIONES ANFIBIAS BRITÁNICAS

Antes de que los combates de San Vicente, Camperdown y Abukir dieran el completo dominio del mar a los británicos, decidieron emprender ataques contra las posesiones españolas.

Una de las más expuestas y de mayor interés estratégico era la isla de Trinidad de Barlovento, la más próxima de su grupo a la costa sudamericana y cuya población, trufada de extranjeros, libertos y esclavos negros, era poco favorable a la dominación española.

Previendo algún desastre y para asegurar su defensa, se envió allí desde Cádiz una división de cuatro navíos y una fragata, al mando de Sebastián Ruiz de Apodaca, llegando sin dificultad, pero sufriendo, como era habitual y ya en su destino, la clásica epidemia tropical que diezmó las dotaciones.

El 16 de febrero de 1797, dos días después del combate de San Vicente, llegó la expedición inglesa, con una escuadra al mando del contralmirante Henry Harvey, de nueve navíos, tres fragatas, cinco menores y numerosos mercantes, donde iba el cuerpo expedicionario del general Ralph Abercromby, con 6.750 soldados.

Apenas fondeados los buques ingleses, Apodaca convocó junta de jefes, en donde se resolvió rápidamente que toda resistencia era imposible. Se decidió quemar los buques de la división española y clavar los cañones que defendían la entrada del puerto. Así, sin disparar un tiro y al día siguiente de la llegada del enemigo, se quemaron los navíos San Vicente, de ochenta cañones y los de setenta y cuatro Arrogante, Gallardo y San Dámaso, así como la fragata Concha, aunque los ingleses pudieron apagar el incendio del San Dámaso e incorporarle a su escuadra.

Los asombrados ingleses desembarcaron sin hallar la menor resistencia, y el gobernador de la isla, el brigadier de la Armada José María Chacón, por su parte, y pretextando que solo tenía seiscientos soldados y muchos de ellos enfermos, no presentó tampoco resistencia, apresurándose a capitular y a entregar la isla a sus invasores, que en toda la operación habían sufrido la baja de un herido.

Aquello era peor todavía, tanto en el plano material como en el moral, que la vergüenza del combate de San Vicente y cuando los capitulados volvieron a España liberados bajo palabra, como entonces era costumbre, se les formó Consejo de Guerra.

Asombrosamente, la sentencia del alto tribunal fue absolutoria, pidiendo al rey que ejerciese su piedad, agradeciese a los acusados sus servicios (¿cuáles?) y «considerando que ya habían sufrido bastante con su detención y encierro, no se les castigase en modo alguno», firmándose el incalificable documento el 26 de mayo de 1798 en Cádiz.

Hasta el afable Carlos IV quedó escandalizado y de real orden se estableció que la cosa no podía quedar así, «pues aquellos jefes, olvidados de su honor, cometieron faltas tan punibles y vergonzosas para el verdadero militar que se habían hallado sobrados motivos a un castigo que sin embargo de no ser todo el que corresponde a sus delitos, sirva de ejemplo a los que se hallen en iguales casos».

Así que, por la real orden citada, fechada en Aranjuez el 20 de marzo de 1801, se les privó de sus empleos y se les recogieron los despachos, condenando además a Chacón al destierro de los reinos hispánicos y a Apodaca a prisión en Cádiz, así como la suspensión a los comandantes de los navíos incendiados por cuatro años, no admitiéndose a ninguno de los acusados el derecho a recurso legal alguno.

Nada sabemos del destino ulterior de Chacón, pero Apodaca fue liberado el 7 de julio de 1809 y repuesto en su grado de jefe de escuadra y ¡todavía ascendió a teniente general en 1814! Falleció cuatro años después.

España suele ser generosa hasta la esplendidez con sus hijos que peor la sirven y tacaña u olvidadiza con los que se dejan literalmente la vida en su servicio. Y los casos, como ya habrá ido anotando el lector, no dejaron de repetirse a lo largo del XVIII, aunque, todo hay que decirlo, sin las demoledoras y generalizadas consecuencias lógicas que tan descabellada política de personal tenía que haber traído.

Cabe imaginar el asombro y la alegría con que Harvey y Abercromby remataron su gratuita conquista, y no tardaron en planear otra operación semejante contra San Juan de Puerto Rico, pensando en repetir el éxito a poca costa, pero, curiosamente y pese a que los medios de los españoles fueron en esta ocasión muy inferiores a los de la isla de Trinidad, el cálculo les salió por entero erróneo.

El 17 de abril de 1797 se divisó desde San Juan la expedición británica, ahora con cinco navíos de línea, tres fragatas, seis corbetas y bergantines, ocho goletas y numerosos transportes. Unas sesenta y ocho velas, con una fuerza de desembarco estimada entre siete y ocho mil hombres, con poderosa artillería de campaña y de sitio.

Para hacer frente a todo aquello, el brigadier gobernador Ramón de Castro solo contaba con los novecientos setenta y tres soldados del regimiento fijo de la plaza, la mayoría nuevos reclutas, setenta artilleros veteranos, otros doscientos de milicias y poco más de mil quinientos milicianos de la habitual y colorista mezcla de nuestras posesiones americanas, entre compañías urbanas, de peninsulares agrupados por su origen regional y de pardos y morenos (mulatos y negros) a los que se añadieron numerosos vecinos del interior de la isla, a pie y a caballo, cien corsarios franceses que se hallaban en el puerto y hasta ciento ochenta presidiarios que se ofrecieron voluntariamente para el combate. Aquella improvisada fuerza era de poco más de cuatro mil hombres, faltando incluso los fusiles para armarlos a todos, pues hacía poco que se habían enviado tres mil a Santo Domingo, pero cada uno suplió con su ingenio y valor aquella carencia. El brigadier Castro era un distinguido veterano de Florida, de los que lucharon con Gálvez y había aprendido el difícil arte de improvisar ejércitos, con elementos tan dispares y de tan poco valor teórico.

La fuerza naval española en San Juan se puede decir que no existía, y su jefe, el capitán de fragata Francisco de Paula Castro, estaba solo de paso para organizar la Matrícula de Mar. Utilizando los medios disponibles y movilizando a los marineros y patrones mercantes, armó doce cañoneras, cuatro gánguiles del puerto y dos pontones, a los que se artilló con dos cañones de a dieciséis cada uno.

Evitando la fortaleza del Morro y las de la ciudad, los ingleses eligieron la playa de Cangrejos para el desembarco, que se efectuó el mismo día 17, siendo rechazada la primera oleada de cuatro lanchas por los destacamentos españoles, pero logrando el éxito con la segunda gracias al apoyo de los cañones de la escuadra.

Los combates se generalizaron desde entonces, pero la progresión británica quedó frenada en el puente de San Antonio por la decidida acción de los destacamentos del capitán de ingenieros Mascaró, el teniente coronel Toro y el del mismo grado Vizcarrondo.

Al día siguiente, los británicos intimaron la capitulación de la plaza, respondiendo negativamente el gobernador. El ataque inglés se centró ahora en el puente de Martín Peña, defendido por Mascaró, que ante la superioridad de efectivos enemigos tuvo que retirarse, apoyado por el fuego de tres cañoneras.

Mientras seguían los combates en los puntos indicados, los invasores instalaron cuatro baterías con cañones de a 24, de a 12 y morteros, iniciando el fuego de artillería contra San Antonio, San Jerónimo y otras fortificaciones. Pero el mismo día 20, el capitán Linares, con unos centenares de milicianos, recuperó a la bayoneta el puente de Martín Peña.

Todos aquellos combates tenían paralizado al cuerpo de invasión, doliéndose Ramón de Castro de no tener más tropa regular para hacer una salida que los expulsara de una vez, sin embargo, planeó un audaz golpe de mano, con setenta hombres dirigidos por un sargento de milicias, Francisco Díaz, que embarcaron en piraguas escoltadas por las cañoneras y tomaron por asalto las trincheras enemigas al amanecer del 24, tomando una batería y haciendo prisioneros a un capitán y trece soldados enemigos.

Siguió el fuego por ambas partes, defendiéndose las fortificaciones españolas con el apoyo de las cañoneras, apoyando a las baterías británicas el fuego de los buques de su escuadra, alguno de los cuales sufrió bastante daño. Los británicos empezaron a saquear haciendas y pueblecitos cercanos, cometiendo más de alguna barbaridad y dando lugar a nuevas escaramuzas que tuvieron como resultado el que los invasores no se atrevieran a salir de su campo atrincherado.

Viendo la situación madura, el 29 de abril Castro ordenó a su Cuerpo Volante, de ochocientos fusiles, unos doscientos jinetes y dos piezas de artillería, que atacara al campamento británico. La acción se desarrolló de manera imperfecta y precipitada, pero sembró el caos en el campo británico, lo que convenció a Abercromby de su derrota, por lo que ordenó la retirada y el reembarco al día siguiente, dejando tras de sí centenares de cadáveres sin sepultar, numerosos equipos, armas de todas clases y cañones, municiones y víveres, siendo perseguidos por los milicianos de a caballo.

No se conocen las bajas inglesas de la intentona, aunque Castro las estimó en unas dos mil entre muertos y heridos. No debía de exagerar mucho cuando hubo que ordenar a cien hombres que se encargaran de sepultar los cadáveres para que no «infestaran la atmósfera y contagiaran esta ciudad por hallarse a barlovento de ella». Los prisioneros sumaron cuatro oficiales y doscientos ochenta y seis hombres, entre ellos algunos desertores. Las bajas españolas resultaron menores que los prisioneros enemigos, contándose cuarenta y dos muertos y ciento cincuenta y seis heridos.

Llovieron las recompensas sobre los defensores, ascendiendo Ramón de Castro a mariscal de campo. Es de lamentar la carencia de fuentes británicas sobre los hechos, para confrontar versiones y completar la narración, pero su silencio es muy significativo.

La siguiente intentona británica es mucho más conocida, especialmente porque la fuerza atacante iba mandada por Nelson. Nos referimos al ataque contra Santa Cruz de Tenerife.

Como recordará el lector, fracasado el intento de bombardeo de Cádiz, Jervis destacó a Nelson con tres navíos, cuatro fragatas, una balandra y una bombarda a atacar Tenerife, donde se suponía que había atracado un buque español con rica carga de América. Estando la ciudad casi indefensa y teniendo una rada abierta, no sería difícil apoderarse de ella.

En la noche del 22 de julio, los ingleses desembarcaron unos mil hombres al mando del capitán de navío Troubridge para tomar las alturas de Paso Alto, pero estas ya estaban tomadas por los defensores y el terreno resultó impracticable, por lo que los invasores reembarcaron.

Nelson no estaba dispuesto a ceder y considerando invencibles a los marineros y soldados británicos, ordenó su desembarco en la noche del 24.

Las defensas eran todo menos formidables, contando el gobernador de la plaza, teniente general don Juan Antonio Gutiérrez, solo con 1.669 hombres, entre milicias más o menos regladas, paisanos armados y cien corsarios franceses. De nuevo faltaban fusiles, y así, los doscientos cuarenta y cinco «Rozadores de la Laguna» solo tenían horcas atadas a palos como arma. No faltaban los cañones, bien que de distintas épocas y calibres.

A medianoche del 24 de julio de 1797, los botes de la escuadra se dirigieron hacia el puerto, apoyados por la balandra Fox, que llevaba el grueso de la fuerza. Pero descubiertos por los defensores, los atacantes se vieron rechazados por un durísimo fuego, hundiéndose varios botes y la Fox, con gran número de muertos. El propio Nelson, apenas puso el pie en tierra, recibió una grave herida en el brazo derecho que hubo que amputarle, fracasando el ataque por tanto y reembarcando los invasores.

Troubridge consiguió poner pie en tierra, en el lugar conocido por Las Carnicerías, pero frenada su progresión por el combate callejero, se hizo fuerte en el convento de Santo Domingo, donde quedó rodeado, sin víveres ni municiones, con unos trescientos cuarenta hombres. Estaba perdido y lo sabía, pero se permitió amenazar con incendiar la ciudad si no se le concedía capitulación honrosa, a lo que accedió el general Gutiérrez por pura caballerosidad y con la condición de que las Canarias no volvieran a ser atacadas durante la guerra.

Tuvieron los ingleses en la ocasión que lamentar doscientos veintiún muertos (muchos ahogados) y ciento veintitrés heridos, contándose entre los primeros siete oficiales, el más destacado el capitán de navío Bowen, uno de los más prometedores marinos de la época. Los españoles tuvieron treinta y dos muertos y cuarenta heridos.

Volvieron a repetirse las escenas de caballerosidad y hasta de cordialidad entre españoles e ingleses. Los heridos británicos fueron atendidos con toda solicitud y reenviados a sus buques, regalando dos garrafas de vino Gutiérrez a Nelson, con sus deseos de que se curase pronto y respondiendo este con barriles de cerveza y queso.

Ni su duro revés ni su mutilación (añadida a la pérdida anterior de la visión de un ojo) supusieron una merma de la fama de Nelson ni un obstáculo en su carrera, al contrario, se le vio aún más como un héroe. Apenas repuesto, Jervis le confió el mando de un destacamento de su escuadra, con el que obtendría la asombrosa victoria de Abukir, que le consagró definitivamente.

Curiosamente, corrían malos tiempos en 1797 para la Royal Navy, pues fue entonces cuando se produjo el gran motín de la marinería en demanda de mejor paga y un trato más humano. Durante meses, muchos de los buques quedaron inmovilizados en puertos ingleses, mientras que atendían sus reclamaciones, cosa que terminaron por lograr.

Algo llegó a conocimiento de los españoles, aunque los amotinados intentaron en lo posible el cumplir los servicios mínimos, para no dar oportunidades al enemigo. Pero en el Caribe, la fragata Hermione, harta de la conducta de sus insufribles comandante y oficiales, se amotinó y los asesinó, entrando a continuación en La Guaira y entregándose a los españoles. Algunos otros buques lo hicieron a los franceses, todo lo cual muestra que el famoso caso de la Bounty no fue aislado en absoluto.

Nada semejante se produjo por entonces en la Armada española, donde la enorme distancia social y cultural entre oficiales y dotación aseguraba el respeto y la disciplina. En la Navy, los comandantes y oficiales eran, a menudo, de origen social bien modesto, y sin más letras que las conseguidas durante sus navegaciones. Por ello, en muchos casos, su autoridad se basaba en su propia personalidad y profesionalidad, pero cuando se trataba de personas que fallaban en un sentido u otro, la única forma que tenían de imponerse era implantar a bordo la más absoluta de las tiranías, como confirman los muchos testimonios de la época, provocando la situación que hemos descrito.

Al final, las autoridades tuvieron que ceder y algo mejoró la vida a bordo, pero lo cierto es que siguió siendo terrible.

Volviendo a la contienda, parecía que los éxitos defensivos españoles en Cádiz, Puerto Rico y Tenerife harían olvidar las vergüenzas de San Vicente y de la isla de Trinidad. Un nuevo desastre vino a desequilibrar la balanza: la pérdida de Menorca.

Al mando del comodoro John Duckworth zarpó de Gibraltar, a principios de noviembre de 1798, una división de dos navíos, tres fragatas y varios menores, escolta del convoy que conducía a las fuerzas de desembarco del general Stuart. Apenas desembarcados, vieron que la guarnición se replegaba sin combatir sobre Ciudadela, para capitular tras gastar algunas salvas el día 16, solicitando y obteniendo su reembarque rápido para la península.

Con las fortificaciones y medios de defensa de la isla, que permitían al menos varios meses de resistencia enconada y dura lucha que posibilitarían la llegada de refuerzos, aquella rendición casi en los mismos términos que la de Trinidad causó hondo pesar, encausándose y castigándose a los responsables. Pero el mal estaba ya hecho, y la isla que tanto costó reconquistar, caía ahora gratuitamente en manos del enemigo.

Realmente el caso de Menorca era especial, la ocupación británica en la guerra de Sucesión la había sacado de su secular letargo provincial e isleño, instalándose allí el principal arsenal de la Navy en el Mediterráneo, lo que había dado espléndidas oportunidades de trabajo y de enriquecimiento a los artesanos, labradores y pescadores de la isla. Además, se había convertido en un importante centro comercial y corsario.

Todas aquellas ventajas desaparecieron con su recuperación y ya el sagaz Barceló, que era mallorquín y observador muy cercano e interesado, había visto que los menorquines, faltos de su anterior actividad, parecían disgustados, por lo que propuso inmediatas medidas. Mucho se hizo con la instalación de un arsenal de la Armada, donde se construyeron fragatas y jabeques. Aquello no era más que un paliativo respecto a la situación anterior.

Alentados por esos éxitos, los británicos intentaron repetirlos en dos de las principales bases de la Armada: Ferrol y nuevamente en Cádiz.

El primero fue un audaz golpe de mano británico que a punto estuvo de tener gravísimas consecuencias el 25 de agosto de 1800.

Se trataba de una escuadra de cinco navíos (uno de tres puentes), cinco fragatas, bastantes menores y gran número de transportes, hasta un total de noventa y siete embarcaciones, al mando del contralmirante Warren. Con un cuerpo de desembarco de unos ocho mil hombres (siete regimientos de línea y uno ligero de rifles) al del general Pulteney, con la misión de destruir la escuadra allí fondeada y el arsenal, suponiéndolos mal defendidos, lo cual no dejaba de ser cierto.

Dada la alarma, los dos jefes presentes en Ferrol, Melgarejo del Departamento, y Juan Joaquín Moreno de la escuadra de seis navíos allí amarrada, organizaron rápidamente la resistencia. Moreno hizo desembarcar quinientos soldados de los buques (de Infantería de Marina y del Ejército), y al mando del capitán de navío Ramón Topete, subir a las alturas de Brión y La Graña y vigilar al enemigo.

Los atacantes habían fondeado en las playas de Doñinos y Los Ríos, bombardeando hasta silenciar una batería que allí había con ocho cañones, que tuvo que ser evacuada por su guarnición, y poniendo en tierra la expedición, junto con dieciséis cañones de campaña. Por la tarde las columnas inglesas iniciaron su ataque hacia las alturas de La Graña, conteniéndolas la fuerza de Topete.

Aquella noche nadie descansó en la ciudad departamental: se enmendó el fondeadero de los navíos, alejándolos de las alturas y situándolos en el arsenal, se enviaron otros doscientos hombres en refuerzo de Topete, se alistaron diez cañoneras para la defensa y la maestranza del arsenal recibió armas y formó baterías en el muro de la dársena. Se montaron dos piezas en el castillo de San Felipe que, incomprensiblemente, no tenía ninguna emplazada. Llegaron también auxilios del interior, mandados por el conde de Donadio, que distribuyó su fuerza por distintos lugares y mandó avanzar por la mañana, pero fue rechazado por la superioridad enemiga, lo mismo que la esforzada tropa de Topete.

Los ingleses se dirigieron hacia San Felipe, con la intención de tomarlo por la espalda, pero con las dos piezas montadas, las del fuerte de la Palma en la otra orilla de la angosta entrada, y las de las lanchas cañoneras, se pudo frenar su ataque. Sin embargo, se apoderaron de la población de La Graña, donde estaban los almacenes de víveres, que no hubo tiempo de trasladar del todo, saqueándolos.

A duras penas había sido frenado el ataque, y todos se hacían los más negros presagios si los británicos atacaban de nuevo y en fuerza, pues las suyas eran numéricamente muy superiores. Pero sus jefes, reconociendo las fortificaciones españolas desde las alturas, las consideraron más fuertes de lo que en realidad eran. Resolvieron que el golpe de mano había fracasado y que continuar el ataque sería muy largo y costoso, dando lugar a la llegada de refuerzos españoles desde el interior, y decidieron retirarse y reembarcar, efectuándolo en la noche del 26 sin ser molestados, y haciéndose a la vela al día siguiente.

Los defensores respiraron aliviados, pues incluso daban por perdida la escuadra y se habían tomado medidas para barrenar e incendiar los buques en el último extremo y antes de que cayeran en manos de los atacantes.

Las pérdidas fueron escasas y repartidas casi exactamente por igual entre Armada y Ejército: treinta y siete muertos, ciento dos heridos y cinco desaparecidos, no se sabe si por deserción o captura. Los británicos estimaron las suyas en solo dieciséis muertos y sesenta y ocho heridos, pero parece que se refieren a los combates en las alturas y no incluyen las bajas que sufrieron en el ataque a San Felipe, donde tuvieron que soportar un denso fuego artillero de enemigos bien parapetados, abundando los testimonios locales de hallarse muchos cadáveres abandonados.

Se trató de una modesta victoria, pero muy importante por el desastre que evitó. Y es de destacar lo fulgurante del ataque, desembarco y penetración de los ingleses, y la rápida y eficaz reacción de la defensa.

Pero, para que se advierta el estado de la Armada en aquellos años: en el momento del ataque, nadie en el departamento de Ferrol había cobrado su paga desde hacía diez meses. Y pese a la brillante defensa, siguieron sin cobrar hasta ocho meses después.

Una nueva expedición inglesa se unió a los restos de la anterior y dirigió a las costas españolas, al mando del almirante Keith y del general Abercromby, reuniéndose veintidós navíos, treinta y siete fragatas, corbetas y menores, y ochenta transportes con dieciocho mil hombres de desembarco.

El 4 de octubre dieron vista a Cádiz, e intimaron su rendición al gobernador de la plaza, general Tomás Morla, quien les contestó diciendo que la ciudad estaba sufriendo una epidemia de fiebre amarilla y apelando a su humanidad para no aumentar las desgracias naturales con las de la guerra. Tomaron los ingleses la contestación por debilidad, y nuevamente impusieron la destrucción del arsenal y de la escuadra o su entrega. A esto Morla respondió que estaba resuelto a la defensa hasta los más terribles esfuerzos.

Los ingleses, ante aquello, decidieron hacerse de nuevo a la vela. Normalmente aquí acaba el relato para los historiadores españoles, suponiendo que los ingleses retrocedieron por humanidad o por la determinación de Morla. Lo cierto es que la expedición de Keith y Abercromby iba destinada a poner punto final a la resistencia del aislado ejército francés en Egipto, y no podían enredarse en otras largas, costosas y complejas operaciones. Probaron fortuna en Cádiz, y al no tenerla, siguieron su camino, por cierto, con completo·éxito pagado con la vida por Abercromby, pues el ejército francés, derrotado, tuvo que capitular, aunque fue repatriado con todos los honores. Repetidas veces y por motivos diversos había fallado el almirante francés Ganteaume en conseguir enviarle refuerzos.

## OTRAS OPERACIONES PLANEADAS

Volviendo atrás en el tiempo, justamente el Directorio francés había elaborado diversos planes de invasión de Inglaterra. Por entonces, contaba con la escuadra de Mazarredo, que dejó Cádiz y, tras reunirse con otra francesa en el Mediterráneo, navegó hasta Brest, base para la proyectada invasión y donde se empezaron a reunir barcazas y pontones para conducir nada menos que ochenta mil soldados, al mando de Bonaparte, pero sus planes se suspendieron por la propuesta de Napoleón de ir a Egipto, una expedición tan mitificada posteriormente como dudosamente racional.

Se pensó igualmente enviar una expedición para provocar una rebelión en Irlanda. Y, luego, tras la derrota de Abukir, en mandar la escuadra aliada al Mediterráneo en auxilio del ejército francés aislado en Egipto y de paso liberar de su cerco a la isla de Malta, que tampoco se llevó a cabo, con el fin que conocemos.

Lo cierto era que la región en torno a Brest ardía en una revuelta popular antirrevolucionaria, con lo que en la ciudad y base faltaban hasta los suministros más esenciales

También exigió el Gobierno revolucionario el que España declarara la guerra a Portugal nuevamente y que se destituyera a Godoy para reemplazarlo por alguien más acomodaticio a sus deseos. Tras muchas discusiones, y como los españoles adujeran que les faltaban marineros para las dotaciones de más buques movilizados, hablaron de tres expediciones: una hacia Córcega, en plena rebelión contra el dominio francés, otra para socorrer Malta. Por último, y como los españoles siguieran insistiendo en su falta de marineros, avanzaron la idea de que se le cedieran gratuitamente los navíos españoles que no pudieran tripular. Aparte se insistió en el plan de Irlanda y el de recuperar Menorca.

Para reforzar la escuadra de Mazarredo, que seguía en Brest sin hacer nada de provecho, se envió la de Melgarejo, de seis navíos y una fragata, con dos mil soldados de desembarco, al mando del irlandés exiliado O'Farrill, para el proyecto de Irlanda, pero finalmente el plan quedó en nada y Melgarejo permaneció en Rochefort, sin órdenes y sin poder volver a España. Es más, al almirante español se le ordenó dejar libre el puerto y fondear en la relativamente cercana (12 millas) isla de Aix.

Allí sufrió el ataque de la británica al mando de Charles Pole, con cinco navíos, cuatro fragatas, una corbeta, tres goletas bombarderas y varias balandras. El plan era asaltar la escuadra española en su fondeadero, con granadas y artefactos incendiarios. Y fracasó completamente en dos sucesivas noches. La primera, por la excesiva distancia a la que dispararon las bombardas. La segunda, cuando fueron apoyadas por los botes y lanchas de la escuadra, pero que fue cumplidamente derrotada por los botes de Melgarejo, artillados como cañoneras, que de nuevo mostraron triunfalmente su utilidad.

## EL ESTRECHO

El único combate naval que ganaron los aliados en la guerra fue el llamado de Algeciras, ocurrido el 6 de julio de 1801.

Como se sabe, en esa fecha, la división francesa al mando de Linois, compuesta de tres navíos y una fragata, en viaje de Cádiz a Tolón, fue interceptada en el Estrecho por la británica de Saumurez, con seis navíos y una fragata. Ante fuerzas tan superiores, Linois, obrando con rapidez y acierto, se aproximó a tierra, fondeando sus buques en aguas de Algeciras, entre la isla Verde y la Torre del Almirante, cuyas baterías, de siete piezas de a 24 y cinco de a 18 respectivamente, le guardarían los flancos en el inevitable combate. Es más, temiendo una repetición de la maniobra de Abukir, Linois ordenó anclar sus buques tocando fondo, para evitar que fueran envueltos, presentando la banda y baterías de babor al enemigo. Más atrás aún fondeó la fragata, custodiando dos mercantes ingleses recién apresados.

Saumurez, dando por segura su victoria, se acercó rápidamente con su escuadra, empeñando el combate a corta distancia y con gran dureza, siendo respondido de igual forma. Tal era el empeño de los británicos por aniquilar a sus contrarios, que dos navíos encallaron de proa en su intento de doblar o batir de enfilada a los franceses: el Pompée, frente a la isla Verde, y el Hannibal, frente a la batería de Santiago, situada al pie de la referida Torre del Almirante.

Los artilleros españoles no perdieron aquella magnífica ocasión, con los navíos británicos encallados de proa, sin poderse apenas defender y siendo batidos de enfilada de proa a popa. Pero, además, los atacaron siete cañoneras españolas del Apostadero, con los números dos, tres, cuatro, siete, ocho, doce y trece.

Tras más de tres horas de fuego, el Pompée quedó desarbolado y con graves averías. Sin embargo, y gracias a los botes de la escuadra, pudo ser salvado, tomado a remolque y conducido a Gibraltar. Menos suerte tuvo el Hannibal, que debió rendirse. Los españoles de las baterías solo tuvieron algunos heridos, pero en las lanchas cañoneras, que se batieron heroicamente y a mucha menor distancia de la habitual de los navíos y botes enemigos, hubo que lamentar seis muertos y diez heridos, contándose entre los primeros el alférez de navío Lobatón. Cinco de las cañoneras quedaron inutilizables, quedando solo a flote la tres y la siete.

En el centro de la pelea, los cuatro buques de Saumurez no lograban imponerse a los tres de Linois, por lo que el frustrado almirante británico ordenó la retirada, habiendo perdido uno de sus navíos, completamente destrozado otro, y con serias averías en los cuatro restantes. En suma, toda una sonada derrota y ante un enemigo muy inferior.

Linois, pese a su victoria, había quedado en situación comprometida, por lo que de Cádiz zarpó una división al mando de Moreno, recién llegado de Ferrol, con los navíos San Hermenegildo, Real Carlos, San Fernando, Argonauta y San Agustín, así como la fragata Sabina y los franceses San Antoine (como sabemos ex San Antonio española y recién cedido) las fragatas Liberté e Indienne y el bergantín Vautour.

Moreno se reunió con Linois, embarcando ambos en la Sabina, que pasó a ser el buque insignia de la escuadra, según reciente pero poco duradera innovación francesa: la de dirigir el combate desde una fragata. La agrupación navegaba remolcando a los tres averiados navíos de Linois, pero el apresado Hannibal, también tomado a remolque, retrasaba tanto la marcha que hubo que dejarlo en Algeciras.

Saumurez, mientras tanto, había reparado sus averías en Gibraltar, menos las del destrozado Pompeé, y se le había reunido el navío Superb, con lo que juntó cinco navíos y cuatro fragatas, y volvió a zarpar, dispuesto a tomarse la revancha.

Los aliados navegaban lentamente, por las razones expuestas y por el viento flojo, en una extraña formación, que dejaba atrás, navegando en paralelo, a los San Hermenegildo, Real Carlos y Saint Antoine.

La noche del 12 de julio era muy oscura, y Saumurez, que seguía las aguas de los aliados, se sintió tan inferior que desistió de atacar. Pero se le ocurrió enviar por delante al Superb con la intención de que hostigara la retaguardia enemiga.

Amparado en las sombras, el navío inglés se acercó al San Hermenegildo y le disparó toda su andanada contra la aleta de babor. Pasó a continuación, mientras recargaba, por la popa del Real Carlos y atacó al San Antoine.

Allí hubiera acabado todo de no ser por un encadenamiento trágico de sucesos: el San Hermenegildo, viéndose atacado y no divisando al Superb, orzó a babor y disparó por error contra el Real Carlos tomándole por su enemigo. Este no respondió, sino que orzó a su vez a babor, para evitar abordarse con su compañero. El San Antoine no lo hizo y el Real Carlos tuvo que arribar a estribor para evitar otro encontronazo. El San Hermenegildo seguía disparando sobre el Real Carlos, pero este, con serias dudas sobre su identidad, no respondió. Ambos se abordaron, cayendo los trinquetes de uno y otro. El cañoneo del San Hermenegildo había ocasionado un incendio en el Real Carlos, alguien gritó «fuego» refiriéndose a ello, y los ya muy tensos servidores de las baterías entendieron que se les ordenaba por fin abrirlo contra su misterioso agresor. No duró mucho la confusión, pero el mal ya estaba hecho. Incendiados los dos grandes tres puentes, no tardó en volar el San Hermenegildo, siguiéndole el Real Carlos. El error fue trágico, pues de los más de dos mil hombres de las dotaciones que sumaban entre los dos, solo pudieron salvarse trescientos cuarenta y ocho por el Saint Antoine y el Superb, y en dos pequeñas embarcaciones. Se produjeron más muertos en aquel fatal error, que, en el mismísimo combate de Trafalgar, aparte de perderse dos hermosos y casi nuevos navíos de tres puentes.

Nos hemos atenido para la reconstrucción de lo sucedido al resultado de la investigación de Mazarredo, entonces al mando del departamento de Cádiz, que conoció los informes e interrogó a los supervivientes.

Hay que descartar, por tanto, y como se ha repetido tantas veces, que el error fuera resultado de una argucia inglesa, en la que el Superb pasó entre ambos navíos descargando sobre ellos sus dos andanadas de babor y estribor simultáneamente, dejándolos luego enzarzados entre sí. En cualquier caso, el resultado fue el mismo, y cabe imaginar la sensación que la brutal pérdida causó en la Armada.

En cuanto al Superb, en combate con el Saint Antoine, recibió la ayuda del insignia Caesar, del Venerable y de la fragata Thames, que consiguieron apresar al francés.

A la mañana siguiente, el Venerable y la Thames se acercaron al lisiado navío francés Formidable, pero este, haciendo honor a su nombre, los obligó a retirarse con su preciso fuego, perdiendo los masteleros el primero y encallando de resultas poco después, bien que pudo ser puesto a salvo por sus compañeros.

# 4

# LOS PLANES DE NAPOLEÓN

Mientras tanto, Napoleón había liquidado el Directorio y proclamó el Consulado, primera etapa hacia el imperio que bien pronto crearía. Desde su nuevo cargo de cónsul formuló nuevas exigencias y proyectos.

Su plan, como todos los suyos en lo naval, era tan fantástico como irrealizable: saldrían las dos escuadras aliadas de Brest, de diecisiete navíos franceses y quince españoles, a toda vela se unirían con los cuatro navíos franceses de Cádiz, conducirían un socorro a Malta, volverían a Tolón y de allí pasarían a reconquistar Menorca, reuniéndose con ella distintas divisiones españolas situadas en uno u otro departamento, para por último, dirigirse a Egipto a salvar al allí abandonado ejército francés.

Mazarredo, ahora actuando como embajador en París, le hizo ver lo imposible de aquel plan y le propuso alternativas. Pero Napoleón ya estaba pensando en otra cosa, en concreto, su gran expedición contra Austria en Italia, que terminaría con su sensacional victoria de Marengo. Todo quedó en suspenso hasta que, al regresar de su campaña, se reactivaron las propuestas y la polémica estéril. El Gobierno español pidió oficialmente la vuelta de la inútil escuadra fondeada en Brest y que tan necesaria era para la defensa propia.

El resultado, entre otros, fue que Napoleón consiguió el cese del correoso Mazarredo y un nuevo tratado con España, en el que, a cambio de promesas quiméricas, se le obligaba a declarar la guerra a Portugal, la llamada guerra de las Naranjas, que terminó en pocos meses con la conquista de la plaza de Olivenza y el compromiso portugués de no seguir auxiliando a los ingleses y ser neutral en adelante. El tratado, conocido como el segundo de San Ildefonso, preveía además la entrega a Francia de la Luisiana, española por más de cuarenta años en los que había cuadruplicado su población con emigrantes canarios y malagueños y gozado de una prosperidad sin precedentes. Napoleón se obligaba a no cederla a una tercera potencia, sin tener en cuenta antes los derechos españoles, pero, haciendo tabla rasa de todo ello, la vendió pocos años después a los Estados Unidos.

Todo el cebo era entregar el recién creado reino de Etruria a una de las infantas.

Exigió, además, la entrega gratuita de seis navíos: los Conquistador y Pelayo de la escuadra de Brest y los San Jenaro, San Antonio, Intrépido y Atlante de la de Cádiz, por supuesto gratis y con el pretexto nuevamente de que, ya que los españoles no tenían marineros para tripularlos, bien podían ser utilizados por los franceses, siguiendo el ejemplo, ya anotado, del cambio del San Sebastián por el Censeur.

La escuadra seguía en Brest, pero no dejó de prestar buenos servicios a sus aliados. Tal vez el más eficaz fue el referente a las cañoneras. La costa atlántica francesa se había poblado de pequeños astilleros y puertos donde se aprestaban numerosas gabarras y buques ligeros de cualquier especie para hacer pasar un ejército de invasión a Inglaterra. Jefe de aquella fuerza era el almirante Latouche Treville, que, preocupado por las constantes incursiones inglesas contra sus fuerzas con unidades ligeras, bombardas y botes armados, y ante la eficacia demostrada en Cádiz y en Aix de las cañoneras españolas para rechazar esos ataques, solicitó al mando español asesoramiento para construirlas, enviándosele un capataz y ocho calafates. Como pidió asesoramiento para su empleo, se le envió al capitán de fragata don Antonio Miralles, que ya hemos visto que destacó por su mando en Cádiz.

La ayuda fue tan eficaz que rechazó por completo los dos ataques que lanzó el propio Nelson las noches del 4 y del 15 de agosto de 1801. Este acontecimiento suelen ignorarlo los biógrafos del gran almirante, así como olvidan los franceses la parte que hubo en ellos debida a los españoles.

El 14 de diciembre, y como fruto de los cambiantes planes de Napoleón, salió de Brest una división de la escuadra española, con cinco navíos: Neptuno, Guerrero, San Francisco de Paula, San Pablo y San Francisco de Asís, la fragata Soledad y el bergantín Vigilante, al mando de Gravina y dejando el resto al de don Antonio de Córdoba. Gravina llevaba la orden de confluir con otras escuadras francesas sobre la isla de Santo Domingo, a la sazón en revuelta contra Francia por la revolución de los negros de Toussaint Louverture. Gravina hizo un viaje rapidísimo, adelantándose a los franceses, colaboró con estos en la toma del fuerte Delfín, y volvió a La Habana, de donde trajo caudales, ya firmada la paz de Amiens el 27 de marzo de 1802.

Y solo después de esta pudo volver la escuadra secuestrada de Brest a España.

## UNA ALIANZA INÚTIL Y PELIGROSA

La cuestión, sin embargo, trascendía de problemas locales.

La Revolución francesa había supuesto un drástico cambio de alianzas y de situación general. Los españoles se acostumbraron a dejar de considerar como aliados naturales a los franceses y como enemigos naturales a los británicos, como venía siendo habitual desde comienzos de siglo.

Durante los años de alianza con Inglaterra contra la Francia revolucionaria, se había tenido ocasión de tratar con los ingleses, y observar que eran personas respetables, grandes profesionales, de una sociedad dinámica y emprendedora, y con un sistema político mucho más deseable que los radicales experimentos franceses. Por lo menos en la clase superior, se comportaban como perfectos caballeros, y a su anglicana o protestante manera, eran buenos cristianos. En suma: una mucho mejor gente que los insufribles revolucionarios franceses, que despreciaban abiertamente y con malos modales el régimen, la sociedad y las creencias y costumbres españolas, tan semejantes a las que habían derrocado en Francia y que pensaban destruir en toda Europa.

El cambio de actitud ante los anteriores enemigos y aliados fue algo generalizado, y ya hemos visto las cortesías y deferencias mutuas entre españoles e ingleses en la presente guerra, antes excepcionales.

Por supuesto que al Gobierno inglés le favorecía ese cambio de actitud, estando vivamente interesado en separar a España de Francia, por lo que la alentó en lo posible.

Además, y como consecuencia lógica de los hechos anteriores, se había formado en España un partido anglófilo, opuesto a la posición sumisa a Francia de los gobiernos de Carlos IV (y no solo los encabezados por Godoy) en virtud de discutibles razones de causa mayor o de conveniencia estratégica que ellos desdeñaban. El nuevo partido tenía importantes adeptos en el campo de la política, de la intelectualidad, de los negocios y de las Fuerzas Armadas.

Lo verdaderamente grave es que bastantes de tales anglófilos consideraron justificado colaborar con el enemigo, los ingleses, tanto minando de una forma u otra la moral de lucha, como sirviendo de colaboradores en muchos casos o de informadores de secretos estratégicos o militares al enemigo. Disculpando lo que era a todas luces una traición, con la afirmación de que los verdaderos enemigos de la Monarquía eran los franceses y que cualquier desastre por ellos facilitado con su traición, supondría la caída del Gobierno o su cambio total de orientación, que era lo que ellos deseaban y consideraban imprescindible. Modo de pensar muy tradicional en uno y otro bando en la historia de España, en la que ha sido proverbial la tendencia de los españoles a convertir nuestros problemas internos en internacionales, pidiendo la ayuda a nuestro bando de extranjeros, o viceversa, convirtieron los problemas exteriores en internos, en vez de seguir la más prudente y elemental conducta de reservarnos nuestros problemas internos y presentarnos unidos como un bloque frente al exterior, como han hecho otras naciones que, sin embargo, nos ponemos mutuamente siempre como modelo.

No parece que este fuera el caso en San Vicente, donde todo se debió a la ineptitud y hasta cobardía de muchos, pero sí era evidente que algo o mucho hubo en los de Trinidad y Menorca. Incluso el gobernador de Puerto Rico debió informar que había neutralizado o detenido a algunos elementos que pasaban información a los invasores, y tal vez, en Tenerife, los ingleses esperaron alguna colaboración.

Solo así se explican, como ya apuntamos, algunas de las situaciones que se vivieron en esta desgraciada contienda, no solo explicables por la desastrosa gestión de personal en nuestras Fuerzas Armadas o por las carencias de estas. Y aún tendrá el lector que conocer casos que solo parecen posibles en dicha situación.

Justo poco antes de la vergonzosa caída de Menorca, se había producido la revolución en el reino de Nápoles, instigada por los franceses y convertida en flamante República Partenopea, teniendo que huir el rey don Fernando con su familia, hermano de nuestro Carlos IV, en nada menos que los navíos de la escuadra de Nelson, que los condujo a Sicilia, donde hallaron refugio por el dominio inglés de los mares. Todo el asunto procedía del apoyo de Nápoles a la escuadra de Nelson, aprovisionándola para la campaña de Abukir.

Si el propio hermano de Carlos IV debía ser salvado de los revolucionarios franceses por los británicos, cabía preguntarse muy seriamente si no estaría España en el bando equivocado.

Otra cuestión, aparte de la política, convertía la alianza francoespañola en poco o nada operativa, bélicamente hablando. Ya no solo en el terreno naval y en el de la táctica y técnica, como hemos visto.

Lo más sorprendente era que el interés español en dicha alianza era básicamente defensivo: impedir que la supremacía naval británica posibilitara su objetivo de siglos de hacerse con toda o buena parte del imperio ultramarino español, mientras que el francés, distaba de ser defensivo, y como habían pretendido desde el siglo XVI, querían algo muy parecido al británico: la expansión mundial, también a costa del Imperio español, incluyendo la propia metrópolis, como no tardaría en convertirse en realidad, con la coronación como rey de España del propio José Bonaparte, hermano menor de Napoleón. Ahora, con la excusa del progreso y la modernización del país, algo nada nuevo desde que Luis XIV logró imponer a su nieto, Felipe V, como rey de España, y el objetivo de dominar al país o satelizarlo al menos.

Con ello se demostró palmariamente que, con frecuencia, las nuevas ideas no suelen ser más que una sugestiva propaganda que facilite, de grado o por la fuerza, la posesión de bienes o intereses ajenos, invocando, eso sí, los más altos principios.

# 5

# LA CAMPAÑA DE TRAFALGAR

Hubo poco tiempo para acometer y realizar reformas, pues Gran Bretaña y Francia habían vuelto a las hostilidades en mayo de 1803. Y España se vio sometida de nuevo a las presiones de los dos contendientes. No tardó en colocar Napoleón un cuerpo de ejército en actitud amenazadora en Bayona, al otro lado de la frontera.

De nada valieron las muy serias intenciones españolas de permanecer en la más estricta neutralidad, y por fin consintió pagarle a Napoleón un subsidio mensual de 6 millones y la acogida, reparación y mantenimiento en puertos españoles (los tres departamentales) de los buques franceses que se vieran obligados por cualquier circunstancia a entrar en ellos. Además, el rey Carlos IV debía destituir a los gobernadores de Málaga y Cádiz y al comandante de Algeciras por haber ofendido al Gobierno francés. Esa era la razón del anterior destierro de Mazarredo y la marginación de Valdés.

Además, se obligaba a Carlos IV a conseguir de Portugal un subsidio de 1 millón al mes, con el que se respetaría su neutralidad, y se concederían ventajas comerciales a los productos franceses en ambos países ibéricos.

Era una imposición brutal, además de muy gravosa para la ya agobiada Hacienda. Godoy vio el cielo abierto porque no obligaba a España a entrar en la contienda y se apresuró a firmar el tratado en París, el 19 de octubre de 1803.

El tratado era secreto, pero no tardó en llegar al conocimiento del Gobierno inglés, quien no dudó en utilizar las vías de la reclamación diplomática primero, las amenazas después y, por último, la agresión directa con tal de que España dejara de pagar el mencionado subsidio, pero, y muy cínicamente, sin llegar a declararle la guerra.

## AGRESIONES EN TIEMPOS DE PAZ

Las agresiones no tardaron en llegar. El bergantín correo Esperanza, armado con cuatro cañones de a seis, fue detenido y registrado por el Thomas de dieciséis, en las mismas costas peninsulares, el 6 de julio de 1803, aunque se le dejó seguir travesía a Vigo después de ello.

Poco antes lo había sido también la corbeta-correo Urquijo, con el mismo exiguo armamento y por dos veces, llevándose en la última los ingleses sus armas portátiles, insulto injustificable.

Viendo lo que se avecinaba y que la Urquijo debía ir a América, se aumentó su armamento a dieciocho cañones de a 6 y se embarcaron en ella treinta soldados de Infantería de Marina, diez artilleros y otros hombres, con lo que su dotación subió a ciento cinco hombres, al mando del teniente de fragata Manuel Fernández Trelles.

El 31 de diciembre de 1803 fue interceptada frente a Santo Domingo por la fragata británica Eolus, de cuarenta y cuatro cañones de porte y, como sabemos, algunas carronadas más, al mando de Evans, quien la conminó a detenerse y dejarse registrar, reforzando la exigencia con un tiro sin bala.

Aquello era todo un atropello porque la corbeta-correo, como sabemos, pertenecía a la Armada y un buque militar no puede dejarse registrar por otro extranjero. Así que comenzó el combate.

Pese a la disparidad de fuerzas, la pequeña corbeta resistió dos horas y media de lucha antes de rendirse, con quince muertos y veinte heridos, estando entre los primeros su heroico comandante. La presa fue conducida a Jamaica, se la saqueó a conciencia y se la dejó en libertad, aduciendo alguna disculpa, pero haciendo responsable de todo al comandante español muerto.

En los meses siguientes fueron detenidos y registrados por buques ingleses, corsarios o regulares, los siguientes mercantes: bergantín Nuestra Señora de los Dolores, así como la goleta Amalia, y los bergantines Riesgo, Nuestra Señora del Carmen y San José.

El 6 de abril de 1804 le tocó el turno a la corbeta-correo Infante don Carlos, salida de Montevideo y detenida por la Endeavour, corsaria, con la excusa de recuperar a unos marineros ingleses en ella enrolados.

El 31 de mayo, el bergantín de la Armada Prueba fue atacado por un jabeque y tres embarcaciones menores, que le hicieron cuatro cañonazos, de los que uno le acertó en la mura de babor sin causar mayor daño, por lo que no respondió a la agresión, sin duda con los dientes muy apretados.

Peor fue el caso de la goleta Extremeña, de la Armada, que realizaba trabajos hidrográficos en la costa chilena cuando fue atacada por el bergantín corsario Washington, lo que obligó a su comandante a incendiarla para evitar su apresamiento, perdiéndose una valiosísima documentación y cartografía.

A todo esto en el País Vasco se produjo una rebelión contra la implantación del servicio militar (la llamada Zamacolada) y el Gobierno español empezó a armar tres navíos y dos fragatas con los que enviar allí tropas que restauraran el orden. El Gobierno inglés lo tomó como un preparativo de guerra y obligó a que se desarmaran, debiendo ir las tropas con mucho retraso y cansancio por tierra, pero restaurando el orden sin necesidad de violencia alguna. Por cierto que Mazarredo se vio implicado en los hechos, no de manera muy clara, pero con el resultado de ser detenido y desterrado a Santoña y luego a Pamplona.

Como vemos, el Gobierno francés destituía a almirantes y gobernadores españoles y el inglés se interfería en nuestros asuntos internos. Aquella situación era insostenible, pero Godoy siguió aguantando, seguro de que cualquier alternativa era mucho peor.

Pero lo peor no tardó en llegar.

Habían salido del puerto de El Callao en Perú, el 3 de abril de 1804, cuatro fragatas al mando del jefe de escuadra Tomás Uriarte. Tras larga y difícil travesía, montando el cabo de Hornos, los buques llegaron a Montevideo, donde se repusieron y prepararon para la travesía del Atlántico, que les conduciría a España, meta de su viaje.

Dos de los buques, averiados, fueron sustituidos y lo fue también el jefe, aquejado de dolencia mortal. El mando lo tomó el del mismo grado José Bustamante y Guerra, que se había destacado previamente entre otras cosas por el mando de la corbeta Atrevida en la famosísima expedición científica de Malaspina. Con los cambios, las fragatas expedicionarias quedaron en las Medea, Fama, Mercedes y Clara.

Estando en plena paz, se abarrotaron sus bodegas con fardos de lana de vicuña, cascarilla, cueros, lingotes de cobre y plata y todas las mercancías habituales que se exportaban desde Montevideo, mientras que se habilitaban camarotes para numerosos pasajeros, entre ellos civiles, y señaladamente, la familia del capitán de navío y mayor de la Escuadra Diego de Alvear.

Sin más recelo que el supuesto por la larga travesía, dieron la vela del puerto del Plata, el 9 de agosto, efectuándose esta sin incidentes salvo por la inevitable aparición de fiebres en las dotaciones y pasajes. Durante la navegación se pusieron al habla con varios buques, que confirmaron el estado de paz entre España e Inglaterra.

Sin embargo, el Gobierno inglés supuso que las fragatas llevaban una crecida cantidad de dinero, bien para pagar el antedicho subsidio a Francia, bien para financiar la entrada en guerra de España, y decidió interceptarlas.

En eso se equivocaban sus informes, pues las fragatas, aparte de las mercancías, solo llevaban 4.773.153 pesos, de los que únicamente 1.397.634 eran del Estado, siendo el resto propiedad de particulares, los ahorros personales de Alvear y los de las dotaciones de las fragatas. Nuestros lectores recordarán que solo el navío Glorioso en su épica travesía de 1747 trajo 4 millones de pesos, y desde entonces, con la inflación, la cantidad era aún menor.

Para detener a las españolas se formó una división de otras cuatro fragatas, aunque mucho más potentes, al mando del comodoro sir Graham Moore. Además, se destacó de la escuadra de Nelson al navío Donegal, de setenta y cuatro cañones, para asegurar la victoria sobre los abrumados españoles, pero lo cierto es que el navío, por una causa u otra, no se reunió con la división de Moore.

Al amanecer del 5 de octubre se divisaron desde las fragatas españolas las costas portuguesas, con la natural alegría tras cincuenta y siete días de viaje. Poco después se avistaron igualmente cuatro velas, que a eso de las ocho de la mañana se identificaron como la división de Moore.

Los ingleses se acercaron y enviaron un bote con un oficial con intérprete que hizo saber a Bustamante el increíble mensaje que llevaban: en él decía Moore que «se hallaba con orden de S.M. Británica de retener esta división y llevarla a Inglaterra, aunque fuera a costa de un reñido combate, para cuyo solo y único objeto había venido con aquellas cuatro fragatas de gran fuerza, bien pertrechadas y marineras, tres semanas antes, en relevo de otra división que había estado con igual encargo y que así, no estando la guerra declarada entre las dos naciones ni teniendo orden de hacer presas, ni de detener ningunas otras embarcaciones, le parecía que debíamos evitar la efusión de sangre y dar cumplimiento a la enunciada resolución de su soberano».

En resumen, soy el más fuerte y le ruego se deje atracar sin ofrecer resistencia.

El asombrado Bustamante convocó junta de oficiales en su buque, votándose por la resistencia, tal vez confiados en que los británicos no llegarían a consumar semejante atropello. Pero las esperanzas fueron vanas, apenas recuperado el bote de parlamento, las fragatas enemigas se acercaron hostilmente y rompieron el fuego contra las españolas.

Las ocho fragatas navegaban en dos líneas paralelas, pero, por una falsa maniobra, la Amphion inglesa y la Mercedes española cambiaron sus puestos, combatiendo cada una dentro de la línea enemiga.

No crea el lector que por ser cuatro fragatas contra cuatro estaban más o menos equilibradas las fuerzas, pues los agresores no pensaban correr ningún riesgo y aseguraron su superioridad. La insignia británica era un navío rebajado, al que se le había suprimido su cubierta superior de baterías, pero conservaba la baja con cañones de a veinticuatro, lo que le daba una potencia formidable. En suma, estas eran las características fundamentales de los buques enfrentados:

| NOMBRE DEL BUQUE | COMANDANTE | ARTILLADO | DOTACIÓN |
|---|---|---|---|
| Indefatigable | Graham Moore | 26x24, 16x42, 4x12 | 380 |
| Lively | Graham E. Hamond | 28x18, 18x32, 4x9 | 280 |
| Amphion | Samuel Sutton | 26x18, 18x32, 2x9 | 250 |
| Meduse | John Gore | 26x18, 12x32, 4x9 | 250 |
| Medea | Francisco Piédrola | 28x18, 12x6 | 279 |
| Clara | Diego Aleson | 26x12, 8x6 | 264 |
| Fama | Miguel Zapiain | 26x12, 8x6 | 264 |
| Mercedes | José Goicoa | 26x12, 8x6 | 282 |

Por supuesto que los calibres británicos de a 42 y de a 32 eran de carronadas y que las españolas llevarían algunos pedreros. Del análisis de las cifras aportadas cabe deducir que el peso de andanada por banda de cada fragata inglesa era más del doble que el de la correspondiente española, entre 672 y 444 libras contra las 296 y 198 de sus contrarios, aunque debemos insistir en que las libras inglesas eran algo menores, en la proporción de ocho a nueve. Así y todo, las cartas estaban marcadas.

Pero es que, además, los datos del artillado de las fragatas españolas son teóricos y corresponden a su porte, pues no hemos podido hallar sus estados de fuerza y vida de esta travesía. Las cosas fueron, casi con toda seguridad, mucho peores, pues nuestras fragatas, al ir de transporte y en tiempo de paz, solían desembarcar las piezas de su batería principal en todo o en parte para dejar espacio a la carga y pasaje, por lo que solo iban armadas con las piezas ligeras de cubierta. Esta práctica, conocida como «armada como urca», era habitual y la hemos podido comprobar documentalmente con frecuencia en otros casos y en la misma travesía y con análoga carga. Tampoco nos parece posible que llevaran algún obús Rovira emplazado, pues venían de América y allí no se fabricaron dichas piezas.

Tomadas por sorpresa, con los movimientos a bordo obstaculizados por las mercancías y el personal civil y siendo tan inferiores en poder artillero, cabe deducir que el famoso combate no tuvo historia. Y nada decimos de la tremenda diferencia entre un buque de guerra preparado, alistado y pertrechado para el combate y otro que solo lo está para el servicio normal en tiempos de paz, porque tal cosa resulta evidente.

A los pocos minutos de fuego voló por los aires la Mercedes, con la que su contraria británica, libre de oponente, se abalanzó sobre la Medea, que abrumada ya por su contraria al cabo tuvo que rendirse. La Clara se batió por un cuarto de hora más, antes de arriar bandera y la Fama forzó la vela intentando escapar, hasta que tuvo que rendirse a sus dos perseguidoras.

Las bajas fueron sensibles, especialmente en la volada Mercedes, donde perecieron doscientas cuarenta y nueve personas, entre ellas ocho mujeres y varios niños, salvándose otras cincuenta entre dotación y pasaje, en las otras tres la cuenta subió en total a veinte muertos y ochenta heridos. Prueba de la casi absoluta indefensión de las fragatas españolas es que las bajas británicas se redujeron a dos muertos y siete heridos.

Justamente el relativo alto número de supervivientes a la voladura de la Mercedes parece indicar que el buque llevaba mucho menos armamento y pólvora de la normal, pues de llevar sus cargos completos es casi seguro que solo habrían sobrevivido un puñado de personas.

Las otras tres fragatas, las dotaciones y pasaje fueron conducidos a Inglaterra, siendo allí sometidas a cuarentena, pues ya sabemos que, además, tenían epidemia a bordo. Al cabo del tiempo, las personas fueron liberadas y repatriadas, pero los buques, mercancía y dinero quedaron allí.

Justo es reconocer que muchas voces se alzaron en la misma Inglaterra contra tal atropello, editándose hasta pasquines y folletos, calificándolo incluso de piratería y contrario a cualquier derecho, como era en realidad. Nada se consiguió, salvo el reintegro de los ahorros de soldados y marineros y los del pobre Alvear, que perdió a toda su familia, esposa e hijos, en la voladura de la Mercedes.

En nuestros días, parece que las cosas han empeorado al respecto, pues novelistas y hasta historiadores pintan tales hechos como grandes hazañas solo explicables por la increíble destreza, valor y decisión de los marinos británicos de entonces. Nada se dice de las circunstancias del caso y queda para el ingenuo y desinformado lector el hecho de que cuatro fragatas británicas aniquilaron a cuatro españolas, como si la Royal Navy de entonces necesitara apuntarse tales tantos. Y si se aventura que fue en tiempos de paz, todo se explica como una hábil y previsora respuesta a los odiados españoles, capaces de cualquier perfidia y a los que, por tanto, no cabe aplicar principios éticos, morales o del más elemental derecho.

Lo peor de toda esta inmundicia es que muchos españoles de hoy leen tales cosas con gusto y hasta se lo creen.

Desde luego, la reacción de los españoles fue muy diferente, salvo la de los inevitables y minoritarios anglófilos, dispuestos a disculpar todo. Pero el Gobierno siguió en su prudente postura, si es que no cabe calificarla abiertamente de timorata y los ingleses continuaron con sus incalificables agresiones.

El 8 de noviembre fue detenida y apresada la Matilde, salida de Cádiz para Veracruz con azogues por el navío Donegal y la fragata Medusa; el 19 del mismo mes lo fue la Anfitrite por el Donegal, tras resistencia heroica de su comandante, Juan José Varela, que murió junto con veinte hombres más, aparte de numerosos heridos. Todavía tuvo que caer la Gertrudis, también en el cabo de Santa María, el 7 de diciembre del mismo año, por el navío Polyphemus y la fragata Lively.

Aquello era ya demasiado, y por fin el Gobierno español se decidió a declarar la guerra el 12 de diciembre de 1804, publicándose al mismo tiempo un manifiesto en la *Gaceta de Madrid*, en el que se explicaba su conducta como respuesta inevitable a las intolerables agresiones británicas.

Paralelamente se firmó el 4 de enero de 1805 un tratado de alianza con el ya emperador Napoleón Bonaparte, siendo por aquel entonces el embajador español en la ahora corte imperial francesa el propio Gravina.

En él se señalaban las ingentes fuerzas de mar y tierra francesas preparadas para cruzar el Canal de la Mancha y se especificaba la aportación española: en Ferrol debían quedar listos para el 20 o 30 de marzo ocho o al menos siete navíos de línea, además de cuatro fragatas, todos con seis meses de víveres y embarcando un total de dos mil soldados de Infantería y doscientos artilleros con diez piezas de campaña como fuerza de desembarco. Esta fuerza se uniría a la escuadra francesa allí refugiada, compuesta de cinco navíos y dos fragatas.

En Cádiz deberían armarse en las mismas condiciones de plazo y víveres, otros quince o al menos doce navíos, con idéntica fuerza de desembarco.

En Cartagena y en las mismas condiciones, se armarían seis navíos.

Así pues se pensaban equipar totalmente (armar en término marinero de la época) y dotar de tripulaciones a casi treinta navíos (aparte fragatas y menores) de los cincuenta y uno existentes, a los que se añadían otros tres en construcción, que nunca llegaron a terminarse.

A ellos deberían unirse los buques franceses, si bien en número superior a los españoles, con serias limitaciones en cuanto a su artillado y tácticas, como ya sabemos.

Pero incluso junto a ellos, el total británico era de ciento treinta y dos buques, a los que se podían añadir nada menos que veintiocho en reparaciones a corto plazo, dieciséis en construcción, treinta y uno sin movilizar y diez en la antesala del desguace.

Realmente la apuesta era muy arriesgada para los aliados francoespañoles.

Por lo demás, Napoleón se obligaba a conseguir la restitución de Trinidad y de la presa de las fragatas españolas, y comprometerse mutuamente ambos aliados a no firmar la paz por separado con el enemigo.

Como poniendo énfasis en el protagonismo naval, firmaron el tratado Gravina y el ministro de Marina francés, almirante Decrés, siendo luego ratificado por Carlos IV y Napoleón. Por cierto que Gravina añadió una nota en la que señalaba que había recalcado que ningún inconveniente habría en reunir los buques, pero sí las dotaciones y raciones adecuadas.

En Memoria adjunta señalaba que, a los males tradicionales en esos aspectos, se unían por entonces una nueva epidemia de fiebre amarilla en nuestras costas, que las había despoblado por muerte, enfermedad o emigración al interior, y una serie de malas cosechas. También podía haber añadido que las dificultades de la Real Hacienda iban a ser graves, por lo que faltaría el dinero, pero señalaba que tampoco sobraban los pertrechos de todo tipo para sostener una larga campaña naval, pues justamente por esa escasez presupuestaria no se habían hecho acopios previos.

## EL PLAN DEFINITIVO DE NAPOLEÓN

Ya hemos visto que los planes franceses para un desembarco en Inglaterra habían sido tradicionalmente tan complejos como poco factibles en realidad y siempre con la condición necesaria de confundir al enemigo con su objetivo real, evitando un combate decisivo entre la escuadra franco-española y la británica. Y ello desde la guerra de la Independencia de Estados Unidos y a despecho de todos los radicales cambios políticos en Francia, ignorando las sustanciales innovaciones británicas que les permitían afrontar con la seguridad del éxito esa gran batalla naval decisiva.

Tras desechar por una u otra causa otras opciones parecidas, el plan se basó en crear una diversión en aguas americanas que atrajera hacia allí a las escuadras británicas, con lo que el Canal de la Mancha quedaría sin la vigilancia adecuada. Las escuadras aliadas, volviendo rápidamente a aguas europeas, podrían escoltar al gran ejército francés de invasión hasta su desembarco en las costas inglesas, sin que los sorprendidos y muy inferiores buques británicos presentes pudieran oponerse eficazmente.

Así, Villeneuve zarpó de Tolón izando su insignia en el navío Bucentaure de ochenta cañones, seguido de diez más, cuatro fragatas y dos bergantines, así como un cuerpo de desembarco del general Lauriston.

Tras recalar unas horas en Cartagena, cruzó el Estrecho, dejando atrás la división británica de John Orde, que se batió en retirada sin problemas, cuando bien hubiera podido ser aplastada por el número. Pero las órdenes eran estrictas y nada podía salirse del plan de Napoleón.

Así que Villeneuve siguió hasta Cádiz, donde se reunió con la escuadra de Gravina, con insignia en el Argonauta, otros cinco navíos más y una fragata. Los buques españoles estaban faltos de dotaciones, pues sumaban 3.448 hombres, faltando otros 785, pero embarcaban una expedición de 2.127 soldados, al mando de brigadier Curten.

La navegación se reanudó rápidamente y llegaron sin problemas a Fort Royal, tras atravesar el Atlántico, apuntándose los franceses el apresamiento de una corbeta inglesa y los españoles de dos corsarios. Con la decepción de no unirse la división de Missiessy, con cinco navíos, tres fragatas y dos bergantines, que volvió a Francia ante el retraso de Villeneuve.

Villeneuve esperó a la de Ganteaume, que se retrasó de Brest por vientos contrarios, pero no hizo nada hasta que, presionado por sus propios subordinados, especialmente Gravina, accedió a participar en la toma del islote del Diamante fortificado por los británicos para vigilar el cercano Port Royal, cosa que lograron los aliados el 2 de junio.

Napoleón emitió nuevas órdenes: ya sin esperar más a Gantaume y su división. Villeneuve tenía que volver rápidamente a Europa, se uniría a los buques españoles y franceses bloqueados en Ferrol, y haría lo mismo en Brest. Ya al mando de una escuadra de sesenta navíos, pondría rumbo a Boulogne, donde estaba el emperador y su ejército, y efectuaría el cruce del Canal de la Mancha y el desembarco.

La vuelta de Villeneuve fue exitosa, al apresar a un corsario enemigo, a catorce mercantes, junto con la recuperación de una fragata mercante, procedente de Lima y con una rica carga valorada en más de cuatrocientos mil pesos, de oro, plata y cobre, lana de vicuña y cacao, junto con el corsario que la había apresado.

## EL COMBATE DE FINISTERRE

El 22 de julio de aquel año, la escuadra de Villeneuve llegó frente a Finisterre, divisando a la británica de Robert Calder. La aliada se componía de veinte navíos, seis españoles y catorce franceses, ninguno de ellos de tres puentes, así como siete fragatas y dos bergantines, todos franceses. La británica sumaba quince navíos, con la reciente incorporación de la división de Sterling, pero cuatro de ellos eran de tres puentes y solamente dos fragatas.

Aunque la escuadra de Calder fuera inferior en número y se hallase a sotavento, intentó un ataque para envolver a sus enemigos, que una oportuna maniobra de Gravina contrarrestó, pero ante la inacción de Villeneuve, los británicos consiguieron envolver y rendir a dos de los navíos españoles, los Firme y San Rafael.

Aunque los españoles (y algunos franceses) reclamaron que se rescatase a los dos navíos, Villeneuve no hizo nada, dando el combate por perdido.

El parte de bajas es muy significativo: los españoles sufrieron ciento once muertos y doscientos treinta y cinco heridos (noventa y cuatro y doscientos once en los dos apresados). Los franceses cuarenta y cuatro muertos y noventa y cinco heridos (cuatro de sus navíos no registraron baja alguna) y los británicos cuarenta y uno muertos y ciento sesenta y dos heridos. En cuanto a las tan superiores numéricamente fragatas francesas (eran siete) no tuvieron baja alguna, y solo dos muertos y tres heridos en una de las dos británicas.

Y con esos resultados, Villeneuve dio por perdida la partida, sin intentar rescatar a los dos navíos apresados y ordenando entrar en Vigo para reponer víveres y aguada y atender a los enfermos. Sumando despropósitos, se hizo de nuevo a la vela el 31 de julio. Pero, mientras los trece navíos franceses (descontados los averiados) fueron a La Coruña, los dos de Gravina navegaron a Ferrol, como estaba previsto al estar allí el arsenal.

Finalmente, unos y otros se reunieron, pero entonces el abrumado Villeneuve llegó a la conclusión de que el plan de Napoleón era impracticable, renunció a la concentración en el Canal de la Mancha y mandó poner rumbo a Cádiz.

El emperador, sorprendido, hizo variar todos sus planes, levantó el campamento de Boulogne y aprestó su ejército para luchar en un frente muy distinto, alcanzando las sensacionales victorias en Ulm y Austerlitz.

Para la escuadra combinada ideó un plan mucho menos ambicioso: atacar en conjunción con un pequeño ejército el reino de Nápoles y expulsar de él a su rey, hermano de Carlos IV, previendo instalar en su trono a su hermano, José Bonaparte.

Incluso ordenó al almirante Rosilly que se trasladara a Cádiz y reemplazara a Villeneuve, hecho que se conoció en Cádiz días antes de Trafalgar. Villeneuve seguía al mando, y Gravina, pese a su origen napolitano (como tantos otros en el Ejército y en la Armada de entonces) tuvo que obedecer.

Y esto es lo más asombroso: que su flota siguió las órdenes disciplinadamente y hasta el heroísmo...

## LOS NAVÍOS DE TRES PUENTES

Otra cuestión, aunque en absoluto novedosa, sí resulta muy significativa para analizar los combates navales de la época, y especialmente

Trafalgar: el papel en la batalla de los navíos de tres puentes, los más grandes en tamaño y fuertes de estructura. Con artillería más numerosa y potente.

Estos buques solían ser el insignia del almirante supremo y, en su caso, de los jefes de las distintas divisiones de la flota, pues las ventajas eran obvias. Aparte de lo expuesto, eran fácilmente reconocibles por sus subordinados, sus altos mástiles facilitaban la visión de las señales de banderas dando las órdenes. Eran los buques que debían señalarse especialmente en el combate, dando el mejor ejemplo a los demás.

Pues bien, de los quince navíos españoles cuatro eran de tres puentes, así como siete de los veintisiete británicos, mientras que no había ni uno solo entre los dieciocho franceses, lo cual verdaderamente es muy significativo quedando casi igualadas las proporciones entre buques de tres y dos puentes españoles, unos 3,65 frente a unos 3,85 para los británicos.

Esa carencia de los navíos por entonces más grandes y mejor artillados en la Marina Imperial francesa, pone de relieve su propósito de evitar un gran y decisivo combate, centrándose en las operaciones contra el tráfico mercante del enemigo o en operaciones anfibias. Del mismo modo que hace resaltar nuevamente la muy diferente concepción española, ya evidente en la táctica y en la artillería.

Y remarcar que de los cuatro tres puentes españoles que participaron en la batalla, se salvaron finalmente dos: el Príncipe de Asturias y Santa Ana (este recuperado tras rendirse). Ambos eran de la última serie de esos buques, diseñados por Romero Landa, mientras que los dos más antiguos y menos eficaces, los Santísima Trinidad y Rayo, sucumbieron a la batalla y al temporal siguiente.

Otra cuestión, generalmente olvidada, implicaba algo importante: en ellos no solamente llevaban cañones más modernos y eficientes que sus aliados franceses, sino que, además, los quince navíos españoles sumaban más piezas que los dieciocho franceses, otro dato importante. El hecho se explica por la reforma española del artillado de cada buque, que había incrementado las piezas sobre el porte teórico; así el Neptuno, de ochenta piezas pasó a llevar noventa y tres y el San Juan Nepomuceno, de las originales setenta y cuatro a ochenta y dos. Aparte de las fragatas, claro está, pues ninguna española participó en el combate.

## LA BATALLA Y SU EPÍLOGO

Son abundantes las narraciones de la batalla, más o menos cuidadas, y con profusión de detalles. Se han popularizado tanto en la literatura como en el cine y hasta en el cómic.

Pese a los esfuerzos de unos y otros por recrearla en todos sus aspectos, hay detalles que aún no están claros, desde el punto de vista técnico y del humano. Por eso hemos preferido evitar una narración que, siendo reiterativa con la visión tradicional, pueda contener lagunas y errores.

Hemos preferido ofrecer una visión general de la época, centrada tanto en sus políticos como técnicos, recordando hechos poco o nada conocidos y procurando evitar las visiones propias de cada nación.

Pero hay algo que resalta en ella y la hace distinta de otras grandes batallas en la Historia de la Humanidad: su desenlace.

Normalmente, las narraciones de Trafalgar, especialmente las británicas, suelen terminar en la tarde del día 21, con la imagen de Nelson agonizando, pero orgulloso de su gran victoria. Sin embargo, el epílogo de la batalla aún se prolongó varios días, y es tan interesante por tantos motivos, aparte de ser menos recordado, que bien merece que lo resumamos.

Tras la tristísima noche que siguió a aquella verdadera carnicería, el temporal que los barómetros habían anunciado se presentó a la amanecida del 22, con el resto de la flota aliada fondeado en Cádiz o a su entrada, y los victoriosos pero baqueteados británicos, con sus diecisiete presas, custodiadas cada una por entre setenta y ciento cincuenta hombres.

Cualquiera habría pensado que los heridos Gravina y Escaño se resignarían al aplastante resultado. Sin embargo, a las nueve de la mañana del día siguiente, el 22, convocaron consejo de guerra a bordo del Príncipe de Asturias y ordenaron la salida de los buques que estuviesen en estado de navegar y combatir para recuperar las presas hechas por el enemigo.

El temporal era tan fuerte que hubo que aplazarlo hasta el día 23, en que calmó un tanto las aguas. Tomó el mando el capitán de navío más antiguo, Cosmao, uno de los marinos franceses con más arrojo y decisión. Ni el castigado Príncipe de Asturias ni los San Leandro y San Justo pudieron tomar parte en la operación, pues por efectos del temporal habían desarbolado en sus fondeaderos.

Así que la división que zarpó al rescate de sus compañeros estuvo compuesta únicamente por los españoles Rayo, Montañés y San Francisco de Asís; y por los franceses Pluton, Heros, Neptune e Indomptable, aparte de las fragatas y bergantines.

El hecho nos parece una de las mayores demostraciones de heroísmo y de tenacidad en la historia naval de cualquier época: a las pocas horas de un combate como el de Trafalgar, en el que habían sido aplastantemente vencidos, siete navíos de la flota aliada salían de nuevo, denodadamente, a rescatar a sus compañeros, sabiendo que tendrían enfrente a los veintisiete vencedores y, probablemente, a la otra división de seis que no tardaría en reunírseles desde Gibraltar. Aquello era realmente luchar hasta el final, pretendiendo arrebatar el triunfo de las garras de la victoria enemiga y todo, en mitad de un temporal, que al final fue peor enemigo que los británicos.

Algo así, de haber sido realizado por cualquier otra marina del mundo, sería justamente celebrado y recordado, pero aquí ha pasado un tanto desapercibido.

Sorprendentemente los británicos apenas presentaron resistencia: Collingwood debía de estar conmocionado por la muerte de Nelson, por las averías de su propio buque insignia, por las grandes pérdidas en su flota y por el agotamiento de todos. Creyó superior la fuerza de rescate, oculta en parte por celajes y chubascos, y tras corto combate, ordenó deshacerse de la mayoría de las presas, incluso con sus dotaciones británicas todavía a bordo, largando los remolques, salvo los Bahama, San Juan Nepomuceno, San Ildefonso y Swiftsure, únicas que conservaron, por haberlas fondeado previamente al socaire del cabo Trafalgar.

En los Santa Ana, Neptuno, Algeciras, Bucentaure y Aigle, las dotaciones se reanimaron al ver el intento de socorro, redujeron a las dotaciones británicas de presa y se liberaron. Ello no significó la liberación de Villeneuve, quien, en medio de una fuerte depresión, había sido conducido a la fragata Euryalus.

En el destrozado Santísima Trinidad los británicos consiguieron evacuarlo, pero no quisieron mover a los agonizantes, muchos de ellos con amputaciones de los miembros, por lo que el hermoso navío quedó a merced de las olas hasta hundirse, entre los gemidos de los abandonados moribundos. Algo parecido sucedió en los Argonauta y Redoutable.

En el San Agustín habían quedado ciento cincuenta ingleses con tres oficiales, que tuvieron que ponerse a picar bombas con los españoles, pues el navío se hundía a ojos vistas. Abandonados a su suerte, la dotación de presa británica se puso a las órdenes de los españoles para la salvación común, y el destrozado buque siguió adelante, intentando llegar a Cádiz con un aparejo improvisado de bandolas, pero al poco debieron fondear, pues se iban contra los arrecifes. Tras varios días de lucha contra el mar y el viento, fueron al fin recogidos por dos navíos ingleses, que evacuaron a todos menos a los moribundos, y pese a que el navío se iba a pique irremisiblemente, pues el agua llegaba ya a la primera batería, tuvieron la crueldad de ordenar que se incendiara. El buque apenas ardió un poco antes de hundirse y acabar así con el sufrimiento de los pobres sentenciados.

El Intrepide fue también incendiado por sus captores, y los Fougueux y Berwick, arrastrados por viento y olas, se estrellaron en Sancti Petri, y el Monarca un poco más al oeste.

El temporal fue tan terrible, que incluso los buques, ya liberados, que habían llegado a Cádiz, pero que no pudieron entrar o ser remolcados hasta el puerto, naufragaron en los días siguientes, perdiéndose así el Bucentaure, Indomptable, Aigle y Neptuno.

Les llegó su suerte a algunos de los rescatadores: el San Francisco de Asís naufragó, y el lento y poco marinero Rayo, que tras el contraataque y perdidos los palos mayor y mesana y el mastelero del trinquete, fondeó en el placer de Rota, donde varó. Sin demasiadas complicaciones morales, al día siguiente le atacaron por proa y popa el Donegal (el tres puentes de la división de refuerzo) y el Leviathan, ante lo que el lisiado navío no tuvo otra opción que rendirse. Ya a remolque, el temporal hizo necesario largar el cable y el desdichado buque, con una dotación de presa de cinco oficiales y setenta y dos marineros y soldados, embarrancó y se hundió.

Cabe imaginar el inmenso desastre que siguió al ya terrible de la batalla, con los destrozados navíos naufragando cerca de la costa. Pronto esta estuvo llena de agotados hombres que intentaban ponerse a salvo y tanto las cañoneras de las fuerzas sutiles, la guarnición de Cádiz y las baterías costeras, como las poblaciones inmediatas, hicieron todo lo posible por salvarlos, incluyendo a los numerosos ingleses de las dotaciones de presa.

Collingwood, con sus navíos repletos de heridos españoles y muy reconocido por el buen trato dado por estos a los náufragos británicos, el 27 de octubre ofreció al gobernador de Cádiz, general marqués de la Solana, desembarcarlos para ser atendidos en tierra, quedando así en libertad. A tan humanitaria medida se le respondió por parte del marqués y de Gravina dejando libres a los supervivientes británicos de los naufragios, lo que motivó un canje total de prisioneros, no solo de heridos o enfermos.

Con algún retraso, pues ya sabemos de las previas relaciones entre españoles y británicos, se sumaron al acuerdo los franceses. Así, de manera tan caballerosa como humanitaria, se palió un tanto aquel auténtico desastre que hizo aún más luctuosa la batalla.

Pero todavía el día 30, y cuando las embarcaciones de uno y otro bando, con bandera de parlamento, no dejaban de transportar hombres, cuatro navíos ingleses, de los recién llegados de Gibraltar, intentaron hacerse con el Argonaute, cuando este era espiado (remolcado desde tierra) hacia Cádiz, debiendo ser rechazados por el fuego del propio buque, de las baterías del puerto y de las cañoneras.

Aquellos fueron los últimos cañonazos de la tremenda batalla.

Vemos, por tanto, que a los durísimos efectos de la cruenta lucha, prolongada en los días sucesivos, se unieron los del temporal, pero ello tuvo una consecuencia inesperada: en una batalla naval de entonces era muy raro que un buque se hundiera y de hecho solo uno francés lo hizo durante el combate, al volar su santabárbara. Si hoy quedan numerosos pecios por excavar e investigar, y sería crucial que se hiciese y de la mejor y más completa manera posible, es justamente por ese temporal que culminó la batalla. Y hay que hacerlo de manera tan científica como respetuosa, pues se trata de un auténtico cementerio.

Y eso, al menos, es lo que debemos a los hombres de las tres naciones que murieron tan heroicamente en ellos, más siendo actualmente las tres naciones aliadas en la OTAN.

## NUEVAS DERROTAS FRANCESAS

Hubiera sido de esperar que, ante la dura lección de Trafalgar, algo que se repetía desde el final de la guerra de la Independencia de los Estados Unidos, la Marina francesa hubiese reaccionado debidamente para remediar las causas de dicha inferioridad, pero nada hizo sorprendentemente hasta decenios después, como ya hemos visto en el caso del *Tratado de punterías*, de Churruca.

Como es bien sabido, al comienzo de la batalla la división de navíos mandada por Dumanoir, tras cambiar algunos cañonazos con el enemigo, abandonó el combate de Trafalgar y puso rumbo a los puertos franceses.

Cualquiera pensaría que Dumanoir tomó esa criticable decisión por discrepar del mando de su jefe supremo, Villeneuve, y no verse implicado en el inevitable desastre, pero no fue así en absoluto, pues no tardó en repetir errores aún mayores.

La división francesa, de cuatro navíos, se hallaba ya frente a cabo Ortegal, en la costa de Asturias, el 2 de noviembre de aquel año, topándose con la británica de Strachan, con otros cuatro navíos de potencial teórico muy parecido, si bien reforzada con cuatro fragatas, buques muy rápidos y marineros, pero claramente inferiores en combate a un navío.

Ante aquella situación, Dumanoir tomó la decisión menos comprometida: intentar la huida a todo trapo. Para facilitarla, ordenó arrojar parte de los cañones de sus navíos para aligerarlos y aumentar su velocidad, posibilitando la fuga.

Y sumando un error tras otro, al ver que uno de sus navíos se retrasaba y que iba a ser alcanzado por el enemigo, tomó la decisión opuesta: hizo volver a los tres primeros para ayudarle, eso sí, formados en línea de combate.

El resultado no era dudoso y tampoco se hizo esperar, la división francesa al completo fue vencida y apresada, falta de muchos de sus cañones que acababan de tirar por la borda.

Tras un corto cautiverio en Inglaterra, el almirante francés fue liberado y repatriado a Francia. Era de esperar que se le juzgase en consejo de guerra y fuera severamente condenado, tanto por el abandono de sus compañeros en Trafalgar, como por sus contradictorias y desastrosas órdenes en cabo Ortegal. Asombrosamente resultó absuelto.

Y por si faltaran nuevas demostraciones de la urgente y necesaria reorganización de la Marina Imperial francesa, hubo otra el 6 de febrero de 1806.

Ante la comprometida situación de la isla de Santo Domingo, el emperador ordenó enviar allí refuerzos: la escuadra de Leissegues, que estaba compuesta del navío de tres puentes y ciento veinte cañones, el Imperial; otro de ochenta y tres más uno de setenta y cuatro, acompañados por tres fragatas. Y en la fecha indicada fue interceptada por la de Duckworth, con siete navíos (uno de ochenta, otro de sesenta y cuatro y el resto de setenta y cuatro) con tres fragatas igualmente.

El resultado fue el esperable: todos los navíos franceses fueron apresados o se perdieron sobre la costa y solo escaparon las tres fragatas.

Aquello decidió a Napoleón a variar por completo su estrategia, renunciando a las grandes expediciones navales y centrándose exclusivamente en el corso contra el tráfico mercante del enemigo. Es más, ordenó a todos, aliados y neutrales, que prohibiesen por completo el comercio con el Reino Unido, pensando en ahogar la economía británica, vitalmente dependiente del comercio exterior. A dicha estrategia le dio el nombre de Bloqueo Continental, pensando que resultaría decisiva.

Pero no calculó que aquella tan prometedora estrategia iba realmente a provocar su ruina, pues condujo rápidamente a la invasión de Portugal, tradicional socio comercial del Reino Unido, lo que terminó implicando a España y finalmente al Imperio ruso, los ejes fundamentales, junto con el Reino Unido, de la completa derrota y fin de su régimen imperial.

Aún hoy sorprende que Napoleón, tan celebrado táctico y estratega en las luchas terrestres (y pese a sus reiterados y decisivos errores en logística y en política), cometiera tales desatinos en todo lo referente a la guerra naval.

También cometió el gran error estratégico de convertir, sin más razón que una irracional y desmedida ambición, a un aliado en uno de sus más decididos enemigos, caso de España y de su imperio.

## LA ARMADA DESPUÉS DE TRAFALGAR

Es un lugar común que Trafalgar significó por sí misma el fin de la Armada ilustrada y, como consecuencia inevitable, el fin de la mayor parte de América.

Pero, como hemos expuesto en otro estudio, eso no es más que un grave aunque comprensible error, reflejo de lo que significó más bien para Gran Bretaña de un lado y Francia, de otro.

Trafalgar fue, por sí mismo y por sus consecuencias directas, un desastre mucho menos grave para España que la toma de La Habana por los ingleses en 1763, en pleno reinado de Carlos III.

En La Habana se perdió el mayor de los arsenales de construcción españoles, y nada menos que trece navíos, siete fragatas y más de un centenar de mercantes de todos los tipos. Con ellos, la principal y vital base naval, rotas las comunicaciones con América y expuesta toda ella a la pérdida en poco tiempo.

Sin embargo, sabemos que la crisis pudo ser remontada, y que la independencia de Estados Unidos supuso un radical cambio del panorama. Incluso poco después se produjo la última expansión española en América, desde California hasta Alaska.

Y tras Trafalgar pareció por un momento que la historia volvía a repetirse, con los dos sucesivos intentos británicos de explotar su victoria en El Plata, que fracasaron rotundamente gracias a la intervención de la Armada, al mando del capitán de navío Santiago Liniers.

Pero ahora en París estaba alguien como Napoleón, que creyó poderse apoderar de España e imponer por la fuerza a su hermano José como rey, provocando la respuesta casi unánime del pueblo español y su resistencia a muerte, pues la inmensa mayor parte de la España peninsular fue invadida por las tropas napoleónicas.

Tras una atroz guerra de casi seis años, que dejó al país devastado, arruinado y dividido políticamente, se descubrió que en América se imponían las independencias, apoyadas por los británicos en su propio beneficio y tras llegar a acuerdos con los líderes de la emancipación…

Algo muy parecido sucedió, por entonces, en el Brasil portugués, lo que indudablemente no fue como consecuencia de su derrota en Trafalgar, pues Portugal era tradicional aliado de Londres desde su separación de España, en 1640.

Y, sin embargo, se dio la misma secuencia: invasión napoleónica, guerra larga y muy costosa de ganar, la quiebra de la monarquía tradicional, las divisiones internas, la pérdida del imperio americano y la irrelevancia posterior como potencia naval.

Claramente, Trafalgar no fue la causa de todo lo que pasó en España a lo largo del siglo XIX.

# CONCLUSIÓN

Así pues, Trafalgar puede significar un hito importante en la historia de España, pero por sí mismo no supuso un vuelco en la situación anterior, ni siquiera en la propia Armada, ya en grave crisis aunque por cuestiones que, en buena parte, le eran ajenas, como era la situación general del país. Solo su proximidad cronológica a la verdadera causa de aquellos trascendentales cambios supuestos por la crisis de la guerra de la Independencia ha podido, en nuestra opinión, llevar a tal confusión.

Confusión alentada además por los relatos de los otros dos participantes en la batalla: el Reino Unido, en la cima del *Britania rules the wawes* (que se había demorado al menos desde 1588), y Francia, donde se ha echado tradicionalmente la culpa de la derrota al atraso español, singularmente de su Armada, afirmación que hemos dejado clara que es totalmente incierta.

Por no mencionar la visión interna, aunque originada en el exterior, de que los marinos españoles de la época serían muy ilustrados en muchos aspectos, pero no estaban a la altura de sus aliados franceses y, ni mucho menos, de sus enemigos británicos, que hemos pretendido demostrar como errónea y fruto de juicios muy interesados, tanto de uno como de otro lado.

## TERCERA PARTE

# LA GUERRA NAVAL DE 1898

Los juicios posteriores sobre el resultado de las campañas navales de la guerra entre Estados Unidos y España, en 1898, hacen hincapié en los muy distintos potenciales de cada una de estas naciones en los ámbitos demográfico, económico, industrial y tecnológico. Siendo estos factores innegables por evidentes, hubo otros que pesaron decisivamente en el resultado de la contienda, que hicieron que el vencedor lograra sus objetivos tan rápidamente como a un coste casi simbólico. Nadie sabe las consecuencias de que la guerra, que se resolvió en menos de cinco meses (entre abril y agosto), se hubiera complicado y alargado para el vencedor, así como sus repercusiones posteriores para ambos países y finalmente en el equilibrio mundial.

# 1

# EL NACIMIENTO DE LAS DOS FLOTAS

En primer lugar, debemos analizar los profundos y rápidos cambios que se habían producido en los buques, en sus armas y en sus máquinas y equipos, en relativamente poco tiempo, contrastando con el pausado y lento progreso que se había dado durante siglos, del galeón al navío.

## UNA REVOLUCIÓN TECNOLÓGICA

Como es bien sabido, la segunda mitad del siglo xix asistió a la aparición de la llamada segunda fase de la Revolución industrial, con decisivos adelantos en los terrenos de la ciencia, la técnica y la industria, progresivamente más amplios y profundos, hasta desembocar en el tiempo actual.

Su impacto fue enorme en el terreno de los buques de guerra: desde la Edad Media, la guerra por mar se había basado en buques de madera propulsados por velas, y armados con sencillos cañones de bronce o hierro, de avancarga y ánima lisa y de las armas personales de las tripulaciones en los abordajes.

Pero, y desde mediados del xix, los revolucionarios cambios se sucedieron a un ritmo cada vez más acelerado: la introducción del vapor en la propulsión y la desaparición del velamen en los buques de combate, los cascos metálicos, primero de hierro y luego de acero en distintas variedades, los blindajes, artillería mucho más pesada, de efectos demoledores por los nuevos explosivos y de alcance y potencia muy superiores a todo lo visto antes, cañones de retrocarga, con ánima rayada y de enorme velocidad de disparo, nuevos y más potentes explosivos, etc.

Y junto a todo ello, nuevas y terribles armas como la mina submarina y el torpedo, capaces de un solo golpe de hundir aquellos enormes buques. Además, los buques submarinos se iban convirtiendo en realidad tras numerosos ensayos que solo alcanzaron el éxito ya con el cambio de siglo. Así como otros avances tecnológicos, entre ellos la electricidad para la iluminación interior del buque y los focos para el exterior, tanto para descubrir al enemigo como para realizar señales luminosas de noche, para los motores auxiliares a bordo y para las comunicaciones, que aunque todavía se realizaban por cable y dependientes de estaciones situadas en tierra, supusieron otro cambio revolucionario.

Aquella oleada de sucesivas innovaciones y continuos perfeccionamientos provocó una época de problemas en todas las flotas del mundo, tanto para adaptarse a ellas como para sacarlas el mayor provecho, valorando continuamente cuál era la opción más adecuada según las necesidades y potenciales de cada país. Y todo ello junto con el incremento exponencial del coste de adquisición y de mantenimiento de buques cada vez más caros y complejos, lo que obligaba a la mejor formación de mandos y tripulaciones en consonancia con los continuos adelantos y cambios.

Todos estos hechos han sido determinantes para sentenciar la cuestión en los análisis de los estudiosos posteriores: tanto por población y riqueza, como por desarrollo industrial y tecnológico, Estados Unidos era muy superior a España. La victoria americana estaba asegurada antes de dispararse el primer cañonazo de la contienda.

Pero, aunque este análisis ofrezca pocas dudas, otros factores se añadieron, acentuando su superioridad y matizando las causas de la contundente y rápida victoria.

## UN BALANCE TEÓRICO DE LAS DOS ESCUADRAS

Tanto se ha escrito y dicho sobre las potencias respectivas de las dos escuadras, que es necesario puntualizar y detallar muchas cuestiones. Por lo que respecta al escenario principal de la contienda, el Atlántico, y en especial el Caribe, las cifras son las siguientes, atendiendo al número y clase de buques:

Acorazados: España tres; Estados Unidos, cinco. Neta superioridad norteamericana en número y calidad de buques, especialmente por los cuatro más modernos y potentes.

Cruceros acorazados: España, ocho; Estados Unidos, dos. La situación se invierte por el número de buques, aunque posiblemente no en características.

Cruceros protegidos: España, dos; Estados Unidos, seis. Nueva inversión en la correlación de fuerzas.

Cruceros no protegidos o menores: España, ocho; Estados Unidos, veinte. Nueva superioridad americana, tanto en número, tamaño y potencia de los buques como en modernidad.

Buques torpederos: España, veintinueve; Estados Unidos, doce. Según clases, los españoles incluían seis destructores, once cañoneros-torpederos y cuatro torpederos de alta mar y ocho costeros, los americanos eran nueve torpederos de alta mar y tres costeros. Superioridad clara española en número y tipos de embarcaciones.

Otros buques: España, cero; Estados Unidos, seis. Los norteamericanos eran cuatro monitores (habituales en la US Navy desde la guerra de Secesión), y dos experimentales, un buque ariete destinado a embestir con su espolón a los buques enemigos, y un cañonero artillado con cañones de aire comprimido que lanzaban granadas de dinamita. Los dos últimos de nula efectividad real, los monitores de escasa utilidad, pese a sus cañones pesados y fuerte blindaje, por su escasa velocidad y pobres condiciones marineras.

Ambas escuadras movilizaron además un elevado número de unidades menores, entre cañoneros y lanchas cañoneras, pequeños mercantes artillados bien para la defensa y vigilancia costera, o para bloquear costas y puertos de Cuba y Puerto Rico.

Ambos bandos artillaron grandes y veloces mercantes como cruceros auxiliares en misiones de vigilancia en alta mar o para atacar el tráfico marítimo enemigo: España, ocho; y Estados Unidos, trece. En general, estos últimos más y mejor artillados y con piezas más modernas.

Por supuesto, ambas flotas movilizaron igualmente mercantes como auxiliares: transportes, carboneros, etc. Aunque con poco armamento, casi puramente simbólico o ninguno, salvo las armas individuales.

Vista la composición, repetimos que teórica, de ambas flotas, cabe deducir las siguientes conclusiones.

En primer lugar, la solo relativa ventaja de la flota estadounidense. Muy por debajo del potencial que cabría esperar, tanto en el aspecto económico como en el industrial. Evidentemente estaba a mucha distancia de lo que sería en el siglo XX, por falta de voluntad política, no de recursos.

En segundo, que las dos flotas parecían complementarias: clara superioridad americana en acorazados y medianos cruceros, protegidos o no, y superioridad española en cruceros acorazados y embarcaciones torpederas. Por todo ello, los planes estratégicos de cada país, sus tácticas y su planificación eran muy distintos. La US Navy, siguiendo los enfoques de Mahan, se centraba en una batalla entre escuadras y el dominio del mar, mientras que la Armada, obligada por las largas distancias oceánicas que debía recorrer para defender sus posesiones, se basaba en buques de gran autonomía, como los cruceros acorazados, y en embarcaciones torpederas, también de gran autonomía como destructores y cañoneros torpederos, para hacer frente a unidades mucho mayores con posibilidades de éxito, siguiendo los planteamientos de la Jeune Ecole francesa, para enfrentarse a la Royal Navy.

Era de esperar que la escuadra americana se centrara en una batalla decisiva y el bloqueo de las islas españolas, mientras que la española se planteara la lucha en términos defensivos para sus costas insulares y con la ofensiva a cargo de sus cruceros acorazados en incursiones sobre la costa enemiga o sus líneas de comunicación, evitando en lo posible y gracias a su mayor velocidad combates decisivos, salvo cuando gozara de evidente superioridad numérica, pues los acorazados (y monitores) americanos eran superiores en combate abierto a los cruceros acorazados españoles, pero de inferior velocidad y autonomía.

Un escenario posible sería que los dos viejos acorazados españoles se situaran previamente en las islas, junto a los torpederos, obligando así a sus enemigos a bloquearlos y exponiéndose a un severo desgaste, mientras que los cruceros acorazados, destructores y cañoneros torpederos realizaban incursiones sobre las costas americanas, de modo que se expusiera a cada pequeña agrupación a ser aplastada por una fuerza mayor, que, en caso de inferioridad o simple duda, bien podría evitar el combate por su superior velocidad.

La expectación en los medios internacionales que analizaban la guerra fue grande, a la hora de comprobar la eficacia de uno y otro sistema, especialmente entre los observadores británicos. Pero otros factores muy distintos vinieron a sentenciar la cuestión.

## UN BALANCE REAL

Pero, y por diversos factores, esa aparente paridad numérica se convirtió en aplastante superioridad americana.

Ninguno de los tres acorazados españoles estuvo listo para el combate al inicio de la contienda, sometidos a obras de modernización aún no concluidas, y solo pudieron ser alistados precariamente y con retraso.

Peor fue aún el caso de los decisivos cruceros acorazados, pues de los ocho planeados tres estaban aún en construcción muy retrasada por cambios en su armamento y protección durante ella, intentando mejorar y actualizar el proyecto inicial, semejante a los otros tres de la clase Vizcaya.

Estos últimos, aunque en apariencia listos para operar, tenían serias deficiencias en su puesta a punto, y el grave problema de que parte de su munición (comprada a empresas británicas por la urgencia) había mostrado ser defectuosa y hasta peligrosa para sus dotaciones.

En cuanto a los dos restantes, el Carlos V, aunque construido en Cádiz, estaba completando sus obras de construcción en Francia y tuvo que ser movilizado, sin terminarlas y con retraso, y el Colón, aunque listo en apariencia, carecía de sus dos cañones principales y más pesados por ser los originales de construcción extranjera y defectuosa y ser rechazados por la inspección técnica sin que hubiera la posibilidad de cambiarlos por la premura del tiempo.

Así que de la prevista escuadra de ocho cruceros acorazados solo cuatro estaban disponibles al comienzo de la guerra y con serios problemas de puesta a punto.

La situación se repitió en el caso de destructores y cañoneros torpederos. Se había encargado previamente a la industria británica seis de los primeros, pero solo se habían entregado tres y la segunda mitad llegó muy retrasada. Además, la premura del tiempo dificultó que sus dotaciones se familiarizasen con los nuevos buques.

Por lo que se refiere a los cañoneros torpederos, tres estaban aún en construcción en astilleros españoles; dos más, por veteranos y faltos de puesta a punto no eran útiles salvo como defensa de las costas cubanas y peninsulares; cinco estaban en las costas cubanas, vigilándolas para evitar las expediciones rebeldes o cooperando con el Ejército y acusaban el desgaste operacional, y otro estaba destinado en la Estación Naval del Río de la Plata, en puerto neutral que tuvo que abandonar en precarias condiciones.

Por lo que se refiere a los torpederos, estaban todos en aguas peninsulares españolas y no en buenas condiciones. De ellos ya sabemos que ocho eran costeros, por lo que se desechó que cruzaran el Atlántico. Se intentó con los mayores, pero vistos los problemas que planteaba su remolque, finalmente se quedaron en Canarias.

En cuanto al resto de las unidades, destacadas principalmente en Cuba, Puerto Rico y Filipinas, no eran decisivas en una guerra convencional entre escuadras y acusaban el desgaste de la doble lucha contra la insurrección y las dificultades locales para su mantenimiento y puesta a punto.

Por lo que se refiere a la US Navy, pese a que también tuvo que afrontar una complicada época de cambios técnicos y de elegir entre distintas opciones, con los inevitables problemas y retrasos, el coste de todo ello fue mucho menor, así como la dificultad para lograrlo, lo que aseguró una superioridad en principio no tan clara como era de esperar.

El error fundamental de los proyectos españoles de hacerse con una escuadra eficaz fue que se planeó con el propósito de que sirviera paralelamente para el desarrollo industrial y técnico del país. De este modo, la serie de los cruceros acorazados de seis unidades, los luego clases Vizcaya y Cisneros, se encargó a nada menos que cuatro astilleros distintos: los tres de la Armada en Ferrol, Cádiz y Cartagena (que además tuvieron que construir otros buques muy distintos) y el privado de Bilbao. El muy semejante Carlos V, en otro astillero privado de Cádiz, de nuevo encargado de construir buques muy distintos. Y esa falta de racionalidad en los encargos, justificada para evitar agravios comparativos entre unos y otros por la cuantía de los encargos, se cobró su factura en contra de una distribución más racional y homogénea que hubiera simplificado su construcción. De hecho, los siguientes planes navales, ya en el siglo xx, intentaron aprender de esa lección.

Otra fuente de problemas fue la dependencia del exterior, no ya para la construcción de los buques (salvo casos concretos) sino para su modernización al compás de los rápidos y profundos cambios de la tecnología naval de la época, pues se dependía de la buena voluntad de los suministradores, caso evidente en lo referente a los destructores, pero también en la modernización de la artillería en las unidades mayores: cruceros y acorazados.

Así vemos que los tres acorazados: Pelayo, Vitoria y Numancia estaban siendo modernizados en arsenales franceses, y el Carlos V instalando también allí su artillería cuando estalló la guerra.

Y ante la falta de alianzas, España no pudo evitar que, tras el estallido de la guerra, la siguiente declaración de neutralidad por parte de unos y otros impidiera la finalización de obras e instalaciones. O que se ralentizaran incluso previamente por el incremento de la tensión debido a las hostilidades.

Estados Unidos tampoco formaba parte de ninguna alianza, pero se benefició del acercamiento a la potencia hegemónica en los océanos por entonces, el Imperio británico, tras el acuerdo sobre Venezuela, y por los intereses económicos británicos. También porque en ese convulso fin de siglo, con fuertes rivalidades entre las potencias por una expansión imperial, sobre todo en África y el Pacífico, Londres prefirió apoyar a los «primos» anglosajones antes que a otras potencias emergentes, que bien podían aprovechar la debilidad española en su beneficio. Si Cuba, Puerto Rico, Filipinas y otros archipiélagos del Pacífico iban a cambiar de manos (o bajo la influencia de otra potencia), mejor que lo fuera en beneficio de un amigo que de un rival.

El apoyo británico fue decisivo en toda la guerra, en especial en diversas situaciones y aspectos concretos, como veremos.

# 2

# EL ESCENARIO ATLÁNTICO DE LA GUERRA

Aunque la contienda tuvo dos escenarios bien distintos, el del Atlántico y el del Pacífico (que bien pudieron enlazarse por el Mediterráneo, Suez y el Índico) por razones de una más clara exposición hemos preferido dar prioridad al que fue escenario fundamental de la lucha para hacer menos complicada nuestra exposición.

## PRIMERAS OPERACIONES

Ante el incremento de la tensión entre ambos países, el ministro de Marina, almirante Segismundo Bermejo, ordenó la salida de la escuadrilla de torpederos al mando del capitán de navío Fernando Villaamil (justamente el creador del primer destructor) desde Cádiz para Cuba, en una misión obviamente de disuasión. La escuadrilla se componía de los destructores Plutón, Furor y Terror, y los tres torpederos Ariete, Rayo y Azor, en sustitución de los otros tres destructores retrasados en astilleros británicos. Iban acompañados por el vapor Ciudad de Cádiz, como buque de apoyo, con parte del armamento más pesado de los buques, carbón, etc., aparte de que podía remolcar a los torpederos. La escuadrilla zarpó de Cádiz a primeros de marzo de 1898 y llegó a Canarias, tradicional escala desde Colón el día 16. Tras unos días de reparaciones y aprovisionamiento, se hizo a la mar el 24 del mismo mes.

El asunto preocupó a los mandos navales norteamericanos, que llegaron a proponer al presidente McKinley que se les atacara en ruta, pese a no estar aún declarada la guerra. Pero tal opción se desechó por ser internacionalmente indefendible. La misión hubiera correspondido realizarla a la división entonces fondeada en Lisboa, compuesta del crucero protegido San Francisco y otros tres más pequeños. Esperaban que se les incorporase el New Orleans, recién adquirido en astilleros británicos y encargado previamente por Brasil. Finalmente, la escuadrilla norteamericana recibió la orden de levar anclas y volver a sus puertos, entre el 13 y el 16 de marzo.

Su destino era desconocido para los españoles, que temieron que la agrupación norteamericana atacase la escuadrilla de Villaamil, presa fácil con sus buques aligerados de su armamento para la travesía y hasta con aparejo y velamen provisionales para no desgastar las potentes pero delicadas máquinas.

En efecto, las dificultades para tan larga travesía con tales embarcaciones no tardaron en mostrarse, al averiarse dos de los torpederos y desperdigarse el resto, recalando finalmente en las por entonces portuguesas islas de Cabo Verde.

La crisis, aireada por la prensa, condujo al ministro de Marina español, Bermejo, a convocar una reunión urgente de los altos mandos navales para decidir lo que se hacía. Y por catorce votos de dieciocho asistentes se decidió que el almirante Pascual Cervera, al mando de la Escuadra de Instrucción, con los cuatro cruceros acorazados disponibles, se reuniera con la escuadrilla de Villaamil en Cabo Verde y desde allí se preparara para iniciar las hostilidades.

Otro de los problemas era que dos de sus cruceros estaban en La Habana y tenían que cruzar previamente el Atlántico para reunirse con la escuadrilla. Los dos restantes llegaban desde Cádiz acompañados del vapor de la compañía Trasatlántica San Francisco, con carbón y víveres para la escuadra. Todos se reunieron el 19 de abril en el puerto portugués, y finalmente zarparon rumbo a América el día 29 de abril, menos los tres torpederos, decididamente inútiles para tan larga travesía que, junto con los dos vapores auxiliares, debían volver a aguas españolas.

El resultado de todas aquellas confusas y contradictorias órdenes fue que la escuadra de Cervera quedaba reducida a los cuatro cruceros y tres destructores. Los primeros, faltos de elementos y puesta a punto. Los segundos, inadecuados para operar a tan larga distancia. El resultado de todo ello se agravó aún más por la baja moral comprensible entre las dotaciones de la escuadra y especialmente de su jefe, Cervera, que concluyó que el desastre era seguro, tras proponer a Bermejo que su escuadra haría mejor en proteger las Canarias.

Allí se enteraron de la declaración de guerra de Estados Unidos, realizada el 25 de abril pero con efectos retroactivos desde el 21, fecha en que sus buques comenzaron a bloquear Cuba y realizaron las primeras presas de mercantes españoles.

La travesía del Atlántico se realizó sin incidentes, pero fue lenta y engorrosa, debiendo remolcar los cruceros a los destructores. Llegados a posesión francesa de La Martinica se intentó reponer el carbón gastado, pero el permiso fue denegado, de acuerdo con la legislación internacional que prohibía a los neutrales suministrar el combustible a un beligerante, haciendo así imposibles sus operaciones.

Otro duro golpe fue enterarse allí de la destrucción de la escuadra española de Filipinas, el 1 de mayo, por la norteamericana de Dewey, lo que deprimió aún más la moral de la escuadra, especialmente del ya con anterioridad pesimista Cervera.

Para colmo de males, al realizar una descubierta, se averió el destructor Terror, que tuvo que quedarse allí reparando. La escuadra siguió viaje a la colonia holandesa de Curaçao, donde pudo al fin carbonear. Las autoridades locales le ordenaron que efectuara la operación en cuarenta y ocho horas.

Por fin la escuadra llegó al puerto de Santiago de Cuba, entonces aún sin bloquear por el enemigo. Aquello pareció un éxito, pero pronto se reveló como una auténtica trampa.

Santiago está situado en el extremo opuesto del que debía ser el escenario principal de la lucha: La Habana, en el oriente cubano, donde más fuerte era la rebelión, por lo que conseguir víveres y otros recursos para su guarnición y población era especialmente complicado. Tampoco estaba equipado para ser un centro de reparaciones de los buques y el combustible allí disponible no era muy abundante, ni de buena calidad.

Las baterías de costa que defendían su entrada eran escasas y sus piezas anticuadas. Solo pudieron ser algo reforzadas utilizando los cañones del anticuado crucero Reina Mercedes, allí destacado, pero con las máquinas inútiles.

Utilizarla como posible base para realizar incursiones sobre la costa enemiga, apresar sus mercantes o incluso sorprender buques enemigos o pequeñas agrupaciones quedó pronto descartado. La prueba fue que, el 24 de mayo, tres cruceros auxiliares americanos apresaron en la misma boca de entrada al puerto al vapor Restormel, con 3.000 toneladas de excelente carbón Cardiff para la escuadra, sin que Cervera, avisado con tiempo del peligro, tomara decisión alguna contra un enemigo mucho más débil que, además, informó rápidamente de su presencia en un puerto cubano.

## BLOQUEO DE CUBA Y BOMBARDEO DE SAN JUAN

El despliegue de la US Navy para la guerra se articuló en tres grandes agrupaciones en un principio, la escuadra principal al mando de Sampson para el bloqueo de Cuba, el Escuadrón Volante al de Schley, cada uno con insignia en un crucero acorazado, y con dos acorazados como buques principales, aparte de unidades menores, y otro escuadrón que vigilaría la costa este de Estados Unidos.

El propósito era bloquear Cuba de un lado y de otro, y evitar una incursión de la escuadra de Cervera, que se daba por descontada, pero que nunca se produjo.

El bloqueo de Cuba, por sí mismo, podría significar la victoria, pues su gran producción agrícola estaba dirigida a la exportación con productos como el azúcar y el tabaco, dependiendo para la alimentación de su numerosa población y guarnición de importaciones de otros lugares, entre ellos la propia España, y ello por no hablar de otros materiales y mercancías, pertrechos militares, municiones y refuerzos. Y «la táctica de la tea» de las guerrillas rebeldes cubanas había incrementado esa dependencia del exterior, por lo que la resistencia no podría prolongarse mucho tiempo.

Otro aspecto de gran interés era que la isla estaba comunicada con España y el resto del mundo por una red telegráfica de cables submarinos, por lo que convenía cortarlos para evitar que órdenes e informaciones llegaran a la isla. Esa misión se encomendó a diversos buques americanos, pero mal dotados para esa tarea solo la consiguieron realizar en parte y normalmente en la cercanía de las costas, por su menor profundidad.

En cuanto al bloqueo, la isla estaba dotada de numerosos puertos naturales, lo que obligó a los norteamericanos a dividir sus fuerzas en muchas agrupaciones menores, según la importancia de cada puerto, para asegurar que el bloqueo fuera eficaz.

Ya sabemos que la fuerza defensiva de la escuadra del Apostadero de La Habana, aparte de la de Cervera, estaba en mal estado y desperdigada por todos esos puertos. Por otra parte, las baterías de costa eran anticuadas y poco eficaces o hasta inexistentes en muchos puertos, con la excepción de La Habana. Curiosamente dependían del Ejército de Tierra, centrado en la lucha contra la insurgencia, por lo que les dedicó poco esfuerzo e inversión, desde la propia artillería a la munición necesaria o el entrenamiento de los artilleros. En muchos lugares fueron someramente reforzadas con piezas y dotaciones de los buques españoles que resultaban inútiles para navegar.

Otro factor defensivo lo constituían las minas submarinas, pero estas resultaron ineficaces por su escaso número, hallarse en mal estado o deficientemente instaladas por falta de personal instruido o de materiales adecuados.

El episodio de más repercusión en los medios fue el bombardeo de San Juan de Puerto Rico por la escuadra de Sampson. Aunque en Puerto Rico no había rebelión alguna y ya gozaba de autonomía, podía ser una buena base para Cervera desde la que atacar la costa este de Estados Unidos, así que el almirante americano decidió bombardear su puerto principal para eliminar ese peligro, aunque el almirante evitó situarse allí por suponerlo bloqueado y en mal estado de defensa.

El 12 de mayo la flota norteamericana avistó San Juan y se dispuso a bombardearla. Estaba compuesta del crucero acorazado New York (insignia) y los acorazados Iowa e Indiana, así como dos monitores, dos pequeños cruceros, un solo torpedero y dos buques auxiliares. Por las averías en máquinas de uno de los acorazados y la lentitud de los monitores su velocidad media era de solo 7,5 nudos, mientras Cervera estaba preocupado ya que por sus problemas la suya solo alcanzaba 14.

El potencial artillero de Sampson era muy superior, pues solo sus cinco buques más importantes sumaban treinta piezas de 20 a 30 centímetros de calibre, aparte de las de calibre medio y ligero. En San Juan solo había un pequeño crucero y un par de cañoneros, que no podían enfrentarse a una escuadra tan superior, por lo que la defensa recayó en las baterías de costa, dotadas de diez obuses del sistema Ordóñez y veintidós cañones del mismo sistema y de 15 centímetros, ya anticuados y de tiro lento. Aparte de pocas y defectuosas municiones y con los artilleros del 12º Batallón de Artillería poco o nada entrenados, para aprovechar una costosa munición.

Aunque la artillería americana era más moderna y potente, tenía, además de los problemas usuales, la limitación de que en esa época aún no se habían desarrollado los modernos sistemas de puntería, por lo que las pesadas piezas eran poco eficaces salvo a corta distancia, y con una recarga muy lenta, lo que dificultaba decisivamente corregir el tiro. Por ese motivo, la artillería de calibre medio (de 10 a 15 centímetros) y tiro rápido, innovación bastante reciente, pese a lanzar proyectiles más ligeros y con mucha menor carga explosiva, era más eficaz, pues pudiendo disparar hasta cinco veces por minuto, podía corregir el tiro con mayor facilidad.

A eso de las seis de la mañana, sorprendiendo a los españoles, la escuadra americana rompió el fuego, haciendo en las dos horas y diez minutos que duró el bombardeo unos 1.362 disparos, causando solo dos muertos y un puñado de heridos entre los defensores y cuatro muertos y dieciséis heridos entre la aterrorizada población civil. Solo un cañón de la defensa fue averiado, por recibir cascos de metralla en el cierre. Muchas de las granadas americanas no estallaron, por defectos en la espoleta o por no llevar carga.

Las baterías respondieron con un total de cuatrocientos cuarenta y un disparos, pues solo veintiocho piezas podían disparar sobre el enemigo por su emplazamiento, de los que tres alcanzaron a los buques americanos, con un saldo de dos muertos y siete heridos, sin causar daños de entidad, salvo por fallos mecánicos de sus propias piezas o daños causados por el retroceso y las llamaradas.

Después de la poco lucida actuación, la escuadra de Sampson, falta de carbón, tuvo que retirarse, dejando el puerto libre. De hecho, poco después llegó allí el averiado y ya reparado destructor Terror, separado como sabemos de la escuadra de Cervera, sin mayor problema. Solo después San Juan fue bloqueado por cruceros auxiliares americanos, fuerza insuficiente para enfrentar incluso a medianos enemigos.

Esa fue la tónica durante el bloqueo de los puertos cubanos (La Habana, Cárdenas, Cienfuegos y Manzanillo, entre otros) durante toda la guerra: o escaramuzas sin un claro vencedor o pequeños triunfos de uno u otro de los contendientes, pero implicando normalmente a unidades de tercera fila.

Por contra, Sampson había arriesgado mucho, bien fuera por un disparo afortunado del enemigo o por una mina o accidente, a cambio de muy poco o nada.

A comienzos de junio, la situación era esta: el grueso de la Navy estaba ante Santiago, bloqueando a Cervera, mientras las unidades menores y auxiliares bloqueaban Cuba y Puerto Rico, enfrentándose también en continuos combates con los buques españoles.

# 3

# UN PROYECTADO CONTRAATAQUE
# Y EL ESPIONAJE ESPAÑOL

Con las fuerzas navales enemigas así fijadas, parecía el momento adecuado para lanzar, con los buques que habían quedado en España, un contraataque que bien pudiera ser decisivo.

El nuevo ministro de Marina, Ramón Auñón, tras el cese de Bermejo por el desastre de Cavite y la comprometida situación de Cervera, no dejó pasar la oportunidad, planeando un ambicioso ataque que llevaría a cabo la llamada Escuadra de Reserva, al mando del contralmirante Manuel de la Cámara y Livermoore.

En las instrucciones enviadas a este el 27 de mayo se proponía lo siguiente: la escuadra saldría hacia Las Palmas (Canarias) y allí se dividiría en tres divisiones, la primera, al mando directo de Cámara, se compondría del crucero Carlos V y de los cruceros auxiliares Rápido, Patriota y Meteoro, así como del aviso Giralda. La segunda, al mando del capitán de navío José Ferrándiz, lo estaría por el Pelayo y la Vitoria, así como por los destructores Osado, Audaz y Proserpina, y la tercera, al mando del también capitán de navío José Barrasa, con los cruceros auxiliares Buenos Aires, Antonio López y Alfonso XII.

Por su corta autonomía, la 2ª División no haría más que una finta, navegando diez o doce días, antes de volver a aguas metropolitanas, donde quedaría a la defensiva, junto con el crucero protegido Alfonso XIII, los torpederos y cañoneros, y algunas otras unidades

La Primera División se dirigiría a las Bermudas, casi en el paralelo de Charleston, y tras obtener información allí del cónsul español, iniciaría un *raid* sobre las costas de Estados Unidos apresando buques y cañoneando puertos, remontándolas hasta Halifax en el Canadá donde recibiría nuevos informes y órdenes, para luego volver hacia el Caribe, recalando sobre las islas Turcas, esperando allí nuevas órdenes.

La 3ª División se dirigiría hacia la zona del cabo San Roque, en Brasil, para cortar el tráfico estadounidense que, aún no existente el Canal de Panamá, debía contornear el continente entre una costa y otra del gran país, para luego recalar en La Martinica a la espera de nuevas órdenes. El plan estaba perfectamente calculado en sus aspectos logísticos, tácticos y en lo referente a la autonomía de los buques, era algo plenamente factible y que podría llevar a serias pérdidas al enemigo, así como a que incurriera en grave error, dispersando sus buques intentando proteger sus costas y perseguir a los corsarios, lo que beneficiaría a la comprometida escuadra de Cervera.

Pero, además, la operación contaba con el apoyo de una buena red de inteligencia, pues a raíz de la declaración de guerra, todo el cuerpo diplomático y consular español acreditado en Estados Unidos, se trasladó no a España, sino a Canadá, entonces británico, siendo la parte visible de una extensa red de espionaje.

El exsecretario de embajada, Juan Dubosc, y el exagregado naval, teniente de navío Ramón Carranza, dirigían todo desde el consulado de Montreal.

La red incluía agentes en Estados Unidos, entre ellos dos miembros del ejército de desembarco, y otro personal, en el que se incluía una secretaria de la delegación estadounidense que acudió a París a negociar la paz, llamada Sara Atkinson, lo que prueba suficientemente su valor y complejidad. Uno de los militares era el sargento Elmhurst, del 3° de Caballería, que se dejaría coger prisionero nada más desembarcar en Cuba para pasar toda la información que traía. Su identificación sería llevar un anillo de plata con la inscripción «confianza blanca».

En parte, la red procedía de la montada anteriormente a la guerra para vigilar las actividades de los insurrectos cubanos en Estados Unidos. Durante la guerra, Carranza y Dubosc enviaron más de setenta telegramas cifrados con información sensible sobre los planes y movimientos del enemigo. Así pudo saber Cervera con antelación que se preparaba la operación del Merrimac para embotellar su escuadra, por ejemplo.

Uno de los cónsules estaba situado en Hamilton, Bermudas, unida por cable al Caribe y a Canadá, y siendo el cable británico, era de descartar que fuera cortado por los estadounidenses. Ello explica las escalas de la división de Cámara en Bermudas y Halifax, donde tendría una completa información puesta al día que facilitaría decisivamente sus operaciones. La estancia de Dubosc y Carranza había ido oficialmente reconocida por las autoridades británicas y aunque era de esperar que cumplieran misiones de información, no se conocía ni la extensión de la red ni su funcionalidad precisa, por lo que se permitió que siguieran con sus actividades.

Pero el contraespionaje estadounidense estaba tras su pista y pronto consiguió una prueba de espionaje: una carta de Carranza al capitán de navío de 1° clase José Gómez Imaz (por cierto, uno de los integrantes de la Junta que decidió la salida de Cervera) que, convenientemente manipulada e interpolada, sirvió para acusar a los españoles de realizar espionaje desde territorio de una potencia neutral, todo ello publicado y jaleado por la prensa estadounidense.

Los tribunales de la colonia británica consideraron el caso, sentenciando la expulsión de los dos españoles, quedando con ello el plan seriamente comprometido.

Es cierto que el Gobierno británico podía haber hecho la vista gorda, como lo hacía con el caso de dos cónsules estadounidenses establecidos en Gibraltar y que cumplían análogas misiones, pero aparte de la parcialidad británica hacia Estados Unidos en la guerra había otros factores que inquietaban en Londres.

El primero de ellos es que el Gobierno británico, si bien partidario de la victoria estadounidense, lo era también de que la guerra fuera limitada y no evolucionara hacia una conflagración mayor, muy posible en la tensa situación internacional de entonces.

El segundo, por sus grandes intereses navieros y comerciales, era firmemente partidario de la libertad de navegación en los mares. Una campaña de ocho buques españoles en el Atlántico norte y central podía poner fin a tal principio.

Era poner en riesgo demasiadas cosas por la voluntad de un pequeño y decadente país en defender unas colonias que ya tenía perdidas, en cualquier caso.

La red de información siguió funcionando hasta el fin de la guerra, pues salvo Carranza y Dubosc no hubo otras expulsiones, lo que muestra, a nuestro parecer, que lo que realmente importaba a Londres era el plan de ataque, no las informaciones que transmitiera, y que esta expulsión sirvió para hacer entender al Gobierno español que tal plan de guerra al comercio estaba vetado. Consiguió su objetivo, pues los mandos españoles abandonaron el plan.

Tal vez se hubiera podido hacer algo más para ayudar a Cervera: los buques de Cámara podían haber escoltado a los indefensos mercantes que intentaban llevar comida a la angustiada Cuba, y pese a que no eran de combate, salvo el Carlos V, no hubieran tenido mucho que temer de los pequeños cruceros y cañoneros auxiliares que se les hubieran podido oponer.

Pero se pensó que tal estrategia no conduciría a nada decisivo y que se arriesgaba inútilmente la última escuadra que le quedaba a España. Tal vez los buques serían mejor utilizados en un intento de socorrer a las comprometidas Filipinas, misión que al final se les encomendó.

Aquello significaba abandonar a la escuadra de Cervera, pero aún se intentó apoyarla con el envío de la 3ª División de Barrasa, compuesta ahora por los cruceros auxiliares Meteoro, Ciudad de Cádiz y Alfonso XIII, rebautizada ahora como Primera División. El 23 de junio se le comunicó al propio Cervera, pero cuando estuvo lista, el desastre ya se había consumado. Las órdenes de Auñón a Barrasa eran del 29 de junio y le indicó que marchara hacia la costa este de Estados Unidos, desde Charleston hacia el norte, especialmente en la zona entre cabo May y Sandy Hook. Tras atacar el tráfico o bombardear algunos puntos de las costas, volver hacia Ferrol navegando cerca de las islas británicas, pero sin entrar en sus aguas jurisdiccionales. También muy significativamente, se le indicaba que evitara todo motivo de reclamación de las potencias neutrales.

Fuera por el veto británico o por los sucesivos cambios de planes, ningún crucero auxiliar español actuó como tal durante la guerra y apenas dispararon un cañonazo. Solo hubo dos excepciones, y poco relevantes: un incidente en Puerto Rico, y hacia el final de la guerra, el envío del Ciudad de Cádiz al Canal de La Mancha para interceptar algún buque con armas hacia Estados Unidos, tarea que, pese a los informes del espionaje, no pudo cumplir con éxito. También es cierto que los estadounidenses, salvo en los primeros días del conflicto, cumplieron fielmente con la consigna de limitar la guerra, actuando según las reglas internacionales en cuanto al bloqueo. Cuando pensaron en apartarse de ellas, de nuevo el veto británico funcionó, y hay que decir que en beneficio de los españoles. Pero esa es una cuestión de la que trataremos más adelante.

Dubosc ofreció sus servicios como voluntario al general Blanco, pero Carranza tenía otros planes bien distintos; por de pronto, en vez de embarcarse rumbo a España desapareció en Canadá.

El joven oficial se había distinguido especialmente en la campaña de Cuba, al mando del cañonero Contramaestre apresando varias embarcaciones de los insurrectos que le valieron dos Cruces Rojas del Mérito Naval y una de María Cristina, entonces solo inferior a la de San Fernando. Posteriormente, las dos cruces rojas se mejoraron y convirtieron en otra de María Cristina y en una de San Fernando, aunque con esto se intentaba recompensar no estos sino otros servicios mucho más discretos y meritorios.

Lo cierto es que, tras su desaparición, el marino disfrazado cruzó todo Canadá hasta Vancouver, en donde pensaba realizar su atrevido plan. Se trataba de adquirir allí un buque neutral, armarlo someramente y dedicarse con él, como crucero auxiliar, a atacar al tráfico mercante norteamericano procedente de Alaska, entonces todavía en plena fiebre del oro, así como a las importantes pesquerías allí radicadas. Tras el *raid*, se dirigiría hacia aguas hawaianas y japonesas, donde esperaba hacer nuevas presas y luego internarse en el puerto ruso de Vladivostok.

Carranza hizo el viaje solo, temiendo a cada momento ser sorprendido por la policía británica o por los agentes norteamericanos, llegando a Vancouver el 30 de junio. Se alojó en una casa particular de Victoria y solo el 21 de julio se le incorporaron dos agentes.

Para su plan necesitaba tripulantes para el barco, pero esto también se había previsto: los estadounidenses habían apresado al comienzo de la guerra varios vapores españoles. Las tripulaciones, como civiles, no estaban encarceladas, sino confiadas a la custodia del cónsul del Imperio austrohúngaro en Nueva York, ya que era esa potencia la que salvaguardaba los intereses españoles en Estados Unidos, mientras durase la contienda. Muchos de aquellos hombres eran de la compañía Trasatlántica, que como ya sabemos, tenía armados sus vapores correo, por lo que aparte de navegar sabían atender piezas de artillería, sin contar con que muchos tendrían cumplido el servicio militar y en la propia Armada. Había en total más de cuatrocientos hombres en dicha situación y con alguna libertad de movimientos.

Los hombres, claramente voluntarios, saldrían en grupos hacia Halifax y desde allí se dirigirían a Vancouver, mientras que la mayoría, para enmascarar la operación, se volverían desde el puerto canadiense a España. Incluso se contaba con la complicidad del cónsul de Chile para hacerles pasar por emigrantes chilenos; también se les haría pasar por mineros italianos. Carranza pensaba que le bastarían cien hombres y pronto se dispuso la partida de los primeros cuarenta.

No faltaban voluntarios entre los marineros y buscadores del oro del puerto, pero Carranza no se fiaba de gente de dudosa calaña y fidelidad y también recibió alguna propuesta de solicitar una patente de corso por parte de algún capitán, que fue desatendida pues no se trataba sino de un agente provocador. Al final, decidió contar con algunos para reforzar a los españoles.

Tras reconocer varios vapores, al final quedó apalabrado el ruso Amur, por dos mil quinientos dólares de fianza y coste total de setenta mil, construido en 1890, de más de 900 toneladas de registro bruto y más rápido con sus 13 nudos que el crucero americano Wheeling, único que vigilaba las pesquerías. También se contaba con dos viejos cañones, se compraron treinta sables de abordaje diciendo que eran para una compañía teatral y se reservaron rifles Winchester y revólveres en armerías comerciales.

Era inevitable que algo de todo esto se filtrara, y pronto se destacó a aquellas aguas un nuevo crucero americano, el Bennington, para investigar los rumores sobre un corsario español. Carranza ideó entonces tomarlo al abordaje de noche y por sorpresa. Lo que en otro hubiese sido una fanfarronería en él, de valor probado, debía ser tomado muy en serio, y solo decía lamentar que, al ser el único oficial, de pasarle algo toda la empresa quedaría comprometida. Tras ello, y convoyando al Amur, pensaba dedicarse al corso, e incluso planeaba poder volver a España con ambos.

Aquellos planes, realistas o no, fallaron, pues la prensa americana empezó a especular con las actividades demasiado favorables a España del personal diplomático y consular austríaco y el cónsul, preocupado, decidió reembarcar a todos los prisioneros españoles de Nueva York el 26 de julio.

Así que el apenado Carranza tuvo que renunciar a sus proyectos, no sin lamentar los retrasos impuestos por el secreto, y por el hecho de que el cónsul de Halifax, Bonilla, quien había quedado al mando de todo, no recibió sino con retraso instrucciones del Ministerio de Estado. También lamentó que no se le hubieran enviado en mayo, cuando lo pidió, algunos oficiales y marineros de la Armada para tal misión.

Al final, Carranza con solo dos agentes, el poco personal del consulado en Vancouver y a un coste de quinientos sesenta dólares, más la fianza del vapor, había tenido entretenidos durante toda la guerra a dos cruceros americanos, los ya citados Bennington y Wheeling, dando un ejemplo de valor y entrega no muy comunes. Tras el armisticio, el teniente de navío reapareció a la luz pública y no tardó en repatriarse. Cabe señalar, por último, que toda la operación fue llevada y sufragada por el Ministerio del Estado, y se consideró tan secreta que ni siquiera aparece en su expediente personal como oficial de la Armada, de la cual se retiró como contralmirante en 1918, tras simultanear su carrera con una intensa actividad política.

Aunque, como hemos dicho, la red de espionaje siguió operativa, pese a algunas caídas de agentes, y a que se cumplieron otras misiones, como la de intentar enviar provisiones a la muy necesitada Cuba, aquello fue todo lo que se pudo hacer desde la posesión británica durante la guerra.

## OTRA TENTATIVA FRUSTRADA

Ante el evidente veto británico a los planes españoles de atacar el comercio marítimo de Estados Unidos en el Atlántico norte, se planeó enviar la Escuadra de Reserva, en ayuda de Filipinas, al mando del almirante Manuel de la Cámara y Livermoore.

La escuadra se componía del Carlos V y del Pelayo, pese a su limitada autonomía y gran calado que le dificultaría además su paso por Suez. Ambos buques sumaban más toneladas que los seis de la escuadra de Dewey, estaban blindados y contaban con piezas de mayor calibre, por lo que suponían un grave peligro. Completaban la expedición tres cruceros auxiliares, dos transportes de tropas con un total de unos dos mil soldados del Ejército y de la Infantería de Marina, cinco vapores para posibilitar el carboneo en la larga travesía y hasta tres destructores, para dar mayor sensación de fuerza, pero solo a efectos propagandísticos, pues se volverían desde Suez a España, dadas sus limitaciones para realizar tan larga travesía.

Su objetivo no era Manila misma, sino la isla de Mindanao, desde donde y según las circunstancias, iniciarían operaciones para recuperar la capital.

Al Caribe solo se enviaron dos vapores con provisiones y municiones, y desarmados, para evitar que se dedicaran al corso. Inevitablemente ambos fueron apresados por los bloqueadores.

La escuadra zarpó de Cádiz el 16 de junio y diez días después fondeaba en Port Said y solicitaba el permiso correspondiente para el paso del Canal de Suez.

Aunque bajo la soberanía teórica del Imperio otomano, Egipto y su canal estaba bajo el dominio real de las autoridades británicas. Estas pusieron toda clase de obstáculos a que la escuadra española franquease el canal internacional, pese a la legislación vigente basada en el Convenio del Canal (29 de octubre de 1888) en la que se estipulaba que, en caso de guerra, los beligerantes solo podrían abastecerse del carbón necesario para alcanzar el siguiente puerto y que su permanencia en puerto solo podría prolongarse veinticuatro horas, aparte del tiempo necesario para surcar el canal.

Y es sabido que el cónsul de Estados Unidos en Egipto presionó para que se dificultara y alargase la escala de la escuadra de cámara. Este, exasperado, llegó a hablar en sus comunicaciones al Gobierno de Madrid del Gobierno angloamericano, algo muy significativo.

Pero apenas llegada la escuadra a Suez, y ya en el Mar Rojo, recibieron órdenes de Madrid de regresar a España, pues el día 3 se había producido el desastre de la escuadra de Cervera y se temía un ataque norteamericano a las costas españolas, tanto en Canarias como en la propia península. Ahora ya no hubo problemas: el 18 se fondeó en Mahón y el 20, en Cartagena.

Así, y por dos veces al menos, la influencia británica hizo imposible el contraataque de la Escuadra de Reserva.

# 4

# LA CAMPAÑA DECISIVA

Pero tras esta breve exposición de los frustrados planes españoles, debemos volver a las operaciones bélicas concretas.

## EL CERCO DE SANTIAGO DE CUBA

Volviendo a Santiago de Cuba y a la bloqueada escuadra de Cervera, la americana no dudó en bombardear las débiles fortificaciones que impedían el acceso al puerto desde el 31 de mayo. Pese a su superioridad y al intenso fuego, sus resultados fueron muy escasos, con solo seis muertos y menos de un centenar de heridos entre las baterías españolas y otros tantos muertos y doce heridos en el averiado Mercedes, que se utilizó como batería flotante con los dos únicos cañones de 16 centímetros que le habían dejado, siendo los cuatro restantes emplazados en tierra, a los que se sumaron algunos otros impactos y bajas en la escuadra de Cervera. El débil fuego de la defensa al parecer solo consiguió un impacto en el Texas, con un muerto y nueve heridos.

El tiro americano se reveló impreciso y poco eficaz, fallando además las espoletas de muchas granadas. Se recurrió a otros medios más drásticos, ya que los continuos bombardeos amenazaban con consumir la munición y desgastar las piezas sin lograr resultados decisivos.

Para ello se utilizó el Merrimac, un vapor movilizado de la Lone Star, comprado por la US Navy y hasta entonces utilizado como carbonero, para hundirlo en la noche del 2 al 3 de junio, en la estrecha canal de entrada y embotellar así la escuadra española.

El intento fracasó, hundiéndose el vapor en un punto que no cerraba la salida y cayendo prisioneros su capitán y siete de sus tripulantes. Bustamante, al mando de la defensa de la entrada, reconoció el casco y observó que las cargas para su demolición no habían funcionado, por su defectuosa instalación.

Se decidió recurrir al US Army, desembarcando en Daiquiri el V Cuerpo de Ejército al mando del Mayor General William H. Shafter, con no menos de diecinueve mil hombres de Infantería, Caballería, Artillería y Zapadores, en su gran mayoría regulares.

Tras varias escaramuzas los desembarcados llegaron frente a Santiago, se reunieron con los cinco mil cubanos de Calixto García y atacaron el 1 de julio las fortificaciones exteriores de la plaza, singularmente El Caney y las Lomas de San Juan. El primero estuvo defendido por unos quinientos cincuenta hombres, bajo mando del general Vara del Rey, y el segundo por unos novecientos, bajo el del general Linares, jefe de la guarnición.

Tras un duro y costoso asalto, ambas posiciones cayeron, con un total de noventa y cuatro muertos (incluyendo a Vara del Rey, quince jefes y oficiales), trescientos setenta y seis heridos (con Linares y treinta y seis mandos) y ciento veintitrés prisioneros (siete jefes y oficiales). A ellas hay que sumar otras setenta y una de las dotaciones de la escuadra, desembarcadas y al mando de Bustamante (mortalmente herido), que actuaron al final, para frenar el último avance de los vencedores.

Las estadounidenses sumaron unas mil seiscientas bajas y unas doscientas los cubanos de Calixto García.

Pese a la victoria, los atacantes quedaron desanimados por las duras bajas y porque las enfermedades locales ya estaban castigando duramente a los estadounidenses, por lo que un desalentado Shafter empezó a reclamar urgentes refuerzos y a planear una retirada. Y más al saberse que la comuna del general Escario llegaba a Santiago, tras una dura marcha desde Manzanillo y con casi un centenar de muertos y heridos en choques con las guerrillas cubanas.

La situación en la cercada ciudad era desesperada, por la falta de alimentos, medicinas y toda clase de suministros, por lo que el Gobierno de Madrid ordenó la salida inmediata de la escuadra de Cervera, pese a su inferioridad, dando por descontado que caería con la plaza y en pocos días.

Con el resultado de los combates terrestres la situación de la escuadra empeoraba visiblemente. Ya hemos visto cómo Cervera había desaprovechado algunas oportunidades anteriores para abandonar la trampa que era Santiago, pero, de nuevo, llevado de su pesimismo, volvió a perderlas.

Ya con anterioridad, el 8 de junio, en una Junta reunida al efecto, Bustamante insistió en la salida inmediata, aprovechando una noche sin luna.

Saldrían en primer lugar los destructores, que se lanzarían hacia el sur sobre los acorazados, intentado torpedearlos, e inmediatamente después el Colón, el buque más rápido de la escuadra, hacia el O.S.O. que atacaría al Brooklyn, el más veloz de la enemiga, seguidamente el insignia Teresa al E.S.E. Por último, los otros dos cruceros hacia el sur.

Con ello se conseguiría sembrar la confusión entre el enemigo que no sabría adónde acudir, y se llegaría a distancia eficaz de torpedeo, la mejor oportunidad de los españoles, aparte de que, al hacer rumbos distintos y en la oscuridad, al menos se podría salvar la mitad de la escuadra, pero solo obtuvo el apoyo de Concas, comandante del insignia Teresa.

Se le contestó que la salida nocturna por sorpresa era imposible, porque los buques enemigos se aproximaban por las noches a la boca del puerto, a una milla (unos 1.800 metros) y la iluminaban con sus reflectores.

Según razonaba Bustamante, a tal distancia las baterías de la entrada, apoyadas por el Mercedes y la escuadra, podrían disparar muy eficazmente sobre los bloqueadores y sus proyectores, y no solo la noche de la salida, sino varias antes para desgastarlo y hacer que se alejara. A esto se le contestó que sería derrochar las no muy abundantes municiones y dar al enemigo sensación de debilidad, argumentos que se descalifican por sí solos.

Por último, Cervera adujo que los inevitables naufragios de los buques serían mucho más costosos en vidas humanas al producirse de noche. Sentimiento humanitario muy respetable, pero que parece más adecuado para otras profesiones que para la de un jefe militar en operaciones.

Por otro lado, la doctrina y el entrenamiento para un ataque nocturno con torpedos no faltaban en absoluto en la Armada española, pues desde 1885 ese supuesto táctico se repetía invariablemente en las maniobras: los torpederos simulaban un ataque nocturno que los cruceros debían rechazar. Bustamante, como director de la Escuela de Torpedos de Cartagena, donde había repetido los simulacros y maniobras con escuadrillas de torpederos, tenía mucho que aportar, por no hablar de Villaamil.

Como en lo sucesivo Bustamante se vio absorbido por sus deberes ya no volvió a participar en Junta alguna. Concas, aislado, no insistió en su opinión. En cuanto a Villaamil, cuyo mando se reducía a dos buques, de los seis con que había salido de España, no se creyó en situación de hacer valer su opinión.

Así que la escuadra no podía salir ni de día ni de noche y tampoco podía evitar la caída de la plaza. Ni siquiera se pensó que, si eso era así, nada impedía desembarcar parte de la artillería de los buques y emplazarla en tierra, en las baterías que defendían la entrada al puerto o las que lo hacían en la ciudad. Eso habían hecho los rusos durante el famoso asedio de Sebastopol, durante la guerra de Crimea, y lo volvieron a hacer en el de Port Arthur, en 1904. Aunque en ninguno de los dos casos lograron el triunfo, al menos hicieron pagar un altísimo precio a sus enemigos por la victoria. La única opción parecía consistir en inutilizar los buques y poco después capitular con la plaza cuando se acabaran los víveres.

Aquello era demasiado duro de aceptar y aunque no expuesto claramente, pronto se vio que era la opción que defendía Cervera. La consternación en Madrid y La Habana fue enorme y razón tenía el diputado Romero Robledo, por impresentable que fuera el personaje, al denunciar que la escuadra iba a perderse sin apenas combatir.

El Gobierno no vio otra salida que poner a Cervera bajo las órdenes directas del capitán general de Cuba, Ramón Blanco, para evitar lo peor. Blanco no cesó durante toda la guerra de animar a Cervera, informándole de cómo mercantes desarmados y pequeños cañoneros forzaban el bloqueo contra fuerzas muy superiores. Aunque los casos eran, evidentemente, distintos, el general aducía razonablemente que guardaban proporción, pues si los bloqueadores de otros puertos no eran acorazados, tampoco los buques de Cervera eran mercantes o cañoneros.

Nada de esto hizo cambiar la opinión al almirante, pero tras los combates del 1 de julio y ante la previsible caída inmediata de las baterías que defendían la boca del puerto, lo que significaría el fin de la escuadra, el capitán general de Cuba, Blanco, envió reiteradamente la orden el 1 y 2 de julio de que la escuadra forzara la salida.


## EL COMBATE NAVAL

Tras tanto analizar y discutir, retrasando lo inevitable, al final se eligió una de las peores alternativas posibles: salir a primera hora de la mañana de un largo día veraniego, facilitando al enemigo las suficientes horas de luz para acabar con toda la escuadra. Ya que no se quería salir de noche, se podría haber intentado al atardecer, contando con el crepúsculo para salir del canal, mientras que el siguiente combate hubiera sido interrumpido por la noche, que hubiera dado además a los destructores una oportunidad de torpedear a los buques enemigos.

La forma era también poco comprensible. Los buques saldrían de uno en uno, con grandes intervalos para evitar choques, en fila y sin prestarse apoyo, huirían paralelos a la costa hacia el oeste, con lo que no podrían utilizar la mitad de su artillería y podrían verse arrinconados entre la costa y el enemigo. Al hacerlo todos en la misma dirección, facilitaban al enemigo la persecución. Más lógico hubiera sido que, como proponía Bustamante, hubieran salido en direcciones distintas, para dividir y confundir al enemigo.

Incluso se tuvo la cortesía inaudita en tal situación, cuando cada minuto contaba, de desembarcar a la salida los prácticos civiles del puerto que llevaba cada crucero.

Cubriría la retirada el buque insignia, el Teresa que sería el primero en salir y atacaría al Brooklyn, el barco más rápido y por tanto más temido del enemigo.

Nadie ha negado el valor a Cervera, pero pretender que solo con su buque pudiera distraer a la escuadra enemiga lo suficiente para que el resto de sus barcos pudiera escapar, parece algo poco meditado.

Se habló entonces de que la salida fue por sorpresa, pero haciendo salvedad de que nadie podría imaginarse que Cervera intentara escapar a primera hora de la mañana, no es de creer que fuera muy considerable, especialmente porque al levantar presión en calderas y recorrer lentamente el largo canal de entrada, los espesos humos de carbón debieron delatar a los buques españoles mucho antes de que, al salir de puntas, sus cascos se hicieran visibles.

La escuadra bloqueadora la formaban cuatro acorazados, tres de ellos muy superiores en combate a los cruceros españoles, pero el cuarto, el Texas, era de hecho, inferior a ellos. Estaba también el Brooklyn, insignia de Schley, así como dos cañoneros auxiliares, el Gloucester y el Vixen y un torpedero, el Ericsson.

Otro acorazado, el Massachussets, y el crucero protegido Newark carboneaban en Guantánamo, mientras que Sampson, con el New York, había ido a conferenciar con Shafter, y aunque regresó rápidamente, apenas pudo participar en el combate, lo mismo que el Vixen y el Ericsson.

Así que todo se decidió por cuatro acorazados, un crucero acorazado y un cañonero auxiliar, lo que no era una gran superioridad sobre los cuatro cruceros acorazados y dos destructores españoles, al menos numéricamente.

Pero la forma de salir hizo que el aislado Teresa quedara pronto rodeado y acribillado por varios enemigos, tras lo cual, hizo incomprensiblemente el mismo rumbo que sus compañeros, hasta que, con serias averías e incendios a bordo, Cervera decidió embarrancarlo en la costa.

Los últimos en salir, el Oquendo y los destructores, no tardaron en seguir la misma suerte, acribillados por un enemigo ya alerta cuando todavía apenas habían salido de puntas. De hecho, fueron los buques más castigados; y a los destructores el salir en el último lugar les impidió toda posibilidad de ataque torpedero, que sí hubieran tenido de salir los primeros o inmediatamente tras el insignia. Mientras, el Vizcaya y el Colón se alejaban rápidamente sin participar en el combate más que con disparos de pasada y a larga distancia, así que sus enemigos no tuvieron que afrontar primero más que a dos de los cruceros, para luego ir por los otros dos. Es decir, la superioridad americana se duplicó de hecho por la defectuosa forma de salir de los españoles. En vez de luchar como pudieron, prácticamente buque contra buque, cada español tuvo que hacer frente a varios adversarios.

Eliminados los dos cruceros y los destructores, los navíos americanos no tuvieron más que seguir el mismo rumbo para acribillar al Vizcaya, que, como sus hermanos, decidió embarrancar en la costa.

El Colón, el buque más rápido de las dos escuadras, y el que mejor podía alcanzar su velocidad máxima gracias a sus modernas calderas, se distanció considerablemente, pareciendo por un momento que lograría escapar. Según se afirma, consumió todo el carbón Cardiff, y tuvo que echarse mano del inferior de las minas cubanas, por lo que perdió velocidad y no tardó en ver que sus enemigos se acercaban. También es posible que los agotados, enfermos y mal alimentados fogoneros fueran incapaces de mantener el febril ritmo de carboneo que la huida precisaba.

Pese a hallarse prácticamente indemne, pues solo había sufrido un muerto y un puñado de heridos, y pese a sus mencionados magníficos blindaje y artillería de tiro rápido, su jefe, el capitán de navío de 1ª clase Paredes, segundo de Cervera, decidió dar la partida por perdida y embarrancar a su vez en la costa.

Así la totalidad de la escuadra se perdió en el combate, hecho casi insólito en la guerra naval, cualquiera que fuese la debilidad de los derrotados. Al lector le costará recordar otros casos parecidos, pues incluso en triunfos tan completos como Lepanto, Trafalgar o Tsushima, los derrotados consiguieron salvar parte de sus buques e inferir serios daños y bajas a sus enemigos.

Los cruceros españoles no podían, realmente, vencer en combate abierto a sus mucho mejor blindados enemigos. Como ya se ha dicho, lo decisivo fue que tuvieron que luchar cada uno contra varios enemigos por el dispositivo de salida.

Tampoco pudieron elegir la distancia de combate, lo que tuvo su importancia, no porque, como se ha dicho, los cañones españoles no alcanzaran a sus enemigos, sino por todo lo contrario. El cañón más normal en la escuadra era el de 14 centímetros, el González Hontoria, que rebasaba ampliamente los 10.000 metros de alcance y el combate se produjo a 4.000 metros e incluso distancias inferiores. Los españoles alcanzaron repetidas veces a sus enemigos con proyectiles ligeros de 57 y 37 milímetros, e incluso de ametralladora, lo que prueba que estaban muy dentro del alcance.

Lo decisivo fue que la distancia era la ideal para los cañones pesados estadounidenses, especialmente los de 203 milímetros, y demasiado larga para los 800 metros de la carrera total de los torpedos españoles. Este arma, que pudo ser decisiva en el combate, de hecho no fue utilizada. Ni los destructores llegaron a tal distancia, ni los cruceros intentaron utilizar sus ocho tubos (cuatro en el Colón), y los únicos lanzados lo fueron al final, para evitar que estallaran a bordo.

Se ha insistido en que la principal desventaja de los tres cruceros Vizcaya era que no se trataba de cruceros acorazados, sino simplemente de protegidos. Tal afirmación es absolutamente errónea, pues ningún crucero protegido de la época llevaba una faja blindada en flotación, y mucho menos de 30 centímetros de espesor.

Se aduce entonces, pues el dato es insoslayable, que tal faja era irrelevante, pues solo se extendía sobre los dos tercios de su línea de flotación, quedando los extremos de proa y popa sin proteger.

Pocos se han molestado en analizar el hecho, pues de considerarlo, habrían caído en la cuenta de que exactamente lo mismo, o peor, sucedía con los buques de Sampson, pues en los cuatro acorazados la cintura solo se extendía por la mitad de la eslora, por 60 metros de los 116 del New York y por 58 de los 122 del Brooklyn. Aunque los acorazados tenían espesores de hasta 457 milímetros en tres de ellos, 355 en el Iowa y 305 en el Texas, en los dos cruceros se reducían respectivamente a 100 y 76 milímetros.

Lo verdaderamente decisivo fue que los acorazados estadounidenses llevaban blindados sus costados en su parte central, protegiendo las partes más vulnerables, de forma parecida, aunque más gruesa, que el Colón, mientras que el Brooklyn y el New York llevaban protegidas sus piezas de mediano calibre con casamatas blindadas, sistema, por cierto, que no tardó en ser desechado en todas las marinas por diversos factores.

Realmente los Vizcaya, aparte de su faja blindada, cubierta protectriz (76 milímetros) torres pesadas a proa y popa (250 milímetros), sus ascensores (200 milímetros) y el puente de mando (300 milímetros), tenían un acusado talón de Aquiles en sus altos costados, donde se agrupaban las piezas de calibre medio y ligero, sin más protección que los escudos de los cañones y las planchas del casco. Debemos recordar que, salvo en el caso del destructor Plutón, ninguno de los buques españoles fue hundido por el fuego adversario, debiéndose su pérdida a los daños sufridos en obras muertas y superestructuras.

El buque estadounidense que más sufrió fue el Brooklyn, acertado por unos cuarenta impactos, pero de ellos, la gran mayoría resultaron irrelevantes, al ser de calibres ligeros (57 y 37 milímetros), cascos de metralla o impactos de ametralladora, siendo solo cuatro de calibre medio (de 12, 14 o 15 centímetros) único eficaz para producir daños de consideración. El Oregon recibió tres impactos, dos el Texas, que le averiaron el mecanismo del tiro forzado, dos el Indiana y una decena el Iowa, incluido uno en flotación, que hizo un agujero de 40 por 18 centímetros, que, sin embargo, no originó serios problemas, saliendo el resto de los buques sin recibir impacto alguno.

Ninguno de los seis cañones pesados españoles de 28 centímetros alcanzó el blanco, lo que, aunque era de esperar, tuvo serias consecuencias pues era el calibre que más daño podía hacer.

Lo que era menos de esperar, y resultó decepcionante es que solo unos 8 tiros de 12, 14 o 15 centímetros alcanzaron el blanco. Según el parte de Paredes, el Colón disparó trescientas una granadas de 12 y 15 centímetros, el Vizcaya informó de haber hecho quince disparos de 14 centímetros, y aunque el Oquendo (donde una pieza despidió el cierre matando e hiriendo a sus sirvientes) y el Teresa dispararon menos que el Vizcaya, parece razonable suponer que entre los cuatro hicieron más de seiscientos disparos de calibre medio, lo que demuestra que la puntería dejó mucho que desear.

Aparte de las dificultades con las piezas (que no faltaron entre sus enemigos, aunque menos graves) parece ser que se apreciaron mal las distancias. Tras la batalla, los estadounidenses reconocieron minuciosamente los pecios y observaron que muchas de las alzas estaban graduadas en torno a los 10.000 metros.

Por todo ello, los daños en los buques estadounidenses fueron de escasa entidad, y en cuanto a las bajas, parece ser que se limitaron a un muerto y un puñado de heridos, fundamentalmente en el Brooklyn, aunque tal vez el asunto no esté tan claro como parece.

El tiro americano no fue mucho mejor. Los cañones de 305 y 320 milímetros fracasaron casi totalmente, pues salvo en una andanada a bocajarro del Indiana sobre el acosado Teresa, no obtuvieron más que esos dos blancos. Mejores resultados tuvieron las piezas de 203 milímetros, con un 3,1 por ciento de blancos, las de 6 y 5 pulgadas solo consiguieron un 2,6 por ciento y las de 4 pulgadas un 5,7 por ciento, obteniendo las ligeras un abismal 1,1 por ciento.

Los impactos en los buques españoles no fueron muy numerosos: el Vizcaya encajó cuatro de 203 milímetros, nueve medios y doce ligeros; el Oquendo, tres de 203 milímetros, once medios y cuarenta y tres ligeros; el Teresa dos de 320, tres de 203, cinco medios y diecinueve ligeros y el casi indemne Colón cuatro medios y dos ligeros.

Estas cifras se obtuvieron tras un detallado reconocimiento de los cascos tras la batalla, hecho factible por estar todos sobre el nivel del mar, y corroborados por el neutral Jacobssen, comandante del crucero alemán Geier, que, si acaso, las estimó algo menores.

Dejando aparte a los destructores, cuyos frágiles cascos quedaron literalmente machacados, y al caso del Colón, parecen relativamente escasas para explicar la pérdida de fuertes buques de 7.000 toneladas. Y más dando su valor a los impactos de piezas ligeras, que poco daño podían hacer, aunque pudieran herir a los hombres y causar pequeños destrozos. Recordemos que el Brooklyn recibió una treintena de ellas (y los modelos eran los mismos o muy parecidos en ambos bandos) sin sufrir por ello gran cosa.

Se razonó que el daño no venía tanto producido por los propios impactos y explosiones, sino porque originaron serios incendios en los buques, que causaron nuevas bajas y averías, explosiones secundarias, etc.

Tales incendios se vieron facilitados porque en los buques de la época, aunque de acero, se utilizaba todavía profusamente la madera como elemento auxiliar en cubiertas, aparejo, superestructuras etc., aparte de muebles y otros enseres. Estas apreciaciones, al ser conocidas por personas poco expertas, contribuyeron a la leyenda de que los buques españoles eran de madera. Por su parte, los estadounidenses fueron más previsores, desembarazándose en lo posible de la madera existente a bordo antes del combate.

Tal vez, además, las marcas de algunos impactos desapareciesen después, al ser abandonados los barcos, extenderse los incendios y provocarse explosiones secundarias, pero aun contando con ello, seguía pareciendo que el castigo sufrido no había sido tan grande como los abandonados cascos parecían dar a entender por las causas ya apuntadas.

La mejor comparación para un diagnóstico sereno nos la ofrece la suerte de los cruceros Cristina y Castilla, en Cavite, ambos de la mitad de tamaño que un Vizcaya, sin protección alguna y de casco de madera el segundo. El Cristina recibió cinco impactos de 203 milímetros, dieciocho medios y dieciséis ligeros, mientras que el Castilla soportó tres de 203, dieciocho medios y diecinueve ligeros, y ambos, pese a los serios daños, incendios y bajas, siguieron disparando hasta el final y tampoco fueron hundidos por sus enemigos, sino zabordados por sus dotaciones. Además, aquí la duda de que debían existir más impactos no localizados se convirtió en certeza.

También debe contarse, al contemplar los calcinados restos de los buques españoles, con que, al ser abandonados, los incendios se propagaron sin control, hasta que se apagaron por sí mismos, tras consumir todos los elementos combustibles y provocar nuevas explosiones secundarias, ofreciendo una imagen de destrucción mucho mayor de la que podían tener los buques cuando fueron embarrancados.

Otra cuestión es la de las bajas españolas, que se han cifrado en trescientos treinta y dos muertos y en ciento noventa y siete heridos. Llaman a confusión, pues son las habidas en la escuadra por cualquier causa desde que salió de Cabo Verde hasta que las dotaciones fueron repatriadas y no solo las del combate del 3 de julio.

Aunque una lista exacta es difícil de establecer, dada la pérdida de documentación en los buques, y según incompletos recuentos posteriores, habría que descontar más de setenta y un muertos y heridos en los combates terrestres de Santiago, catorce entre muertos accidentales, bombardeos previos y alguna deserción, más de cincuenta enfermos fallecidos en hospitales de Estados Unidos y algunos más durante la vuelta a España, y más dolorosamente, otros diecinueve cuando los centinelas del Harward dispararon por error sobre los indefensos prisioneros.

Es decir, en el combate propiamente dicho se produjeron unas trescientas cincuenta bajas, cifra relativamente baja para la pérdida total de los seis buques.

Esto no disminuye ni el sufrimiento humano ni el valor y entrega de unas dotaciones que debieron afrontar en unas pésimas condiciones un combate, tras padecer hambre y enfermedades en la sitiada Santiago, luchar en tierra y soportar continuos bombardeos, pero sí reduce a otros términos el resultado del combate y la supuesta enorme eficacia estadounidense.

En cuanto a los mandos, Villaamil murió a bordo del Furor y el también capitán de navío Lazaga a bordo del Oquendo, tras ordenar su evacuación.

Lo que llama más la atención fue que muchos de los supervivientes de la escuadra, tras llegar a tierra, volvieron a empuñar el fusil en la lucha, hasta la capitulación de Santiago y de todas las tropas españolas de su distrito, firmada en la tarde del 16 de julio. Con ello, la guerra estaba virtualmente acabada, pues el mismo Gobierno de Madrid solicitó al de París que interpusiera sus buenos oficios diplomáticos ante Washington para solicitar un armisticio reconociendo su derrota, pero, y como veremos, la guerra se prolongó un mes más.

## ÚLTIMOS PROYECTOS DE ATAQUES Y LA PAZ

Las guerras suelen desarrollar su dinámica propia y ya la fallida expedición de Cámara en auxilio de las Filipinas españolas, dio origen a proyectos de ataque sobre las propias costas españolas.

Al principio, se basaban en que una parte de la escuadra de Sampson se destacara en persecución de la de Cámara para interceptarla y destruirla, al mando del comodoro Watson, lo que era poco acertado al dividir las propias fuerzas cuando la de Cervera no había sido aún destruida, por lo que se postergó. Tras nuevos planes y la decisiva victoria en Santiago de Cuba, se planeó seriamente enviar al grueso de la escuadra al mando de Sampson contra las propias costas europeas españolas, bombardeando puertos y ciudades costeras, y hasta apoderándose de alguna de las islas Canarias, o tal vez del Sáhara entonces español o incluso de Ceuta o Melilla, ciudades españolas situadas al norte de Marruecos.

Estos planes, conocidos por el espionaje y por informaciones diplomáticas, sembraron el miedo en España, y se empezaron a distribuir los pocos buques restantes (los torpederos, barcos no terminados o anticuados pero aún útiles y cañoneros) por los puntos amenazados, fondeando minas submarinas y emplazando baterías de costa.

Incidentalmente, cuando estos preparativos se hicieron en las cercanías de Gibraltar y la bahía de Algeciras, el Gobierno de Londres lo consideró como un peligro para su posesión del peñón y amenazó al español con la guerra y la anexión de una amplia franja de terreno para evitar dicha amenaza, ampliando su posesión hasta Sierra Carbonera inclusive, ante lo cual el de Madrid tuvo que desistir de esas medidas defensivas. Al parecer se le negaba el derecho a construir fortificaciones dentro de su propio territorio.

Había demasiadas potencias interesadas en sacar provecho de la crisis (y por entonces no faltaban estas en todo el planeta, de China y África al Caribe) y este veto británico también se enunció, aunque más diplomáticamente, sobre los proyectos estadounidenses y hasta las evidentes aspiraciones japonesas en Filipinas. Finalmente, la única concesión fue al Imperio alemán con los archipiélagos de Carolinas y Marianas.

Por fin, la paz se firmó el 12 de agosto, casi un mes después de la primera petición española, para permitir las operaciones en Puerto Rico, y como Manila capituló el 14, de hecho se extendieron las hostilidades unos días más, llegando finalmente al Tratado de París.

## LOS COMBATES MENORES EN CUBA

Aunque parezca imposible, también hubo victorias navales españolas en el amargo 1898 de la guerra con Estados Unidos, tan corta (de fines de abril a mediados de agosto) como de resultados aplastantes. Por supuesto, se trató de pequeños combates, no decisivos, pero que mostraron lo que pueden el valor, la determinación y la pericia, incluso cuando el enemigo goza de una superioridad aplastante.

De una de ellas, ocurrida en el puerto de Cárdenas, al norte de Cuba y no lejos de La Habana, vamos a dar un rápido resumen.

En el mencionado puerto tenían su base tres pequeñas cañoneras españolas, las Alerta y Ligera, de solo 42 toneladas, 10 nudos, armadas con un cañón de 42 milímetros a proa y una ametralladora de 37 milímetros a popa, con una dotación de una veintena de hombres y mandadas respectivamente por los tenientes de navío Pasquín y Pérez Rendón. La tercera era un pequeño remolcador de la compañía Trasatlántica, incorporado a la Armada, de 53 toneladas y con un solo cañón de 57 milímetros, al mando del teniente de navío Domingo Montes. Todas eran veteranas de la lucha contra la insurrección cubana y el remolcador incluso prestó sus servicios de auxilio cuando ocurrió la desgraciada explosión del Maine, en el puerto habanero.

El 25 de abril, a poco de estallar la contienda, la Ligera se topó con el torpedero USS Foote, un buque ciertamente pequeño, pero que, con 14 toneladas, 25 nudos, tres cañones de 37 milímetros y tres tubos lanzatorpedos, era un buque muy superior. Los americanos hicieron setenta tiros, sin dar en el blanco más que con uno o dos. Apenas causaron daños, pero de los diez tiros españoles más de uno alcanzó a su enemigo, que tuvo que retroceder, escorado y con averías en calderas, pues despedía vapor, no conociéndose sus daños y bajas. A Pérez Rendón se le concedió la Cruz de María Cristina por el hecho de que fue el primer combate naval de la guerra.

Como siguieran las escaramuzas, el mando americano decidió acabar de una vez con las cañoneras, reuniéndose una fuerza al mando del comodoro Todd compuesta del crucero Wilmington con 1.400 toneladas, 15 nudos, ocho cañones de 102 milímetros y ocho de 57 y 37, el parecido Machias, el torpedero Winslow, gemelo del Foote y el guardacostas Hudson, con dos de 57 milímetros.

En la mañana del 11 de mayo la flotilla se encontró a la entrada del puerto y mientras el Machias, por su mayor calado quedaba fuera, desmontando la estación de señales de Cayo Diana, los otros tres entraron en la bahía, en medio de una densa niebla y calima, esperando dar buena cuenta de la muy inferior escuadrilla española.

Las Alerta y Ligera lograron esconderse entre la doble hilera de islotes y peñascos que formaban la bahía, pero la Antonio López, por su mayor calado, tuvo que soportar el ataque en su fondeadero del puerto y sobre ella hizo rumbo el Winslow.

El fuego comenzó a las 13.45 de la tarde y a una distancia de poco más de 1.200 metros. Los españoles respondieron y consiguieron hacer blanco al segundo disparo, sucediéndose los impactos en el torpedero, que pronto tuvo un incendio a bordo, con las máquinas inutilizadas y el gobierno inútil, quedando parado y a la deriva, con cinco muertos, entre ellos el segundo de a bordo, el alférez Baigley y cuatro heridos, entre ellos su comandante, el teniente de navío Bernadou. Había recibido una veintena de impactos y aún pudo felicitarse por su buena suerte, pues un tiro español dio en uno de sus torpedos, sin que, increíblemente, estallara.

Al percibir el desastre, se acercaron el crucero Wilmington y el guardacostas Hudson, que creyeron que había baterías de costa en el puerto y rompieron fuego sobre la población, no distinguiendo bien a la cañonera española y confundidos por las descargas de fusiles de unos setenta soldados de Infantería de Marina y de algunos voluntarios, que creyeron que los americanos pensaban desembarcar.

El bombardeo americano alcanzó el consulado británico de la ciudad, un almacén y varias viviendas, causando dos muertos y cinco heridos en la población civil. El Hudson había recibido cuatro impactos más y algunos de fusil y fragmentos de metralla, mientras que el crucero soportaba dos impactos y algunos menores, no reportando ninguna de las dos bajas a bordo.

Dando la lucha por perdida, Todd ordenó la retirada, remolcando el Hudson al inutilizado Winslow, que, aunque reparado, ya no volvió a recuperar su anterior eficiencia, causando baja en la US Navy nueve años antes que sus compañeros de serie.

En cuanto a la Antonio López había sufrido una docena de impactos, con solo dos heridos en su dotación y un conato de incendio. Su tiro había sido magnífico, pero había consumido todas sus municiones, llegando a pensar su comandante, Montes, en echarla a pique para evitar su captura. Al final no fue necesario, y su heroico barquito pudo ser reparado y volvió a reanudar sus patrullas y comisiones durante la guerra. Por su tan valerosa como afortunada conducta se le concedió la Cruz Laureada de San Fernando, la primera de la guerra y la única por un combate victorioso; curiosamente, el bravo marino español era nacido en Santiago de Cuba, y tras la paz, volvió a España, siguiendo su carrera.

La pequeña victoria fue además completa, pues los americanos no intentaron volver a atacar Cárdenas en toda la guerra. Achacaron su derrota a la existencia de baterías de costa camufladas en el puerto, pero lo cierto es que no había un solo cañón allí instalado por entonces. Solo después, y vista su necesidad, el Ejército se decidió a montar allí ocho viejas piezas, que incluso con sus limitaciones, de haber estado listas unos días antes hubieran podido convertir el revés americano en un verdadero desastre.

No solemos destacar los españoles por nuestra previsión, pero sí por otras virtudes, que quedaron más que patentes en este pequeño combate. Otros hubo en aguas de Cuba, Puerto Rico y Filipinas que fueron afortunados, pero ninguno tan brillante y redondo como el que hemos narrado escuetamente, obtenido frente a una superioridad aplastante.

Apenas se recuerdan los combates en Cárdenas, aún menos los que tuvieron lugar en el puerto de Manzanillo, al sudoeste de Cuba. Dichos combates son, en conjunto, la tercera campaña naval en importancia de la guerra, aunque a considerable distancia de las dos más importantes de Cavite y Santiago.

Al no ser bloqueado su puerto por el enemigo, al creerlo de escasa importancia, allí entraron varios mercantes españoles forzadores del bloqueo y de allí salió la columna al mando del coronel Escario en socorro del cercado Santiago. Pero el 27 de junio el presidente McKinley ordenó atacarlo. Para ello se reunió una escuadrilla de cañoneros auxiliares: el Hist (ex Thespia) de 472 toneladas, armado con uno de 47, cuatro de 37 y una ametralladora Colt. El Hornet (ex Alicia) de 425 toneladas, con dos de 57, uno de 47 y dos de 37. El remolcador Wompatuck (ex Atlas) de 462 toneladas, con tres de 47 y una Gatling. Iban mandados por los tenientes Young, Helms y Jungen, respectivamente, tomando el mando el primero como más antiguo. Como en Cárdenas, contaban con la ayuda de un práctico cubano para entrar en el puerto.

Cercanos a su objetivo, y frente a Niquero, toparon con la pequeña cañonera Centinela, un yate de vapor construido en Estados Unidos, de 30 toneladas, y armado con dos piezas de 37 milímetros, al mando del teniente de navío Claudio Aldereguía. El resultado no podía ser dudoso, y pese a su resistencia, la cañonera, con más de veinticinco impactos a bordo, una vía de agua, la máquina averiada, un fogonero muerto y varios heridos y contusos, tuvo que embarrancar para evitar su hundimiento. Los norteamericanos la dieron por hundida y siguieron adelante con su misión, pero lo cierto es que la esforzada dotación consiguió reparar su barco con sus propios medios y se pudo incorporar unos días después a su base de Manzanillo, a la que había intentado alertar con su resistencia.

La noticia, transmitida por heliógrafo, llegó con retraso a Manzanillo, pero afortunadamente se estaba alerta. La escuadrilla allí destacada se componía de cuatro cañoneras: la Guantánamo, al mando del teniente de navío Bartolomé Morales; la Estrella, al mando del de la misma graduación Sebastián Noval, ambas de unas 40 toneladas, un cañón de 42 milímetros y una ametralladora; así como la Delgado Parejo, antiguo yate estadounidense Dart, regalado a la Armada por la colonia española en Nueva York, con 85 toneladas, con uno de 57 y una Maxim, al mando de Angel Ramos Izquierdo, y la Guardián, ex yate Azteca, regalado por su propietario, el naviero A. Menéndez, de 65 toncladas. Por avería en la máquina esta última no podía navegar, por lo que su dotación se reducía a cuatro hombres que manejaban su única pieza de 42 milímetros. La dura campaña precedente contra la insurrección cubana y el clima se habían cobrado un serio tributo, y así, las otras tres cañoneras no contaban sino con diecinueve hombres de dotación cada una, incluido su comandante, pese a que teóricamente hubieran debido ser unos veinticinco.

Aparte figuraba el viejo cañonero de madera Cuba Española, construido en La Habana en 1870, ya inútil, con su viejo casco de 255 toneladas y un anticuado cañón Parrott de avancarga de 13 centímetros por armamento y solo treinta granadas, con la dotación reducida a siete hombres, y un viejo velero, adquirido pocos años antes para servir como pontón, almacén y cuartel flotante, con el mismo armamento y rebautizado María, constando su dotación de treinta y nueve hombres, incluyendo al médico y practicante de la flotilla. El mando de los dos pontones y de la inútil Guardián recaía en el teniente de navío Ramón Navarro.

La tarde del 30 de junio era lluviosa y había poca visibilidad, sin embargo, el vigía del puerto señaló, a las 15.30 horas, a los intrusos que entraban. El jefe español era el teniente de navío de primera clase (hoy sería capitán de corbeta) Joaquín Gómez de Barreda, comandante del puerto, un valenciano veterano de la guerra contra los rebeldes cubanos, en la que ya había merecido una Cruz Roja del Mérito Militar, quien no impresionado por la debilidad y estado de su fuerza, izó su insignia en el Delgado Parejo y seguido por las Guantánamo y la Estrella, se dirigió contra el enemigo, mientras los dos pontones y la inmóvil Guardián daban su débil pero decidido apoyo desde sus fondeaderos.

Manzanillo no estaba defendido por minas, y en cuanto a baterías, solo había tres anticuadas piezas de campaña de 8 y 9 centímetros, prácticamente inútiles en un combate naval salvo a efectos morales, así como el apoyo, de nuevo poco más que moral, de algunos fusileros apostados en los muelles. Por todo ello, el peso principal de la acción iba a recaer en tres cañoneras que, juntas, no sumaban la mitad del desplazamiento de cada uno de sus tres enemigos, y que reunían seis piezas ligeras contra las trece atacantes.

A las 15.45 horas se rompió el fuego por ambas partes, cayendo el alcance rápidamente hasta alrededor de una milla náutica, y pese a su inferioridad, sus resultados fueron mucho más favorables para los veteranos españoles sobre los recién movilizados y reservistas estadounidenses. Tras una hora de fuego, el resultado no era dudoso: el Hist había recibido once impactos directos y varios metrallazos y rebotes más, el Hornet había tenido menos suerte, pues tras recibir seis impactos directos, uno de los cuales le había hecho estallar una caja de municiones, otra granada le había seccionado la tubería principal de vapor, abrasando a tres fogoneros y quedando el buque inmóvil y derivando peligrosamente hacia un banco de arena, de donde le sacó a remolque el Wompatuck, que había recibido otros tres impactos, uno de ellos en la ballenera. Tenía uno de sus cañones inútil por avería. A la baqueteada flotilla no le quedó sino retirarse apresuradamente, acompañada por los vítores y aclamaciones de los defensores, que no pudieron rematar su victoria por su escasez de municiones y la imposibilidad de reemplazarlas en un previsible futuro.

Los buques españoles habían sufrido ligeras averías y las siguientes bajas: en el Delgado Parejo, murieron dos hombres, otros dos resultaron heridos leves y contuso su comandante, sustituido en posteriores combates por el de igual graduación Joaquín Montagut. En el María, que soportó el mayor castigo, dos heridos y dos contusos, y otro contuso más en el Guardián. En tierra hubo dos heridos leves en la guarnición y otros dos entre la población civil.

Los partes americanos son mucho menos detallados en lo referente a las bajas, que dicen se redujeron a los tres quemados en el Hornet, lo que parece poco probable. También son contradictorios en cuanto a la duración del combate y exageraron grandemente la flotilla española, a la que afirmaron haber poco menos que destruido.

El valor de tales informes quedó palmariamente demostrado el día siguiente, el 1 de julio, y a eso de las cuatro de la tarde. Otra formación estadounidense se dispuso a lo que no debía ser sino completar la destrucción del día anterior. Los buques atacantes ahora eran el Scorpion (ex Sovereign), prácticamente un crucero auxiliar con sus 850 toneladas y armamento de cuatro piezas de 120 milímetros y seis de 57 milímetros, y el remolcador Osceola (ex Winthrop) de 57 toneladas, con dos de 57, uno de 47, una Gatling y una ametralladora Colt. Iban al mando respectivamente del teniente-comandante Marix y del teniente Purcell.

Esta vez la distancia de combate fue mayor, en torno a los 2.500 metros, seguramente para aprovechar el alcance de las piezas de 5 pulgadas, una granada de la cuales hubiera bastado para echar a pique o averiar seriamente a cualquiera de las cañoneras. Sin embargo, el resultado no fue muy distinto: tras veinticinco minutos de fuego, los atacantes debieron batirse en retirada. El tiro español, inicialmente algo corto, mejoró sensiblemente alcanzando con doce impactos al Scorpion de los que solo uno perforó el costado (debido seguramente al escaso alcance y potencia de las ligeras piezas españolas), pero sembrando su cubierta de metralla. El Osceola no reportó impactos, pero señaló que una de sus piezas se había inutilizado. Pese al castigo encajado, no informaron de bajas. De nuevo magnificaron a sus contrincantes, hablando de un cañonero de unas 1.000 toneladas y otros dos de 300 a 400, aparte de poderosas baterías.

Los españoles anotaron solo algún impacto en el María, donde se produjeron tres heridos y algún contuso. Significativamente se recogieron poco después en tierra hasta diecinueve granadas enemigas de 5 pulgadas, que no habían estallado. Pero muchos proyectiles cayeron en la población, matando a dos civiles e hiriendo a otro.

Barreda había conseguido, contra todo pronóstico, una segunda y aún más meritoria victoria, al hacer un magnífico uso de sus muy limitados medios, dando la sensación al enemigo de que se enfrentaba con una fuerza mucho mayor. Pero no se durmió en sus laureles: ordenó remolcar a los dos pontones hacia puntos en que batieran mejor las entradas del puerto y a la inútil Guardián se la despojó de sus municiones para rellenar los exhaustos pañoles de sus compañeras. El 2 de julio tuvo además la satisfacción de que la baqueteada Centinela se le reincorporara, rompiendo el bloqueo enemigo. Juzgando su situación imposible ante un nuevo ataque por la escasez de municiones, pidió al mando que se le permitiera romper el bloqueo enemigo y dirigirse a otro puerto donde sus cañoneros pudieran municionarse, gesto que le honra y que contrasta fuertemente con la actitud derrotista de otros en la guerra. Pero tal permiso se le denegó por diversas razones.

El día 3 de julio se produjo la destrucción de la escuadra de Cervera, y el 16 capitulaba Santiago. Solo entonces el mando norteamericano se decidió a neutralizar de una vez a la molesta flotilla. La operación tenía todo el aspecto de sacarse la espina de anteriores fracasos, pues sería mandada por el mismo Todd frustrado en Cárdenas. Para ello se reunieron los cinco buques que antes habían atacado Manzanillo, ya reparados y con un total de siete piezas ligeras más en los tres primeros, a los que se unieron los cruceros Wilmington y su gemelo el Helena, cada uno con más de 1.400 toneladas, ocho cañones de 102 milímetros y ocho de 57 y 37 milímetros.

A las 7.45 del 18 de julio entraron simultáneamente por tres bocas del puerto los siete buques mencionados. No se daría ninguna oportunidad a los defensores, aprovechando el mayor alcance de los cuatro cañones de 5 pulgadas y los dieciséis de 4 pulgadas, los atacantes abrieron fuego y lo sostuvieron ampliamente por encima de los 3.000 metros que podían alcanzar las piezas ligeras españolas.

Ante aquello, Barreda ordenó abandonar los buques, y salvando efectos y artillería atrincherarse en tierra, respondiendo al enemigo cuando este se acercaba un tanto. Pero las cañoneras resultaron destruidas por el fuego enemigo, así como tres vapores de la compañía de Antinógenes Menéndez: el Purísima Concepción, un hasta entonces afortunado forzador del bloqueo. También los viejos vapores de paletas, José García y Gloria, ambos de casco de madera. El total de bajas de la escuadrilla fue de un contramaestre herido, en la guarnición se registraron dos muertos y cinco heridos y solo un herido entre la población civil. Los atacantes no sufrieron daño alguno, no ya de la flotilla, sino de las anteriormente descritas como poderosas y numerosas baterías de costa.

Aunque mortificado por la inevitable pérdida de los buques, Barreda comunicaba a Manterola estar «más satisfecho de haber salvado a nuestras dotaciones de una hecatombe», que de sus victorias anteriores. Creemos que la frase refleja al hombre y que sobran los comentarios.

La situación de la plaza empeoró seguidamente, atenazada por el bloqueo por mar y amenazada por las guerrillas cubanas. El hambre y las enfermedades empezaron pronto a cobrarse un duro tributo en su guarnición, reducida tras la marcha de la columna Escario a tres batallones poco nutridos, dos de los regimientos Vizcaya y Álava, y otro provisional formado por destacamentos de otras unidades, transeúntes, voluntarios, etc. Parecía una presa fácil, así que el mando norteamericano decidió tomarla, en una operación conjunta con las guerrillas cubanas.

Para ello se preparó otra fuerza naval al mando del comodoro Goodrich, con insignia en el crucero protegido Newark, de 4.100 toneladas, armado con doce de 152 y diez ligeras, los ya conocidos Hist y Osceola, el primero con su batería nuevamente reforzada por dos de 37 milímetros. El Swanee, con dos de 4 pulgadas y cuatro de 57 milímetros. Y el cañonero exespañol Alvarado, capitulado en Santiago, con sus 100 toneladas y armado con uno de 57 milímetros y una Maxim. Acompañaba a la fuerza el transporte Resolute, con cuatro de 57 milímetros, donde iba embarcado el batallón de marines del coronel Huntington.

El bombardeo se inició a las 15.40 horas de la tarde del 12 de agosto, mientras las fuerzas cubanas atacaban por tierra. A las 16.15 horas, Goodrich creyó observar que los atacados izaban bandera blanca, por lo que suspendió el fuego y envió al Alvarado con bandera de parlamento, seguido poco después por el resto de los buques. Al ver aquel despliegue, los españoles creyeron que todo era una añagaza. La marinería y tropa rompió fuego de fusil y con los dos o tres cañones que habían conseguido salvar, aparte de las piezas terrestres, siendo entonces cuando fueron alcanzados por primera vez los buques americanos, entre ellos el Osceola por una granada, que hizo reventar una caja de municiones, y el Swanee, que recibió tres balazos de fusil en su bandera. Provocaron la inmediata retirada de los atacantes hasta la segura distancia de 5.000 metros. Desde las 17.30 horas continuó el bombardeo, de forma intermitente, únicamente del Newark, con el fin de agotar a los defensores, y con el pesar de que una cuarta parte de sus granadas no estallaban por defectos en las espoletas. Mientras, el ataque por tierra de los cubanos había fracasado y los marines esperaban la orden de desembarcar. Las dotaciones españolas desembarcadas no sufrieron baja alguna, pero en la guarnición de la plaza se produjeron seis muertos (cuatro de ellos cuando dormían en su refugio) y nueve heridos, así como dos muertos y veintidós heridos entre la población, sufriendo serios daños muchos edificios. La escuadrilla estadounidense no informó de bajas propias, mientras que en la partida cubana rebelde de Rubí se produjeron dos muertos y once heridos.

Aquella noche se supo en la plaza que ese mismo día se había firmado el armisticio entre España y Estados Unidos. Barreda no dudó en embarcarse en una pequeña lancha para comunicarlo a la flotilla atacante, pero y pese a ir iluminado con tres faroles blancos para demostrar sus pacíficas intenciones, el buque fue tomado por un torpedero y cañoneado. A la mañana siguiente se deshizo el malentendido y la heroica resistencia pudo terminar.

Don Joaquín Gómez de Barreda recibió la Cruz de María Cristina (entonces solo inferior a la Laureada) por los combates navales y la del Mérito Militar por su defensa hasta el extremo del puerto y la costa. Tal vez fueran algo cortas las recompensas, pero lo que no parece tener explicación es la escasa resonancia posterior que han tenido los hechos que protagonizó.

La flotilla de Manzanillo, pese a sus limitaciones y estado, fue capaz de vencer por dos veces a fuerzas superiores. Enfrentada por tercera vez a una ya irresistible, abandonó sus castigados barquitos con un mínimo de bajas y siguió luchando, con muy escasos recursos de todo género, rechazando a un enemigo que había aprendido a ser muy cauteloso, prolongando la resistencia hasta el armisticio, y cediéndole solo un incompleto y costoso triunfo cuyo único relieve consistió en la destrucción del pequeño forzador del bloqueo y de los dos viejos vapores de ruedas.

Más no se podía pedir a aquellos hombres y sus pequeñas lanchas de vapor, que lucharon tan brava como eficazmente contra un enemigo muy superior.

# 5
# FILIPINAS Y EL PACÍFICO ESPAÑOL

Desde 1895, al trazar los planes para una guerra con España, los estrategas navales estadounidenses planeaban atacar Manila, como diversión estratégica del escenario principal en el Caribe, elevar la propia moral con una temprana y fácil victoria, y para utilizarla como moneda de cambio en la negociación posterior a la guerra. La postura de la teóricamente neutral Gran Bretaña fue determinante: convencida de que España no podría retener las Filipinas, trataba de impedir que cayeran en manos de alguna potencia rival. Decidió apoyar a Estados Unidos. En enero de 1898 el escuadrón asiático de la US Navy, al mando del comodoro Dewey, fondeaba en Yokohama, Japón.

Antes de la explosión del Maine recibió órdenes de prepararse para la guerra en la colonia británica de Hong Kong. Allí se repararon y pusieron a punto en los astilleros, reclutando marineros para completar dotaciones e incluso con prácticas de tiro y cambiándose la pintura de los buques del blanco en tiempos de paz al gris bélico. Como buques de aprovisionamiento, Dewey compró a la británica Peninsular & Oriental dos vapores, el Nanshan y el Zafiro, así como sus cargas. También en Singapur el Mc Culloch, más pequeño y rápido, para que sirviera de enlace y mensajero. Dewey estaba retrasado en sus preparativos, pero las autoridades británicas no se dieron por enteradas de la declaración de guerra de 21 de abril, por lo que la escuadra pudo permanecer allí hasta el día 25, y luego en la bahía de Mirs durante dos días más.

La legislación internacional prohibía que el territorio, industrias, súbditos o barcos de un país neutral sirvieran para facilitar una agresión contra un tercer país. Así quedó clara la postura británica ante el conflicto, pues de hecho posibilitaron el ataque porque Estados Unidos no tenía entonces base alguna hasta su propia costa oeste, a más de 7.000 millas marítimas de distancia. Las autoridades españolas estaban perfectamente al tanto de los preparativos y composición de la escuadra, preocupantes por sí mismos y, muy especialmente, por la actitud británica que hacía posible el ataque.

## LAS ESCUADRAS ENFRENTADAS

Consideramos esencial establecer los hechos y datos para aclarar una cuestión a menudo tratada con poca exactitud. Aparte de los tres vapores comprados, inútiles para la lucha, la escuadra americana se componía de seis buques: cuatro cruceros protegidos y dos grandes cañoneros, aunque estos últimos hubieran sido clasificados como cruceros en la Armada española. Ninguno estaba blindado, pero los cuatro mayores llevaban una cubierta blindada en el interior del casco, protegiendo máquinas, calderas y pañoles de municiones. Ello no impedía que los proyectiles enemigos atravesaran el costado, pero limitaba los daños en aquellas zonas vitales. El resto del buque estaba expuesto, excepto el puente de mando, con algún blindaje. Solo en el Olympia, insignia de Dewey, con blindajes en las torres de los cañones de 203 milímetros y en las casamatas de los de 127 milímetros. Los seis navíos sumaban unas 19.000 toneladas de desplazamiento, con velocidades entre 11 y 20 nudos, impidiéndolos combatir unidos salvo a la velocidad del más lento. Artillados con un total de diez cañones de 203 milímetros, veintitrés de 152, veinte de 127 y cincuenta ligeros, de 57 a 37 milímetros, así como diez tubos lanzatorpedos.

Dos de los buques entraron en servicio en 1887 y 1889, siendo el resto más modernos. No tenían nada de excepcionales, excepto el Olympia. Era el buque por mucho más poderoso de las dos escuadras, pues representaba por sí solo casi la tercera parte del tonelaje y la potencia de la escuadra atacante. Pocos refuerzos podía esperar a corto plazo, al estar concentradas las principales fuerzas navales de Estados Unidos en el Atlántico. El contralmirante Patricio Montojo y Pasarón, jefe del Apostadero de Filipinas, contaba con diez buques de más de 500 toneladas, aparte de varios transportes armados y de casi una treintena de pequeños cañoneros y lanchas útiles solo para operaciones policiales y coloniales.

Eran siete cruceros y tres grandes cañoneros, buques más pequeños y menos potentes que sus adversarios, sumando unas 14.000 toneladas, armados con treinta y siete cañones de 16 a 12 centímetros, nueve de 9 a 7 centímetros y treinta y cinco ligeros de 57 a 37, y trece tubos lanzatorpedos. Su velocidad oscilaba entre los 11 y 15 nudos. Aunque modestos, no eran buques viejos, botados entre 1885 y 1890, excepto el cañonero Marqués del Duero, de 1874, y el crucero Velasco, de 1879. Todos de cascos de hierro o acero, excepto el crucero Castilla, que lo tenía de madera con estructura metálica. Dos de los cruceros tenían una cubierta blindada protectora. Eran inferiores en un combate naval en mar abierto, pero a la defensiva, con el apoyo de baterías de costa y protegidos por campos de minas, podían nivelar la balanza y rechazar a la escuadra enemiga.

Además, los atacantes operaban dentro de muy estrechas condiciones: sin bases cercanas propias donde reparar y reabastecerse de municiones y carbón, así como de tropas de desembarco para conquistar un fondeadero, todo lo que no fuera una victoria total sobre los defensores obligaría a una rápida retirada a un puerto neutral, donde serían internados el resto de la contienda tras un plazo de cuarenta y ocho horas, seguramente insuficiente para remediar daños y averías.

En cuanto a su artillería, la pieza más común en los buques españoles, no la mayor ni la más potente, el cañón de 12 milímetros tipo González Hontoria modelo 1883, alcanzaba los 10 kilómetros, distancia doble y hasta triple a las que se combatió.

Tres de los buques americanos disponían de cañones de 203 milímetros, con mayor alcance y granadas más pesadas y potentes. Otra ventaja de los atacantes era que veinte de sus cañones medianos, los de 127 milímetros, eran de tiro rápido, capaces de hacer cinco disparos por minuto frente a uno de piezas menos modernas. Teóricamente eso sería decisivo, pero a ese ritmo de fuego, la pieza no podía soportar tal esfuerzo continuamente, averiándose, y al ser la carga manual, el cansancio de los artilleros se imponía, aparte de que a ese ritmo consumirían muy pronto todas sus municiones.

La ventaja real era que con esa rapidez de disparo se podía corregir mejor el tiro, y una vez centrado, las descargas se hacían más lentas. De hecho, en Cavite, los citados cañones americanos no llegaron a un disparo por minuto en total, y tampoco hicieron muchos más disparos que los de carga lenta.

De la artillería ligera cabe decir que las dos escuadras utilizaban los mismos modelos o muy parecidos y que eran poco eficaces para causar graves daños en buques de algún tamaño.

En la época los cañones se disponían todavía principalmente en los costados de los buques, así que casi la mitad de ellos no podían disparar simultáneamente. Descontados los ligeros, los seis buques americanos tenían una andanada de ocho cañones de 203 y veintidós de 152 y 127 milímetros, contra la española de veinte de 160 a 12 milímetros, más otros cinco de 90 y 70 milímetros.

En cuanto a los torpedos, era el único aspecto en que la escuadra española era superior, sumando trece tubos contra diez, y con más recargas que sus enemigos.


## LOS PLANES DEFENSIVOS ESPAÑOLES

Pero las cifras referidas a los buques españoles son solo teóricas, dado su mal estado de mantenimiento y la escasez de personal técnico o bien adiestrado en sectores tan decisivos como las máquinas, la artillería y los torpedos.

Buques y mecanismos se resentían de su intenso uso desde 1896, con la insurrección tagala y la siempre amenazante disposición de los musulmanes de Mindanao.

Lo peor eran las infraestructuras: el arsenal de Cavite estaba anticuado para atender adecuadamente el mantenimiento de los buques. Solo podía construir cañoneros de poco más de 200 toneladas y solo podía reparar cruceros hasta de unas 1.000, debiendo ir los mayores a hacerlo en Hong Kong y de allí venían vitales materiales y componentes para los trabajos en Cavite.

Tres de los diez buques estaban en reparación cuando estalló la guerra, resultando inútiles, y el resto, aunque operativo, estaba en deficiente estado. En las dotaciones faltaba personal, sobre todo especializado. Realmente, aquella era más una escuadra que acabara de salir de un combate que una que fuera a empeñarlo. Como se conocía la potencia del enemigo, la moral era baja.

Se estudió enviar más y mejores buques a Filipinas, incluso Cervera propuso que su escuadra fuera allí, dando superioridad así a los españoles, pero el protagonismo de Cuba lo impidió.

Aunque la escuadra fuera inferior, las posibilidades de resistencia no desaparecían, pues combatiendo a la defensiva, fondeada y con el apoyo de baterías de costa y minas, podría rechazar a sus enemigos.

Ni los cañones ni las minas sobraban en Manila, pidiéndose a España, pero lo cierto es que los cañones nunca fueron enviados, y en cuanto a las minas, se embarcaron setenta en el vapor de la Trasatlántica P. de Satrústegui. Pero con tanto retraso que, cuando el buque estaba aún en el Mediterráneo, se supo del desastre de Cavite y se ordenó su vuelta.

Los mandos militares del archipiélago se reunieron el 15 de marzo en el palacio de Malacañang, presididos por el capitán general Primo de Rivera, para establecer los planes defensivos.

La cooperación entre Ejército y Armada era imprescindible, pues si los buques y minas eran operados por los marinos, las baterías de costa lo eran por los militares.

Las visiones de unos y otros eran bien distintas: mientras para los militares lo prioritario era defender Manila, Montojo sostuvo que la escuadra solo podía situarse eficazmente para la defensa en Subic, en el proyectado nuevo arsenal, lejos de la capital.

El Ejército disponía de bastantes cañones de costa, los mejores eran cuatro obuses Ordóñez de 24 centímetros y seis cañones del mismo sistema de 15 centímetros. Además, había otros nueve obuses de 21 centímetros, más anticuados pero todavía eficaces, y otras veinticuatro piezas, antiguas y poco útiles.

Hubiera sido obvio concentrar aquellos recursos, pero ante las posturas encontradas se decidió repartirlos: los obuses y los viejos cañones quedaron en los fuertes de la capital, y los seis de 15 centímetros se repartieron. Dos, en Punta Sangley, junto a Cavite, y cuatro en Subic.

Montojo disponía también de cañones navales para instalar en tierra. Los diez más modernos de los barcos en reparación, de calibres entre 16 y 12 centímetros, aparte de veintiocho más antiguos, pero aún útiles, de 18 y 16 centímetros, de buques ya retirados.

Con ellos se planeó defender las entradas a la bahía de Manila, Boca Chica y Boca Grande. Allí se fondearían minas y se impediría el paso de los enemigos con viejos buques hundidos en los canales de entrada. Detrás de aquella posición se situaría la escuadra.

Relegando los cincuenta y dos cañones más anticuados, veintiocho del Ejército y veinticuatro de la Armada, a puntos secundarios y contando solo con los más modernos, la escuadra pudo haber tenido el apoyo de no menos de veintisiete piezas de calibres entre 24 y 12 centímetros, que, unidas a las embarcadas, harían un total de 54, de las que cuarenta y dos podrían abrir fuego simultáneamente. Total superior al de la escuadra atacante, con cincuenta y tres cañones de 203 a 127 milímetros, con andanada de 30.

Repartir los cañones entre cuatro puntos distintos y alejados entre sí fue un grave error que se repitió con las minas. Había catorce británicas Mathieson, aunque faltas de elementos como cable eléctrico que tuvieron que adquirirse rápidamente. Otras veintidós se improvisaron con boyas llenas de explosivos y detonadores de torpedos. Pero se instalaron en diversos puntos con lo que, a su ya dudosa efectividad intrínseca, se unió la derivada de la dispersión.

Distraído Montojo por la necesidad de controlar tantas islas ante la amenaza de rebeliones, solo a fines de abril se reunió la escuadra pocos días antes del combate. Tampoco autorizó hacer prácticas de evoluciones o de tiro por ahorrar munición y evitar nuevas averías.

Al crucero Castilla se le abrió una vía de agua, aunque el buque no peligraba, la reparación fue provisional, tapándose las grietas con cemento hidráulico, por lo que el crucero no pudo encender ya sus máquinas, pues las vibraciones desprendían el parche. Aquello convenció a Montojo de que no podía presentar batalla a la entrada de la bahía de Manila, y con el Castilla a remolque, y ante la consternación de toda la escuadra, se dirigió a Cavite, fondeando allí en la mañana del día 30, apenas veinticuatro horas antes de la llegada de Dewey.

En el centro se situó el Cristina, junto al Castilla, protegidos ambos por gabarras llenas de arena como escudo contra torpedos y proyectiles en su línea de flotación. Hacia Punta Sangley estaban el Austria, Marqués del Duero y Don Antonio de Ulloa, al otro extremo de la línea los Isla de Cuba e Isla de Luzón.

El Ulloa estaba en reparaciones y sin máquinas, pero se utilizó como batería flotante, dejándole los dos cañones de 12 centímetros de una banda y otro ligero, con solo treinta y siete hombres.

Había otros buques en el arsenal o cerca de él, y aunque ninguno de ellos participó en el combate, a veces se ha incluido a alguno de ellos o a todos en la escuadra. Se trataba del crucero Velasco y del cañonero General Lezo, ambos en reparación y sin máquinas ni artillería. Aparte de otros buques sin valor militar alguno.

## EL COMBATE DE CAVITE

Ya cerca de su objetivo, el comodoro Dewey ordenó lanzar por la borda todos los objetos de madera, para reducir el riesgo de incendios al ser alcanzados.

Aunque conociera la debilidad de su enemigo, se lo jugaba todo en un ataque que debía coronarse con un éxito completo y sin paliativos, cosa muy difícil de conseguir si la defensa fuera decidida.

Tras reconocer el vacío Subic, Dewey se dirigió a las 23.30 horas hacia Boca Grande. Tras cambiar algún disparo con las baterías allí instaladas, entró en la bahía de Manila.

A las cuatro de la mañana ordenó servir un café a sus dotaciones, y dejando atrás a los buques auxiliares, se dirigió con sus seis buques contra los siete españoles en Cavite, que lo avistaron tres cuartos de hora después, ya clareando.

Cerca de las cinco estallaron inofensivamente dos minas por la proa del Olympia y poco después abrieron fuego el cañón de Punta Sangley y las baterías de Manila, aunque estas, al estar fuera de alcance, lo suspendieron pronto.

Quince minutos después y a unos 6.500 metros, abrió fuego la escuadra española, no respondiendo la estadounidense hasta acercarse a

5.000 metros para asegurar la puntería, lo que desmiente el repetido tópico de que los cañones españoles no alcanzaban esa distancia.

Rápidamente se generalizó el combate, con la escuadra norteamericana en línea y en paralelo a la española, dando un total de tres pasadas hacia el oeste y dos hacia el este. Las distancias oscilaron entre los 5.000 y 2.000 metros. En cuanto a la española, los dos buques averiados no podían obviamente maniobrar, y los otros cinco se limitaron a hacerlo lentamente.

Fue evidente la superioridad del fuego americano, pues eran cincuenta y tres cañones de 203 a 127 milímetros, con treinta de andanada, contra solo veintisiete de 160 a 120 milímetros, y quince de andanada, aparte del cañón de 150 de Punta Sangley. Por ello, Montojo decidió acercarse al enemigo para torpedearlo, con su insignia Cristina, dotado de cinco tubos, apoyado por el Austria, el otro único buque de la escuadra que tenía torpedos (dos tubos) y podía navegar.

Pero fue rechazado por una nube de proyectiles que averiaron gravemente e incendiaron al buque insignia español, que tuvo que retirarse.

El combate duraba ya unas dos horas cuando, a las 7.35 horas, la escuadra atacante se retiró. El hecho era insólito, pues era evidente su ventaja, y se le han dado diversas explicaciones. Dewey afirmó que ordenó la retirada al recibir una parte de las baterías de su buque, diciéndole que no quedaban municiones de tiro rápido más que para unos minutos de fuego.

El testimonio de uno de sus ayudantes es mucho más clarificador:

Cuando nos retiramos de la lucha, a las 7.30 de la mañana, Dewey se encontraba en una situación grave. Durante más de dos horas habíamos combatido a un enemigo determinado y valiente sin haber conseguido disminuir el volumen de su fuego. Es verdad que tres, por lo menos, de sus barcos estaban ardiendo, pero también lo estaba uno de los nuestros: el Boston. Y los incendios habían sido extinguidos sin daño visible a los buques. En general, nada importante había ocurrido que nos permitiera decir que habíamos causado serios daños a los buques españoles. Seguían navegando detrás de Punta Sangley o en la bahía de Bacoor con la misma actividad que cuando, al amanecer, les dimos vista por primera vez. Hasta entonces nada demostraba que el enemigo fuera menos capaz de defender su posición que lo era al comienzo.

[…] Por otra parte, nuestra posición había grandemente empeorado. Las municiones que quedaban en el Olympia no hacían posible prolongar la batalla por otras dos horas. Si se nos agotaban las municiones, podríamos ser los cazados en vez de los cazadores.

[…] No exagero diciendo que cuando nos retiramos, la consternación en el puente del Olympia era más sombría que una niebla de noviembre en Londres.

Estas razones son más creíbles, porque concuerdan con los hechos: pese a su superioridad, la escuadra americana había sido incapaz en más de dos horas de aniquilar a su débil oponente.

Tres buques españoles habían sufrido un duro castigo: el valiente Cristina, y los inmóviles Castilla y Ulloa, pero los tres seguían disparando cuando el enemigo se retiró. El Duero y el Austria tenían solo ligeras averías, y en cuanto al Cuba y al Luzón, los únicos protegidos, estaban prácticamente intactos. Para tan escasos resultados los atacantes habían consumido casi la mitad de su munición, y como atestiguaba el incendio en el Boston o un impacto directo en el Baltimore, habían sufrido también daños y averías.

En esa pausa del combate, la victoria la obtendría el más firme y decidido. Algo se quebró en el ánimo de Montojo, que abandonó su incendiado buque insignia, desembarcando para ser atendido de una contusión en la pierna, ordenando que resistieran mientras pudieran y echaran a pique los buques cuando ya fuera imposible. En los tres incendiados comenzó la evacuación y la moral de la escuadra se vino abajo.

Mientras, Dewey, que por la humareda no podía ver bien lo que pasaba, seguía dudando y ordenó servir el almuerzo a sus agotadas tripulaciones, sin abandonar los puestos de combate.

En el Cristina y Castilla, los incendios hasta entonces controlados se avivaron al ser abandonados por sus dotaciones y llegaron a las municiones, provocando la voladura de ambos.

Aquello decidió a Dewey a volver al ataque a las 11.15 horas, sin encontrar apenas resistencia. Los buques españoles se hundieron, pero dado el poco fondo, quedaron sobre la superficie del agua, mientras las dotaciones, refugiadas en el arsenal, tuvieron que aguantar el bombardeo sin poder responder.

Con Montojo ausente, pues increíblemente se había marchado a Manila, el mando recayó en el jefe del arsenal, el capitán de navío de 1ª clase Enrique Sostoa, quien ordenó izar la bandera de parlamento a las 14.30 horas de la tarde. Ante reiteradas órdenes, los dos cañones de Punta Sangley cesaron el fuego, su jefe el teniente de Artillería Valentín Valera, había demostrado unas cualidades poco comunes.

Los americanos se dedicaron a quemar los buques, no ya solo los de la escuadra, sino todos los que estaban en el arsenal o fondeados cerca.

## UN JUICIO DEL COMBATE

Resalta la relativa poca eficacia de la artillería americana, que de 5.859 disparos, bastantes de ellos realizados sin oposición, solo acertaron con unos 141.

Expertos estadounidenses examinaron los buques españoles para evaluar sus efectos, comprobando que el Cristina recibió unos treinta y cuatro impactos grandes y medianos y siete ligeros; el Castilla, unos veintiuno de los primeros y diecinueve ligeros; el Ulloa, veintidós y once ligeros; el Austria, seis y siete ligeros; el Luzón, tres medianos; el Cuba, uno y cuatro ligeros; el Duero, siete y tres ligeros y los indefensos Velasco, Lezo y Argos, uno mediano cada uno. No habían conseguido hundir a ningún buque y solo averiar gravemente a los tres primeros, perdidos luego al ser abandonados y volar.

Del resto, el Duero era demasiado viejo y pequeño, pero los tres cruceros Austria, Cuba y Luzón, tras ser reparados terminada la guerra, se incorporaron a la US Navy, sirviendo en ella largos años, incluso conservando sus nombres españoles. No eran tan malos y viejos como se dice, ni sufrieron tanto durante el combate.

Las bajas españolas se han exagerado normalmente. Pero quedan claras en listas nominales de 27 de mayo y 23 de junio, con correcciones individuales al confirmarse el destino real de cualquiera de ellos, indicándose graduación, origen europeo o indígena y heridas. El total suma sesenta muertos y doscientos veintitrés heridos en la escuadra, catorce muertos y cuarenta y dos heridos en el arsenal, y un herido en uno de los buques inútiles.

Desglosadas por buques son muy significativas: entre el Cristina, el Castilla y el Ulloa sumaron cincuenta y ocho de los sesenta muertos en la escuadra y doscientos uno de los doscientos veintitrés heridos.

Los vencedores anotaron veinticinco impactos españoles: trece en el Olympia, cinco en el Baltimore, otros tantos en el Boston y uno en los Raleigh y Petrel, quedando intacto el Concord. Las bajas se redujeron a un muerto y una docena de heridos, tal vez hubo alguna ocultación, pero en cualquier caso no fueron considerables.

Quedaban las dotaciones españolas refugiadas en el arsenal. Al día siguiente, 2 de mayo, Dewey les comunicó que podían salir libres y desarmados, si empeñaban su palabra de honor de no volver a combatir en la presente guerra, fórmula habitual en capitulaciones honrosas. Las ordenanzas de la Armada prohibían taxativamente aquello, por lo que Sostoa, jefe del arsenal, respondió que eran inaceptables. Al final pudieron salir con destino a Manila, participando en su defensa hasta el armisticio.

Ese fue el combate que decidió la suerte de Filipinas: una escuadra ya inferior teóricamente y con escaso mantenimiento, vio su suerte echada al hacerse mal uso de recursos poco abundantes pero que pudieron haber sido suficientes.

## LOS ÚLTIMOS DE FILIPINAS DE LA ARMADA

Por lo general se cree que, tras el desastre de Cavite, y todo lo más, con el asedio y caída de Manila, no hubo otras operaciones navales en la guerra del 98 en el escenario de Filipinas y resto de las posesiones españolas en el Pacífico. Lo cierto es que las hubo, y de tal entidad, que constituyen una de las páginas más gloriosas de la Armada en aquel luctuoso año. Cubrir ese vacío es el propósito de las páginas que siguen.

Aunque los buques de Dewey apenas salieron de la bahía de Manila, los insurrectos filipinos se apoderaron de toda clase de buques mercantes, tanto de vapor como de vela, incluidos los vapores Compañía de Filipinas, Taaleño, Balayán, Taal, Bulusán, Concepción y otros, a los que artillaron con piezas de 7, 8 y 9 centímetros procedentes de los buques españoles hundidos en Cavite o del propio arsenal. Con estos buques los insurrectos se dedicaron a extender la rebelión en la misma isla de Luzón y en las Bisayas.

Tales buques, al no ser de ningún estado legalmente reconocido, eran teóricamente piratas, pero los buques de guerra neutrales presentes en aquellas aguas los dejaron hacer, por no indisponerse con sus protectores estadounidenses. Solo los alemanes de la escuadra de Von Dieredich intentaron poner algún freno a sus actividades.

Aún quedaban buques de guerra españoles operativos en el Pacífico, se trataba fundamentalmente de la División Naval del sur de Mindanao, al mando del capitán de navío José Ferrer y Pérez de las Cuevas. Los buques, asignados a dicha unidad o distribuidos entre las pequeñas Estaciones Navales del archipiélago, eran el transporte General Álava, el gran cañonero Elcano, los de menor tamaño Calamianes, Samar, Paragua, Mindoro, Panay, Mariveles, Pampanga, Albay y Manileño, las lanchas cañoneras Basco, Gardoquí y Urdaneta, y los cañoneros lacustres destinados en la laguna de Lanao, en la isla de Mindanao, Almonte, Corcuera, General Blanco y Lanao.

Aparte de esta fuerza, y destinados en las Carolinas, estaban los cañoneros Quirós y Villalobos, que operaron de forma independiente.

Aquella era la última escuadra (más bien flotilla) española en el Pacífico, y tanto sus hechos como lo poco conocido de las unidades, merecen que se las dedique una atención especial: el buque mayor era el transporte General Álava, construido en Glasgow en 1895, de 1.200 toneladas de desplazamiento, con 7 millas de velocidad, y artillado con dos Hontoria de 7 centímetros y dos ametralladoras de 11 milímetros. Su dotación era de sesenta y siete hombres y había costado unas dieciséis mil trescientas libras, cuando el cambio oficial de la época era de veinticinco pesetas por libra.

El cañonero Elcano, gemelo de los Magallanes, General Concha y General Lezo, era de factura nacional, habiendo sido botado en La Carraca, junto con el segundo, el 28 de enero de 1884. Desplazaba unas 500 cuarenta toneladas, su velocidad máxima teórica era de 11 nudos, con máquinas construidas por la Portilla & White de Sevilla de seiscientos caballos, armado con tres Hontorias modelo setenta y nueve de 120 milímetros, dos Nordenfelt de 25 milímetros, una ametralladora de 11 milímetros y un cañón de tiro rápido de 37 milímetros, así como con un tubo lanzatorpedos. Su dotación rondaba el centenar de hombres, con un armamento personal de setenta y cuatro máuseres, veinticuatro revólveres y veinticuatro sables.

Capítulo aparte merecen los pequeños cañoneros, la última de las series de buques que defendieron Filipinas en el XIX; aunque parecidos, sus características eran ligeramente distintas, y lo fueron más con cambios posteriores a su botadura.

Se suelen agrupar en tres series, la primera construida íntegramente en el astillero británico de Whampoa, en Hong Kong, la segunda a partes iguales entre el citado astillero, que continuó sirviendo como suministrador de casi todo lo necesario y la sociedad Varadero de Manila, que utilizaba los recursos del arsenal de Cavite, siendo la última y más numerosa, de factura enteramente caviteña. Todos tenían el casco de acero, salvo la segunda serie, que lo tenía de hierro. Desplazaban entre 142 y 200 toneladas, con escasos 10 nudos, armados con uno o dos cañones de 9 o 7 centímetros y un par de anticuadas ametralladoras de varios tubos de 11 milímetros, su dotación era de una treintena de hombres, de los que solo los siete mandos eran europeos. El comandante (un teniente de navío), condestable, contramaestre, practicante y tres oficiales de máquinas, siendo el resto marineros filipinos. Su pequeño cañón no tenía más cargo que treinta y cinco granadas de todas las clases, y unos cientos de cartuchos para cada ametralladora. El armamento portátil constaba, según reglamento, de veinticinco máuseres, ocho revólveres y ocho sables.

Las lanchas Basco, Gardoquí y Urdaneta habían sido botadas en Cavite, en 1884, eran de 43 toneladas, y sus máquinas de quince caballos apenas les permitían alcanzar sus 9 nudos teóricos de velocidad. Su armamento era un Hontoria de 7 centímetros y una Nordenfelt de 25 milímetros. De poco podían servir excepto para la vigilancia policial de puertos.

En cuanto a las unidades fluviales, se trataba de dos parejas:

General Blanco y Lanao, botadas por Whampoa en 1895 en Hong Kong, de 102 toneladas, casco de acero, veinte caballos, 11 nudos, un cañón de 42 milímetros, una ametralladora de 25 milímetros y dos de 11 milímetros. Dotación: un teniente de navío y veintiocho hombres. Almonte y Corcuera, en 1895, Cavite, casco de acero, 90 toneladas,

10 nudos, un cañón de 7 centímetros y una dotación de diecinueve hombres al mando de un alférez de navío.

Los dos cañoneros destacados en Carolinas eran de parecidas, aunque no iguales características, ambos habían sido botados en Whampoa en 1895, tenían casco de acero y llegaban a dar 11 nudos. Pero el Quirós era de 350 toneladas y estaba armado con dos cañones de 57 milímetros y dos de 37 milímetros, todos de tiro rápido, mientras que el Villalobos desplazaba 37 toneladas, y lo armaban un Hontoria de 9 centímetros y dos ametralladoras de 25 milímetros. El primero estaba destacado en la Estación Naval de Yap, el segundo en la de Ponapé.

Debemos recalcar que las velocidades consignadas y las potencias de máquinas son las teóricas, y que las reales, dado el intenso uso de los buques en operaciones contra la insurrección anterior o las extenuantes tareas de patrulla y policía en aquellos enormes escenarios oceánicos eran menores que las indicadas.

A poco de empezar la guerra, la escuadrilla española se apuntó un éxito, al apresar el Elcano a la fragata mercante enemiga Saranac, cargada con carbón para la escuadra de Dewey. El buque, sin interés para nosotros, fue enajenado, pero su bandera se conserva todavía en el Museo Naval de Madrid, siendo una de las pocas presas que hicimos a nuestros enemigos durante la contienda.

Tras este éxito, el capitán de navío Ferrer sabía que no podía esperar otros dada la debilidad de su fuerza. Por ello, ordenó concentrar todos los buques disponibles en La Isabela, fondeando minas y emplazando hasta once pequeños cañones de las Estaciones Navales para defender la entrada al puerto. Asimismo, y sacrificando lo menos importante a lo fundamental, decidió zabordar las cañoneras fluviales de la laguna de Lanao, reforzando con sus armas y hombres al transporte General Álava, que llegó a reunir un cañón de 9 centímetros, dos de 7 centímetros, dos de 42 milímetros, dos ametralladoras de 25 milímetros y cuatro de 11 milímetros, casi como un pequeño crucero auxiliar, y en el que, como buque más importante, arboló su insignia.

Pronto se hizo evidente que los buques de Dewey no salían de Manila, mientras que los de los insurrectos eran cada vez más activos, por lo que, orillando las anteriores precauciones, Ferrer decidió pasar a la acción: por separado o formando escuadrillas, los cañoneros empezaron a dar caza a los buques filipinos, hundiendo y apresando a muchos, a auxiliar a los pequeños y aislados puestos del Ejército, llevándoles noticias, provisiones y munición, cuando no el decisivo apoyo de sus pequeñas piezas y el de sus trozos de desembarco o evacuándolos cuando la situación se hacía insostenible. Para servir como transporte, Ferrer agregó a su escuadrilla el pequeño vapor mercante Churruca.

Tal campaña se efectuó con buques cuya dotación, como sabemos, era mayoritariamente indígena, en malas condiciones operativas, sin noticias ni órdenes, sin repuestos ni apenas municiones y quemando leña a falta de carbón para las máquinas. Teniendo en cuenta además que los buques filipinos enemigos eran algo más grandes por lo general y que llevaban casi el mismo armamento, pues era el hallado en Cavite, las victorias españolas no carecieron de mérito.

Destacó el cañonero Pampanga, que apresó un velero y la lancha de vapor Cambuilao, mientras la escuadrilla reunida echaba a pique al Bulusán, y apresaba al Nueva Esperanza, al velero Iris de Paz y a muchos otros. Por tierra, la operación más importante fue probablemente el decisivo apoyo de tres cañoneros y del personal de la Estación Naval a la defensa de Ilo Ilo, con solo mil doscientos defensores, contra el ataque de diez mil insurrectos.

Su labor fue decisiva para cooperar a las operaciones del general Ríos, hasta entonces gobernador de la indómita Mindanao, para restablecer el dominio español sobre el archipiélago. El motivo era que se daba por perdida Luzón, pero no el resto de las islas, donde los norteamericanos no habían puesto pie. De hecho, solo habían ocupado la ciudad de Manila tras su capitulación, hecha, por cierto, dos días después de firmado el armisticio del 12 de agosto. Pero las esperanzas españolas de conservar parte de sus posesiones se vinieron abajo ante la cortante actitud de la delegación norteamericana que negociaba la paz en París, que aseguró que su Gobierno estaba dispuesto a reanudar las hostilidades si España no cedía todo el archipiélago. Nuestro país no estaba en condiciones ni materiales ni morales de proseguir una guerra que ya había conducido a un desastre.

Firmado el Tratado de Paz en París, el 10 de diciembre, la misión de nuestras fuerzas varió: ahora se trataba de la concentración y evacuación de tropas y residentes españoles en las islas, lo que obligó a continuar las operaciones, ya sin perspectiva alguna de éxito.

Tras tan valerosa como callada y tenaz labor, se decidió liquidar las armas y materiales españoles de Filipinas, vendiéndolas, por medio de intermediarios, a los propios estadounidenses, pues ya desde febrero de 1899 había comenzado la guerra entre filipinos y norteamericanos, pues los primeros se resistían a aceptar que todo se redujera a que ellos cambiaran de amos.

Los trece pequeños cañoneros se fondearon en Zamboanga (Mindanao), haciéndose cargo de ellos los intermediarios que esperaban al pequeño crucero americano Petrel que los convoyaría hasta Cavite para, tras las reparaciones oportunas, entrar en servicio en la US Navy.

Pero antes de que se produjera el traspaso, y ante la tardanza del Petrel, los filipinos se apoderaron por la fuerza de los buques y los condujeron a un fondeadero mucho más seguro para ellos. No quedaban allí más que tres oficiales de la Armada y un puñado de soldados del Ejército, pues las dotaciones indígenas ya habían sido licenciadas y los mandos repatriados. Temiendo lo peor, que los estadounidenses dudaran de la buena fe de los españoles, el teniente de navío Cano y Puente, con veinte soldados embarcados en un bote, recuperó cuatro cañoneros en el mismo Zamboanga, y utilizando esos cuatro, el citado, el capitán de fragata Pascual de Bonanza y el teniente de navío Quintas, con otros cuarenta soldados, recuperaron a poco el resto, haciendo entrega de todos ellos poco después al retrasado Petrel.

Tales buques han aparecido regularmente en todos los anuarios navales americanos como si hubieran sido apresados por su escuadra, cuando lo cierto es que, según hemos narrado, ya vendidos, fueron recuperados por el arrojo y el valor personal de unos hombres que, en abril de 1899, nada tenían que hacer allí oficialmente.

Ferrer, ya entonces jefe del Apostadero, llegó a solicitar para ellos la Cruz Laureada de San Fernando, recompensa que se les regateó, debiéndose conformar con simples Cruces del Mérito Naval y con distintivo blanco porque España no estaba oficialmente ya en guerra.

El General Álava siguió en la brecha, arbolando la última insignia española en el Pacífico acudió a las aisladas Carolinas, cuya venta y traspaso al Imperio alemán ya se había decidido, para evacuar a la guarnición y efectuar las ceremonias de entrega formal.

Allí los cañoneros Quirós y Villalobos habían realizado su propia gesta, pese a su aislamiento y a carecer hasta de víveres. En julio de 1898 apresaron al pailebot estadounidense Tulemkam, que entró en Ponapé con carga general, y después tuvieron que contener una dura rebelión de los indígenas.

Al final, el transporte y los dos cañoneros fueron vendidos también a la US. Navy, donde sirvieron todavía durante largos años y conservando los mismos nombres. En total, la escuadrilla se había enajenado por unos dos millones y medio de pesetas, siendo así útiles a la nación que los construyó hasta el fin.

Y en lo que se refiere a los hombres, recordar que la evacuación y cambio de soberanía en Carolinas se produjo en noviembre de 1899. Mientras, en Baler, su heroica guarnición había capitulado con todos los honores tras un cerco épico de casi un año exacto, el 2 de junio del mismo año.

No se trata de hacer comparaciones, siempre odiosas y más en cuestiones semejantes, pero sí de recordar que la Armada también puede enorgullecerse de sus últimos de Filipinas, siendo como en tantas ocasiones, la primera en llegar a los nuevos territorios y la última en abandonarlos. Ojalá la gesta casi olvidada de aquellos marinos que sostuvieron la bandera de España en aquellas lejanas aguas durante más de un año después del combate de Cavite obtenga el reconocimiento que merece y se conmemore y recuerde de manera oficial.

# CONCLUSIÓN

Como habrá podido comprobar el lector, incluso en un tema tan cercano históricamente y que tanto ha dado que hablar en todos los sentidos, entonces y aun ahora, dentro y fuera de nuestro país, hay muchas cuestiones que siguen siendo no ya solo desconocidas o poco menos, sino sometidas al peso de los mitos, errores y falsedades que han abundado y todavía proliferan en un sentido u otro, y con tales o cuales portavoces.

Seguramente nuestra visión de los hechos dista, por un motivo u otro, de reflejar la verdad histórica, pero consideramos que es una aportación de gran interés para acercarnos a la realidad de los hechos.

En primer lugar, cabe señalar que, en una época de grandes, complejos, sucesivos y decisivos cambios técnicos en todo lo que se refiere a la guerra naval, España dependió de las aportaciones técnicas británicas para poseerlas, por lo que se dependió decisivamente de la buena voluntad de Londres para disponer efectivamente de ellas. No bastaba con acceder al diseño británico de los buques, sino que había que disponer efectivamente de muchos materiales indispensables para que tuvieran una utilidad real. Y de allí los problemas para disponer efectivamente de municiones, cañones, minas submarinas, etc., y hasta del carbón adecuado para las máquinas.

El hecho había quedado oculto en apariencia por las contribuciones de españoles a dichos avances, caso evidente de Fernando Villaamil en el diseño de destructores (que tuvieron que ser construidos en astilleros ingleses), en las minas submarinas de Joaquín Bustamante, en el de los cañones y en tantos otros casos, como en el del proyecto de submarino de Peral, etc. En ausencia de conflictos de intereses esa colaboración estaba normalmente asegurada, pero las cosas cambiaron drásticamente cuando Londres tuvo otros intereses en ese conflicto.

Otra cuestión fue que, en la guerra, una de las pocas opciones españolas fue la guerra al tráfico mercante enemigo. Pero la decisión británica fue tajante: cualquier iniciativa que pusiera en peligro el intercambio mundial de mercancías afectaba seriamente la estabilidad mundial, y más cuando se refería a bienes británicos o norteamericanos, estos últimos tan importantes como sus exportaciones de trigo en un año de malas cosechas en Europa. Y este era solo uno de los productos intercambiados.

Y no ya la escasez, la simple subida de precios en fletes y en seguros ante un peligro de ataque, sería un factor desequilibrante para la economía mundial, con consecuencias previsiblemente graves, incluso para la paz mundial.

Por otra parte, la diplomacia británica no tenía duda alguna de que, tras las rebeliones cubana y filipina, España iba a perder en plazo no muy dilatado sus posesiones ultramarinas, que pasarían a otras potencias. Y ante el caso de que cayeran en manos de potencias no deseadas, prefirió que los beneficiados fueran otros, singularmente Estados Unidos y secundariamente el Imperio alemán.

El caso de Filipinas es sintomático. Dada la lejanía de bases americanas, el Imperio británico permitió que la escuadra de Dewey se aprovisionara de todo lo necesario, incluyendo la recluta de hombres y la compra de buques de aprovisionamiento y mensajeros en Hong Kong.

Y todo ello era sabido por los mandos de la Armada o fueron muy conscientes de ello según se desarrollaron los hechos, los expuestos y otros que quedaron como serias amenazas. Cuando se proyectó que una escuadra americana atacase las costas españolas, carboneando en Gibraltar, provocaron la dura amenaza británica, que adujo que las fortificaciones y baterías españolas previstas para la defensa, amenazaban su dominio sobre el peñón, por lo que estaban dispuestos a hacer retroceder la línea fronteriza hasta Sierra Carbonera.

Las cartas estaban marcadas, y sin necesidad de tenebrosas y elaboradas conjuras.

# EPÍLOGO

Como decíamos al principio de estas páginas, hemos dedicado más espacio, análisis y detalle al primer apartado, el de la guerra entre España e Inglaterra del siglo XVI. Ello tanto por su duración como por su complejidad. No han faltado historiadores anglosajones e incluso británicos que han hecho notar, y desde hace mucho tiempo, que la visión tradicional de que su resultado fue un épico y trascendental triunfo de los marinos de Isabel Tudor está fuera de la realidad de los hechos históricos y ha sido producto de las tergiversaciones que dan título a nuestro trabajo.

Pero persiste esta desacreditada visión de los hechos, lo que nos ha obligado a insistir en su escasa credibilidad.

Trafalgar es mucho más conocida y cercana en el tiempo, lo que ha permitido un mayor y más completo conocimiento y análisis, lo que nos ha inducido a centrarnos no en la campaña y el combate mismos, sino en las especiales circunstancias en que tuvo lugar.

Hemos resaltado los errores de Napoleón y de su equipo al frente de la Marina Imperial en el planteamiento de la guerra naval, tanto en el aspecto técnico como en el estratégico, mientras que la Real Armada supo dar una mejor respuesta a las innovaciones británicas, pese a todas sus carencias y pese al continuo cambio de alianzas y de enemigos, que llevó finalmente a un resultado desastroso para España y para sus virreinatos americanos. Fruto no tanto de una derrota naval, por importante que fuera, sino de la errónea política de los gobiernos de Carlos IV y de las apetencias respectivas de uno y otro de los supuestos y cambiantes aliados, bien fuera el Imperio francés, bien el británico.

Esos cambios en las alianzas fueron la mejor oportunidad y hasta justificación para unos y otros. De paso que complicaban extraordinariamente la estrategia de la defensa y el esfuerzo empleado en ella, al ser tan distintas las sucesivas y hasta simultáneas amenazas.

En cuanto a la crisis de 1898, que tan hondas heridas dejó en la conciencia nacional, como es bien conocido, hemos dirigido nuestro análisis a concretar las causas de la derrota naval.

Pese a las apariencias, la derrota no se produjo por la enorme potencia enemiga, pues entonces Estados Unidos distaba de ser la potencia militar que ha sido en el siglo XX hasta hoy.

La razón de la derrota radicó básicamente en la errónea política naval española anterior. En un momento de profundos y constantes adelantos técnicos, y ante el escaso desarrollo industrial español, la solución escogida fue la de depender de la tecnología británica, tanto para los buques mismos como para sus máquinas, armas y demás mecanismos, aunque la construcción misma se realizara en España, salvo excepciones, justamente para fomentar esa industria.

Aquello abría una dependencia crítica: la de que si en una crisis internacional, los intereses españoles no coincidían con los del Imperio británico, esa asistencia y apoyo serían papel mojado.

Ello, conocido por nuestros marinos (y políticos) y reforzado continuamente por los hechos concretos, produjo una patente desmoralización, al ver faltos de elementos clave a nuestros buques y escuadras, así como por las serias limitaciones de las opciones a seguir, tanto ofensivas como defensivas, y con el resultado desastroso que cabía esperar. Esos decisivos apoyos a nuestros enemigos provenían de la entonces mayor potencia mundial e implicaban no solo prohibiciones, sino incluso una concreta amenaza de guerra.

Así que carecen de sentido (salvo excepciones bien contadas) cuestiones como los «anticuados buques españoles de madera», o que sus cañones no alcanzaban la distancia necesaria para contestar con efectividad al enemigo.

En la actualidad hay que sopesar y evaluar con sumo cuidado las teorías conspiratorias recientes para explicar la derrota.

# BIBLIOGRAFÍA

## Primera parte

ALCALÁ-ZAMORA Y QUEIPO DE LLANO, José, *España, Flandes y el Mar del norte (1618-1639)*, Planeta, Barcelona, 1975, pp. 138-139. El articulado del Tratado en las mismas páginas.

CASADO SOTO, José Luis, *Los barcos españoles del siglo XVI y la Gran Armada de 1588*, San Martín, Madrid, 1988.

CEREZO MARTÍNEZ, Ricardo, *Las Armadas de Felipe II*, San Martín, Madrid, 1988.

ESTEBAN RIBAS, Alberto y SANCLEMENTE DE MINGO, Tomás, *La batalla de Kinsale. La expedición de Juan del Águila a Irlanda*, HRM, Zaragoza, 2013.

FERNÁNDEZ DURO, Cesáreo, *Armada española desde la unión de Castilla y Aragón*, Museo Naval, Madrid, 1972.

GÓMEZ BELTRÁN, Antonio Luis, *La Invencible y su Leyenda Negra*, ARIN, Málaga, 2011.

GORROCHATEGUI SANTOS, Luis, *Contra-Armada. La mayor catástrofe naval de la historia de Inglaterra*, Ministerio de Defensa, Madrid, 2007.

HUTCHINSON, Robert, *La Armada Invencible*, Pasado y Presente, Barcelona, 2013.

KELSEY, Harry, *Sir Francis Drake. El pirata de la Reina*, Ariel, Barcelona, 2002.

MARTIN, Colin y PARKER, Geoffrey, *La gran Armada, 1588*, Alianza, Madrid, 1988.

MATTINGLY, Garret, *La Armada Invencible*, Grijalbo, Barcelona, 1961.

MAUROIS, André, *Historia de Inglaterra*, Ariel, Barcelona, 2007, cap III, pp. 291-294.

OTERO LANA, Enrique, *Los corsarios españoles durante la decadencia de los Austrias. El corso español del Atlántico peninsular en el siglo XVII (1621-1697)*, Ministerio de Defensa, Madrid, 1999.

PÉREZ MALLAÍNA, Pablo, «Juan Gutiérrez de Garibay. Vida y hacienda de un general de la Carrera de Indias en la segunda mitad del siglo XVI», *Revista de Indias*, n.º 249, Real Academia de la Historia, Madrid. 2010, pp. 319-344.

RAHN PHILLIPS, Carla, *Seis Galeones para el Rey de España. La defensa imperial a principios del siglo XVII*, Alianza Editorial, Madrid, 1991.

REAGAN, Geoffrey, *Historia de la incompetencia militar*, Crítica, Barcelona, 1989, cap. I: «La expedición a Cádiz (1625)», pp. 199-223.

RODGER, N.A.M., *The Safeguard of the Sea. A Naval History of Britain*, Penguin Books, Londres, 1997.

RODRÍGUEZ GONZÁLEZ, Agustín Ramón, *Mitos desvelados: Drake y la Invencible*, Sekotia, Madrid, 2011.

—, *Don Álvaro de Bazán. Capitán General del Mar Océano*, EDAF, Madrid, 2017.

—, *El León contra la Jauría. Batallas y campañas navales española, 1621-1640*, Ediciones Salamina, Málaga, 2018.

STRADLING, Robert A., *La Armada de Flandes. Política naval española y guerra europea, 1568-1668*, Cátedra, Madrid, 1992.

VEGA Y CARPIO, Félix Lope. *La Dragontea*, Cátedra, Madrid, 2007.

WERHAM, R.R., *The return of the Armadas. The last years of the Elizabethan war against Spain, 1595-1603*, Oxford, 1994, en Oxford Scholarship Online.

## Segunda parte

ALCALÁ GALIANO, P., *El combate de Trafalgar*, IHCN, Madrid, 2003, 2 vols. reedición facsímil de la obra original, publicada por entregas en la *Revista General de Marina*, entre 1905 y 1909.

Anónimo, *Tratado de señales de día y de noche e hipótesis de ataques y defensas dispuestos por el Estado Mayor de la Armada para auxiliar en la instrucción de este ramo*, Imprenta Real, Madrid, 1804.

Archivo Don Álvaro de Bazán, Estados Generales de la Armada, Expedientes Personales Cuerpo General y Expedientes Buques.

BLANCO-NÚÑEZ, José María, *La Armada española en la segunda mitad del siglo XVIII*, Izar, Madrid, 2004.

CONTE LACAVE, A., *En los días de Trafalgar*, Diputación de Cádiz, 1955.

CHURRUCA Y ELORZA, Cosme, *Instrucción sobre punterías para el uso de los baxeles del rey*, Imprenta Real, Madrid, 1805.

GARCÍA-TORRALBA PÉREZ, Enrique, *La Artillería Naval Española en el siglo XVIII*, Ministerio de Defensa, Madrid, 2010.

GARDINER, R. (de), *The line of Battle. The Sailing Warship, 1650-1840*, Conway's Maritime Press, Londres, 1992.

GONZÁLEZ-ALLER HIERRO, J. L., *La Campaña de Trafalgar (1804-1805)*, Corpus Documental, Ministerio de Defensa, Madrid, 2004.

GUIMERÁ, Agustín (de) y BUTRÓN, G (eds), *Trafalgar y el mundo atlántico*, Marcial Pons, Madrid, 2004.

— y CHALINE, Olivier (eds). *La Real Armada. La Marine des Bourbons d'Espagne au XVIII siécle*, Presses de L'Université Paris-Sorbonne, París, 2018.

—, *Trafalgar. Una derrota gloriosa*, Desperta Ferro Ediciones, Madrid, 2023.

MARLIANI, M., *Combate de Trafalgar: Vindicación de la Armada española contra la aserciones injuriosas de Mr. Thiers en su Historia del Consulado y del Imperio*, Imprenta de Matute, Madrid, 1856.

PERALES GARAT, Miguel y RODRÍGUEZ GONZÁLEZ, Agustín R., «La Artillería Naval Española. Homenaje a Churruca», *Revista General de Marina*, junio de 2016, pp 885-895.

QUADRADO Y DE ROÓ, F. de P., *Elogio histórico del Excmo. Sr. D. Antonio de Escaño*, Real Academia de la Historia, Madrid, 1852.

RODRÍGUEZ GONZÁLEZ, Agustín Ramón, *Trafalgar y el conflicto naval anglo-español del siglo XVIII*, ACTAS, Madrid, 2005, especialmente cap VI: «Unos años de cambios profundos», pp 213-242.

—, *Expediciones Científicas Españolas del siglo XVIII*, EDAF, Madrid, 2023.

—, *El fin de la Armada Ilustrada, 1808-1833*, Tercios Viejos, Madrid, 2023.

TORREJÓN CHAVEZ, Juan, *Innovación tecnológica y metalurgia experimental: los forros de cobre en los buques de guerra españoles del siglo XVIII*, en la obra colectiva: *Arqueología Industrial*, San Fernando (Cádiz), 1994, pp. 57-81.

TUNSTALL, Brian, *Naval Warfare in the Age of Sail. The Evolution of Fighting Tactics, 1650-1815*, Conway's Maritime Press, Londres, 1990.

VIGODET, CASIMIRO Y ALCÓN, José María, *Nueva Artillería naval y de costa*, Madrid, 1847.

## Tercera parte

ALLENDESALAZAR, José Manuel, *El 98 de los americanos*, Madrid, 1974.

Archivo del Ministerio de Asuntos Exteriores, Madrid, Guerra con Estados Unidos. Legajos 2.421 y 2.422 y Consulado Halifax.

Archivo General de la Armada Don Álvaro de Bazán, El Viso del Marqués, Ciudad Real. Estados Generales de la Armada, Expediciones buques, Expedientes Personales, Guerra con los Estados Unidos especialmente: Legajo n° 4.838. Indiferente, años 1898-1899.

AZCÁRATE, Pablo, *La guerra del 98*, Alianza, Madrid, 1968.

CONCAS Y PALAU, Víctor, *La escuadra del almirante Cervera*, San Martín, Madrid, 1901.

GÓMEZ NÚÑEZ, Severo, *Historia de la guerra Hispano-Americana*, Imprenta del Cuerpo de Artillería, Madrid, 1899-1902, 4 vols.

HADWICK, French, E., *The relations of the United States and Spain. The Spanish-American war*, Londres, 1911.

MILLET, A. R. y MASLOWSKI, P., *Historia militar de los Estados Unidos. Por la defensa común*, San Martín, Madrid, 1984.

MÜLLER Y TEJEIRO, José, *Combates y Capitulación de Santiago de Cuba*, Madrid, 1898.

ROBLES MUÑOZ, Cristóbal, *1898: Diplomacia y Opinión*. CEH-CSIC, Madrid, 1991.

RODRÍGUEZ GONZÁLEZ, A. R, *Política Naval de la Restauración, (1875-1898)*, San Martín, Madrid, 1987.

—, *Operaciones de la guerra del 98. Una revisión crítica,* Actas, Madrid, 1998.

—, *Tramas ocultas de la guerra del 98,* Actas, Madrid, 2016.

TORAL, Juan y José, *El sitio de Manila en 1898, Memorias de un voluntario,* Manila, 1898.

TORRE DEL RÍO, Rosario, *Inglaterra y España en 1898,* Eudema, Madrid, 1998.

TRASK, David F., *The War with Spain in 1898,* Collier Macmillan, Nueva York, 1981.

ESTE LIBRO SE TERMINÓ DE IMPRIMIR
EN EL MES DE FEBRERO
DE 2025